PUBLICATIONS DE L'ECOLE DES LANGUES ORIENTALES VIVANTES

SIASSET NAMÈH

TRAITÉ DE GOUVERNEMENT

COMPOSÉ POUR LE SULTAN MELIK-CHÂH

PAR LE VIZIR NIZAM OUL-MOULK

TRADUIT

PAR CHARLES SCHEFER

MEMBRE DE L'INSTITUT

ADMINISTRATEUR DE L'ÉCOLE SPÉCIALE DES LANGUES ORIENTALES VIVANTES

PARIS

LIBRAIRE DE LA SOCIÉTÉ ASIATIQUE
DE L'ÉCOLE DES LANGUES ORIENTALES VIVANTES
28, RUE BONAPARTE, 28

1893

PUBLICATIONS DE L'ÉCOLE DES LANGUES ORIENTALES VIVANTES

PREMIÈRE SÉRIE

I, II. HISTOIRE DE L'ASIE CENTRALE (Afghanistan, Boukhara, Khiva, Kho-qand), de 1153 à 1233 de l'hégire, par Mir Abdul Kerim Boukhari. Texte persan et traduction française, publiés par *Ch. Schefer*, de l'Institut. 2 vol. in 8, avec carte. Chaque volume. . . . . 15 fr.

III, IV. RELATION DE L'AMBASSADE AU KHAREZM (Khiva), par Riza Qouly Khan. Texte persan et traduction française, par *Ch. Schefer*, de l'Institut. 2 vol. in-8, avec carte. Chaque volume. , ... 15 fr.

V. RECUEIL DE POËMES HISTORIQUES EN GREC VULGAIRE, relatifs à la Turquie et aux principautés danubiennes, publiés, traduits et annotés par *Émile Legrand*. 1 volume in-8 . . . . 15 fr.

VI. MÉMOIRES SUR L'AMBASSADE DE FRANCE PRÈS LA PORTE OTTOMANE et sur le commerce des Français dans le Levant, par le comte de *Saint-Priest*, publiés et annotés par *Ch. Schefer*. In-8. . . . . 12 fr.

VII. RECUEIL D'ITINÉRAIRES ET DE VOYAGES DANS L'ASIE CENTRALE ET L'EXTRÊME ORIENT (publié par MM. *Scherzer*, *L. Leger*, *Ch. Schefer*). in-8, avec carte. 15 fr.
Journal d'une mission en Corée avec carte (*F. Scherzer*). — Mémoires d'un voyageur chinois dans l'Empire d'Annam (*L. Leger*). — Itinéraires de l'Asie centrale.— Itinéraire de la vallée du Moyen-Zérefchan. — Itinéraire de Pichaver à Kaboul, Qandahar et Hérat (*Ch. Schefer*).

VIII. BAG-O-BAHAR. Le jardin et le printemps, poème hindoustani, traduit en français par *Garcin de Tassy*, de l'Institut. 1 volume in-8 . . . . 12 fr.

IX. CHRONIQUE DE MOLDAVIE, depuis le milieu du xive siècle jusqu'à l'an 1594 par Grégoire Urechi. Texte roumain en caractères slavons, et traduction par *Em. Picot*. 1 fort volume in-8, en 5 fascicules. . . . . . . 25 fr.

X, XI. BIBLIOTHECA SINICA, Dictionnaire bibliographique des ouvrages relatifs à l'empire chinois, par *Henri Cordier*. 2 vol. gr. in-8 à 2 colonnes. 125 fr.

XII. RECHERCHES ARCHEOLOGIQUES ET HISTORIQUES SUR PÉKIN ET SES ENVIRONS, par le docteur *Bretschneider*, traduction de *V. Collin de Plancy*. In-8, fig. et plans . . . . 10 fr.

XIII. HISTOIRE DES RELATIONS DE LA CHINE AVEC L'ANNAM-VIETNAM, du xive au xixe siècle, par *G. Devéria*. In-8, avec une carte . . . 7 fr. 50

XIV, XV. ÉPHÉMÉRIDES DACES. Histoire de la guerre entre les Turcs et les Russes (1736-1739), par *C. Dapontès*, texte grec et traduction par *Émile Legrand*. 2 vol. in-8, avec portrait et fac-similé. Chaque volume. 20 fr.

XVI. RECUEIL DE DOCUMENTS SUR L'ASIE CENTRALE, d'après les écrivains chinois, par *C. Imbault-Huart*. In-8, avec 2 cartes coloriées . . 10 fr.

XVII. LE TAM-TU'-KINH, OU LE LIVRE DES PHRASES DE TROIS CARACTÈRES, texte et commentaire chinois, prononciation annamite et chinoise, explication littérale et traduction complète, par *A. des Michels*. In-8. 20 fr.

XVIII. HISTOIRE UNIVERSELLE, par *Étienne Açoghik de Daron*, traduit de l'arménien par *E. Dulaurier*, de l'Institut. In-8 en deux parties (la seconde partie en préparation). Chaque partie . . . . 10 fr.

XIX. LE LUC VÂN TIÊN CA DIÊN. Poème annamite, publié, traduit et annoté par *A. des Michels*. In-8 . . . . 20 fr.

XX. ÉPHÉMÉRIDES DACES, par *C. Dapontès*, traduction par *Émile Legrand*, 3e vol. in-8 . . . . 7 fr. 50

DEUXIÈME SÉRIE

I. SEFER NAMÊH, RELATION DU VOYAGE EN PERSE, en Syrie et en Palestine, en Egypte, en Perse et en Arabie fait par *Nassiri Khosrau*, de l'an 1043 à 1049, texte persan, publié, traduit et annoté par *Ch. Schefer*, de l'Institut. Un beau volume gr. in-8, avec quatre chromolithographies. . 25 fr.

II, III. CHRONIQUE DE CHYPRE PAR LÉONCE MACHÉRAS, texte grec publié traduit et annoté par *E. Miller*, de l'Institut, et *C. Sathas*. 2 vol. in-8, avec une carte ancienne en chromolithographie. . . . . . 40 fr.

PUBLICATIONS

DE

L'ÉCOLE DES LANGUES ORIENTALES VIVANTES

IIIᵉ SÉRIE. — VOLUME VIII

SIASSET NAMÈH

TRAITÉ DE GOUVERNEMENT

TRADUCTION FRANÇAISE

ANGERS, IMPRIMERIE ORIENTALE DE A. BURDIN ET Cⁱᵉ, RUE GARNIER, 4.

SIASSET NAMÈH

TRAITÉ DE GOUVERNEMENT

COMPOSÉ POUR LE SULTAN MELIK-CHÂH

PAR LE VIZIR NIZAM OUL-MOULK

TRADUIT

PAR Charles SCHEFER

MEMBRE DE L'INSTITUT

ADMINISTRATEUR DE L'ÉCOLE SPÉCIALE DES LANGUES ORIENTALES VIVANTES

كتاب
سياست نامه اثر وزير
اصف تدبير ابوعلى حسن
ابن على نظام الملك

PARIS

ERNEST LEROUX, ÉDITEUR

LIBRAIRE DE LA SOCIÉTÉ ASIATIQUE

DE L'ÉCOLE DES LANGUES ORIENTALES VIVANTES

28, RUE BONAPARTE, 28

———

1893

La traduction du *Siasset Namèh*, composé par Abou Aly Hassan, qui eut le titre honorifique de Nizam oul-Moulk et fut, pendant trente ans, le premier ministre du sultan Seldjoucide Alp Arslan et de son fils Melikchâh (455-485 = 1063-1092), sera suivie d'un mémoire consacré à l'histoire de ce vizir, à l'influence qu'il exerça pendant plus de trente ans et qui lui survécut, dans la personne de ses fils, et aux idées qu'il fit prévaloir dans l'administration d'un empire qui s'étendit, pendant un moment, des bords de la Méditerranée aux rives du Sihoun.

Certains faits, allégués par Nizam oul-Moulk, doivent être discutés et rejetés. Le style du *Siasset Namèh* se ressent de la rapidité avec laquelle il a été écrit; on y relève des constructions vicieuses, des fautes grammaticales et des termes détournés de leur signification réelle. L'Appendice, qui prendra place à la fin de cette traduction, sera consacré à rectifier quelques détails historiques, à faire connaître certains faits qui ont donné matière à des réflexions de l'auteur, et à corriger des fautes trop nombreuses, qui se trouvent dans le texte persan. Les exemplaires du *Siasset Namèh*, conservés dans les bibliothèques de l'Europe, ont été copiés dans l'Inde et l'on sait avec quelle négligence les scribes ont transcrit les ouvrages rédigés dans les langues arabe et persane dont, fort souvent, ils ignoraient les premiers éléments.

Décembre 1893.

Au nom du Dieu clément et miséricordieux.

G· râces soient rendues à Dieu qui doit être honoré et magnifié; il est le créateur du ciel et de la terre et il a connaissance de tout ce qui est apparent ou invisible. Louange à Mohammed, le plus excellent des prophètes ; choisi par le Dieu de l'univers, il a apporté le livre qui établit la distinction entre le bien et le mal et il intercède auprès de Dieu en faveur de son peuple. Que la louange s'étende aussi sur tous ses amis et sur toute sa famille.

MOTIF DE LA PUBLICATION DE CET OUVRAGE

Le copiste attaché à la bibliothèque royale fait connaître, en ces termes, la raison qui a provoqué la composition de ce livre :
Le sultan qui jouit du bonheur éternel, Aboul Feth Melikcbâh, fils de Mohammed, qui était revêtu du titre d'Emin Emir il-moumenin (celui en qui le chef des croyants a placé sa confiance) que Dieu illumine son tombeau ! s'adressa, dans le courant de

l'année 484 (1091), à de grands personnages, à des vieillards et
à des savants et leur dit : Faites de la constitution de mon gouvernement l'objet de vos réflexions ; voyez ce qui, sans être bon, a
été, sous mon règne, adopté comme règle, soit à ma cour, soit
dans l'administration, soit dans mes audiences ou dans les
réunions auxquelles j'assiste. Révélez-moi ce qui m'a été caché,
faites-moi connaître les règles qui ont été observées par les
souverains mes prédécesseurs et négligées par moi.

Mettez également par écrit tout ce qui, parmi les lois et les
usages des princes des temps passés, peut être introduit dans le
gouvernement et l'empire des Seldjouqides ; soumettez votre
travail à mon appréciation, afin que j'en fasse l'objet de mes
méditations et que j'ordonne que, désormais, les affaires religieuses et temporelles soient traitées selon les lois qui les régissent, qu'elles reçoivent une solution équitable et que tout ce
qui n'est pas bon soit écarté.

Dieu m'ayant accordé la possession de l'univers, m'ayant
comblé de ses bienfaits et ayant subjugué mes ennemis, il faut
qu'à l'avenir, il n'y ait rien de défectueux dans mon gouvernement, qu'il n'y ait aucune irrégularité dans la conduite des
affaires et que rien ne soit dérobé à ma connaissance.

Cet ordre fut donné à Nizam oul-Moulk, à Cheref oul-Moulk[1],

1. Abou Saad Mohammed ibn Mansour Cheref oul-Moulk el-Kharezmy était
surintendant des finances sous le règne d'Alp Arslan et sous celui de Melikchâh. Le premier de ces princes le chargea de surveiller la construction de la
chapelle et du dôme de l'imam Abou Hanifèh à Bagdad, ainsi que celle d'un
collège destiné à recevoir des étudiants du rite hanéfite. L'inauguration de ces
monuments eut lieu en présence de personnages du plus haut rang. Le chérif
Abou Djafer Massoud el-Bayady, qui était présent, récita cet impromptu à Cheref oul-Moulk qui le récompensa généreusement :

الم تر ان العلم كان مبددا
فجمعه هذا المغيب فى اللحد
كذلك كانت هذه الارض ميتة
فانشرها فعل العميد ابى سعد

« Ne vois-tu pas combien de science était éparpillée jusqu'à ce qu'elle ait été à Tadj oul-Moulk[1], à Medjd oul-Moulk[2] et à d'autres dignitaires de ce rang. Chacun de ces personnages rédigea ce que son esprit lui suggéra à ce sujet et soumit son travail à l'appréciation du prince. Aucun de ces mémoires ne reçut une approbation plus

réunie dans le corps de celui qui repose dans cette tombe. De même, cette terre était demeurée morte, jusqu'au jour où le travail de l'amid Abou Saad lui a rendu la vie. »

Cheref oul-Moulk construisit aussi, sur les routes du désert, un grand nombre de stations fortifiées et de caravansérails et il fonda de nombreux établissements charitables. Lorsqu'il dut renoncer à servir l'État, il se retira dans sa maison où on venait souvent le consulter sur les affaires importantes. Il mourut à Ispahan en 494 (1100).

1. Aboul Ghanaim el-Merzban ibn Khosrau Firouz, Tadj oul-Moulk, surnommé Ibn Darest, était l'intendant et le maître de la garde-robe de Terkan Khatoun, femme de Melikchâh. Il fut élevé au vizirat après la mort de Nizam oul-Moulk. Tadj oul-Moulk fut assassiné, dans la nuit du lundi 12 moharrem 486 (février 1093), par de jeunes mamelouks faisant partie de la maison de Nizam oul-Moulk. Il était âgé de quarante-sept ans.

2. Aboul Fazhl Essaad ibn Mohammed, Medjd oul-Moulk, el-Belâsany, el-Qoumy fut brouillé avec le fils de Nizam oul-Moulk, Mouayyd oul-Moulk, pendant tout le temps que celui-ci exerça les fonctions de vizir, au commencement du règne du sultan Barkiaroq. Il réussit à le faire destituer et à le faire remplacer par un autre fils de Nizam oul-Moulk, Fakhr oul-Moulk, qui lui laissa prendre la haute main sur la direction des affaires. En l'année 492 (1098), les Ismayliens ayant assassiné des émirs de la cour de Barkiaroq, ces crimes furent imputés à Medjd oul-Moulk. Lors du meurtre de l'émir Barsaq, ses fils Zenguy et Aqboury, ainsi que d'autres personnages, accusèrent Medjd oul-Moulk d'avoir suggéré ce crime et abandonnèrent le parti du sultan, qui s'était rendu à Rey à la nouvelle de la révolte de son frère Mohammed. Barkiaroq, qui de Rey avait gagné Sidjas auprès de Hamadan, fut sommé, par les émirs qui faisaient cause commune avec les fils de Barsaq, de leur livrer Medjd oul-Moulk. S'il nous est remis, dirent-ils au sultan, nous continuerons à être des esclaves assidus à ton service; s'il nous est refusé, nous nous séparerons de toi et nous nous emparerons de force de sa personne. Le sultan repoussa leur demande ; Medjd oul-Moulk lui fit dire : Livre-moi et attache-toi ainsi tous les émirs de ta cour ou bien fais-moi mettre à mort, car ils me tueront et ma mort sera le signe de la faiblesse de ton gouvernement. Le sultan, ne voulant pas consentir à l'abandonner, fit jurer aux émirs que Medjd oul-Moulk aurait la vie sauve et serait enfermé dans une forteresse. Ceux-ci acceptèrent cette proposition et Medjd oul-Moulk devait leur être remis ; mais des ghoulams se jetèrent sur lui et le mirent en pièces avant qu'il fût arrivé auprès des émirs. Sa tête fut portée à Mouayyd oul-Moulk. Medjd oul-Moulk pratiquait les bonnes œuvres ; il priait longtemps la nuit et répandait d'abondantes aumônes. Il avait horreur de répandre le sang. Quoique imbu des doctrines chiites, il ne parlait qu'avec respect des compagnons du Prophète et il maudissait ceux qui les injuriaient. Il avait toujours avec lui, en voyage et à la ville, le linceul dans lequel il devait être enseveli. Lors de la destitution de

complète que celui de Nizam oul-Moulk. Tous les chapitres, dit
le sultan, ont été rédigés par lui au gré de mes désirs et il est
est impossible d'y rien ajouter. Je ferai de cet ouvrage mon
guide et il sera la règle de ma conduite.

Celui qui rédige ces lignes l'a transcrit pour la bibliothèque
royale et l'a présenté au prince qui daignera l'agréer, s'il plaît
à Dieu.

Aucun souverain, aucun personnage exerçant l'autorité ne
peut se dispenser, surtout à l'époque actuelle, de posséder et
de lire ce livre. Quiconque en prendra connaissance sentira son
attention s'éveiller davantage sur les affaires spirituelles et temporelles ; la route et la voie qui conduisent au bien s'ouvriront
plus largement devant lui et les règles et les usages qui régissent la cour, l'administration, les assemblées, les exercices
militaires, la situation et la conduite des gens de guerre et des
fonctionnaires civils, apparaîtront plus clairement à ses yeux.
Rien dans le gouvernement, que ce soit une affaire de grande

Kemal Eddin Abour-Riza, de Cheref oul-Moulk et des autres fonctionnaires col-
laborateurs de Nizam oul-Moulk, Bou Tahir Khatouny publia contre Medjd
oul-Moulk ce quatrain injurieux :

مى بــازد بخل مجد الملك   جون بكاورس كرسنه ثرى
كر همه قيـان چنين باشند   ثم رفيقـا و برهمه ثم رى

et Boul Mealy Nahhas répandit dans le public la pièce de vers suivante :

ز بو على بود و از بو رضا و از بو سعد   شها كه شير ببيش تو همجو بيش آمد
در آن زمانه زهركأمدى بدركهٔ تو   مبشر ظفر و فتح نـامه بيش آمد
زبلفضـايـل بلفتح و بلمعـانى بـاز   زمين مملكنـترا نبـات نيش آمـد
كر از نظام و كأل و شرف توسير شدى   ز تأج و مجد و سديدت نكر جه بيش آمد

« O roi ! c'est grâce à Bou Aly, à Bou Riza et à Bou Saad que le lion se présentait
devant toi avec la douceur du mouton. En ce temps-là, la plupart de ceux
qui venaient à ta cour apportaient la bonne nouvelle d'une victoire, ou une
lettre annonçant une conquète. Boulfezail, Boulfeth et Boul Mealy ont, de
nouveau, couvert ton empire de plantes épineuses. Si tu as été dégoûté de
Nizam, de Kemal et de Cheref, vois ce que t'ont rapporté Tadj, Medjd et Sedid. »

On peut consulter sur ces trois personnages le *Kamil fit-tarikh*, tomes IX et X, ou de minime importance, qu'elle soit éloignée ou rapprochée, ne demeurera cachée pour lui, s'il plaît au Dieu très haut.

Cet ouvrage est divisé en cinquante chapitres disposés dans l'ordre qui suit[1].

CHAPITRE PREMIER
.

Faits qui se produisent dans l'humanité ; rotation de la fortune ; éloge du maître de l'univers, qui donne assistance au monde et à la religion.

Dans le cours de chaque siècle, le Très-Haut choisit parmi les peuples un homme qu'il décore de toutes les vertus royales ; il le rend digne de tous les éloges et lui confie, avec les affaires de ce monde, le soin du repos de ses serviteurs. C'est ce souverain qui ferme la porte à tous les excès, à tous les troubles et à toutes les séditions. Il fait pénétrer dans tous les cœurs le respect et la crainte dérivant de la majesté qu'il déploie à tous les yeux, afin que ses sujets, vivant sous l'abri tutélaire que leur offre sa justice, jouissent de toute sécurité et désirent voir se prolonger la durée de son règne. Mais, si l'esprit de révolte vient à se manifester chez le peuple, et s'il lui arrive de mépriser la loi sacrée et de négliger les devoirs tracés par la religion, s'il enfreint les commandements divins, Dieu voudra alors le punir et lui infliger le châtiment que mérite sa conduite. Que Dieu ne nous rende pas témoins de pareils événements et éloigne de nous une telle calamité !

passim, le Recueil des biographies d'Ibn Khallikan, le *Rahat ous-soudour* d'Abou Bekr Mohammed Ravendy et le mémoire de M. Defrémery sur Barqiaroq, dans le *Journal asiatique* de 1853, 5e série, t. II, pages 247-248.

1. Les titres de ces cinquante chapitres ont été placés à la fin de l'ouvrage et lui servent de table.

Sans aucun doute, les funestes effets d'une pareille rébellion
attireront sur le peuple la colère céleste et le feront abandonner
par Dieu. Un bon prince disparaîtra, les sabres tirés hors du
fourreau se dresseront les uns contre les autres et le sang cou-
lera; celui qui aura le bras le plus fort, fera tout ce qui lui
plaira et les créatures vouées au péché périront dans ces troubles
et dans cette effusion de sang. Ce qui se produit dans un champ
de roseaux, lorsque l'incendie s'y déclare, peut servir d'exemple. Tout ce qui est sec est consumé et le voisinage des plantes
desséchées provoque l'incendie de celles qui sont humides.

Un homme se trouve être, dans la suite l'objet, de la faveur de
Dieu qui lui accorde le bonheur et la puissance et lui fait don,
dans la mesure qu'il juge lui convenir, de la prospérité, de l'intelligence et du savoir. Aidé par sa perspicacité et par son expérience,
il réunit autour de lui des gens soumis à ses ordres et il confère
à chacun d'eux, selon son mérite, des dignités et des emplois.
Il choisit au milieu du peuple ses serviteurs et leurs gens et il
leur confie le soin des affaires spirituelles et temporelles.

Si un des serviteurs ou des fonctionnaires du prince vient à
commettre une action blâmable ou vexatoire, il faudra le maintenir dans son emploi si, après avoir été l'objet de remontrances,
d'avertissements et de semonces, il s'amende et secoue le sommeil de la négligence ; mais s'il ne se réveille pas, le prince ne
devra pas le conserver dans ses fonctions et il le remplacera
par un sujet plus digne.

Les personnes qui, dans leur ingratitude, méconnaissent le
prix de la sécurité et du repos dont elles jouissent, méditent
des actes de trahison, se laissent aller à la révolte et négligent
tous leurs devoirs, devront être punies selon le degré de leur
culpabilité, et le châtiment qui leur sera infligé les fera renoncer
à leurs desseins.

Le souverain s'occupera, en outre, de mener à bonne fin tout
ce qui intéresse la prospérité générale ; il établira des conduits

souterrains pour servir à l'irrigation des terres ; il fera creuser des canaux, jettera des ponts sur les grands cours d'eau, rassemblera la population dans les villages et veillera à la mise en culture des terres ; il fera bâtir des places fortes, fondera de nouvelles villes, construira de nobles monuments et de splendides résidences, enfin il fera élever des caravansérails sur les routes royales. Ces œuvres lui assureront une renommée éternelle ; il en recevra la récompense dans ce monde et dans l'autre, et toutes les créatures humaines ne cesseront de faire des vœux pour son bonheur.

Les décrets de la prédestination divine ont voulu que notre époque fût un renouvellement des siècles antérieurs et nous offrît le spectacle des vertus qui ont été l'apanage des anciens rois ; enfin que les peuples jouissent d'un bonheur dont, jusques ici, ils n'avaient point eu l'idée. Dieu a donc suscité un maître du monde qui est le plus grand des sultans ; sa puissance dérive des deux branches de sa race qui ont eu en partage le pouvoir et la souveraineté, et dont la noblesse remonte de père en fils jusqu'au grand Afrassiab. Dieu l'a doué de toutes les belles qualités de générosité et de grandeur dont les autres souverains ont été privés, et lui a départi tous les mérites indispensables à un prince : une belle physionomie, un bon caractère, l'esprit de justice, le courage, la vaillance, l'habileté à manier un cheval et à se servir de toutes les armes, le goût de tous les arts, la bienveillance et la sollicitude pour le peuple, l'exactitude à accomplir les vœux formés et à tenir les promesses faites. Il aime une religion pure et possède une foi solide. Il s'acquitte avec joie des devoirs d'obéissance imposés par Dieu ; il connaît les mérites des prières faites pendant la nuit et ceux des jeûnes surérogatoires ; il respecte les docteurs de la science, il honore ceux qui pratiquent la dévotion et l'abstinence, les gens intègres et ceux qui suivent les préceptes de la sagesse. Il répand de continuelles aumônes, comble les pauvres de ses bienfaits et sa bonté le

fait vivre dans les termes les plus agréables avec ses subordonnés et ses serviteurs ; il ne permet pas que des fonctionnaires
usent, à l'égard du peuple, de procédés tyranniques.

Le Très-Haut lui a, sans aucun doute, accordé, en considération de ses vertus et de la pureté de sa foi, la possession des deux
mondes et lui a assuré le bonheur dont on y jouit. Ce prince a
étendu son pouvoir et son autorité dans chaque pays, afin que
les habitants acquittent l'impôt qui lui est dû et soient, par leur
soumission, à l'abri des coups de son épée. Si l'empire s'est
agrandi et étendu sous le gouvernement de quelques-uns des
khalifes, jamais ces princes n'ont été exempts des inquiétudes
causées par les révoltes des Kharidjis.

Aujourd'hui, grâces en soient rendues à Dieu, à cette époque
bénie, personne ne nourrit dans son cœur une idée de révolte
et n'essaye de soustraire son front au bandeau de l'obéissance.

Que le Très-Haut daigne assurer la durée de ce règne jusqu'au jour de la résurrection ! qu'il éloigne de ce gouvernement
l'influence néfaste du mauvais œil et les dangers qui menacent
tout ce qui atteint la perfection complète [1], afin que les peuples

---

1. La perfection est, selon les idées des Orientaux, l'attribut de Dieu seul ;
tout ce qui, dans ce monde, se rapproche de la perfection est condamné à une
décadence et à une ruine prochaines. Les mots عین الکمال (essence de la perfection) sont souvent associés, dans les auteurs et les poètes persans, à ceux de
چشم بد, mauvais œil. Les exemples sont nombreux ; je me bornerai à citer celui-
ci dans lequel les mots عین الکمال ont la signification de funeste influence :

تا توانی سرخود باکس مکوی
ز آنکه آن سرشادی آرد یا ملال
کر غمی باشد شود دلها ملول
ور بود شادی رسد عین الکمال
پس درون خلوت اسرار خویش
هیچکس را راه مده در هیچ حال

« Ne livre à personne ton secret, autant que cela te sera possible, car ton
secret sera un motif ou de joie ou de chagrin. S'il cause du chagrin, les

puissent, à l'abri de l'équité et de la puissance du maître du monde, vivre et faire des vœux pour son bonheur.

La sagesse du prince est semblable à un flambeau qui répand une vive clarté ; grâce à lui, le peuple trouve sa route après être sorti des ténèbres et il n'a nul besoin d'un autre conseiller, ni d'un autre guide. Les sujets d'un roi sont impuissants, en effet, à se hausser à la hauteur de ses pensées ; ils ignorent la situation où il se trouve et ne peuvent connaître ni les ressources de son esprit ni celles de son expérience.

Le prince m'a commandé, à moi qui suis son serviteur, de faire connaître par écrit les qualités qui doivent être l'apanage nécessaire du prince et de noter ce qui, ayant été autrefois pratiqué, est tombé en désuétude. Je dois signaler tout ce qui est digne de louange et tout ce qui est blâmable. J'ai, conformément à cet ordre, consigné dans cet ouvrage tout ce que j'ai entendu, appris et lu, et j'ai rédigé d'une manière abrégée les quelques chapitres qui suivent. Tout ce qui était digne d'être rapporté a été inséré dans chacun de ces chapitres, en termes clairs, grâce à l'assistance que m'a accordée le Dieu très honoré et très magnifié.

CHAPITRE II

Les rois doivent reconnaître le prix des biens que Dieu leur a accordés.

Les rois doivent s'attacher à conserver la satisfaction de Dieu. La satisfaction de Celui qui est la vérité même et dont le nom

cœurs en seront attristés, s'il provoque de la joie, on verra se produire l'influence néfaste du mauvais œil. N'introduis donc jamais, en aucune circonstance, qui que ce soit dans l'asile réservé de tes secrets. »

doit être honoré est obtenue par les bienfaits que le prince répand sur les humains et il suffit, pour cela, de leur rendre la justice qui leur est due. Lorsque les vœux des peuples auront pour objet le bonheur du souverain, le gouvernement de celui-ci en sera plus solidement établi et ses États acquerront chaque jour plus d'étendue. Il jouira des biens que donnent la puissance et une heureuse fortune. Sa bonne renommée remplira ce bas monde ; il sera sauvé dans l'éternité, et les comptes qui lui seront demandés seront pour lui plus faciles à rendre. On a dit : Un gouvernement peut subsister avec l'impiété, mais il ne peut durer avec l'oppression et la tyrannie.

Il est rapporté dans les traditions qu'au moment de quitter ce monde, Joseph, sur qui soit la paix ! avait demandé à être inhumé auprès de son aïeul Abraham. Lorsque son cercueil fut apporté auprès de l'enceinte où reposait Abraham, Gabriel apparut et dit : « Sa place n'est point ici, car, au jour du jugement dernier, il lui faudra répondre de la manière dont il a usé du pouvoir. » Jugez par ce qui est advenu à Joseph de ce qui arrivera aux autres mortels.

Tradition. — On a conservé une tradition du Prophète nous apprenant qu'au jour de la résurrection, on fera comparaître, les mains attachées sur le cou, tous ceux qui ont eu le pouvoir en main et exercé l'autorité. S'ils ont été justes et équitables, la justice déliera leurs mains et ils entreront dans le paradis. S'ils ont commis des actes tyranniques, ils seront précipités, les mains liées, dans l'enfer.

Une autre tradition nous fait aussi savoir qu'il sera demandé compte de sa conduite à celui qui aura exercé son autorité sur le peuple, sur ceux qui habitent son palais, et sur ses inférieurs, et on demandera compte au berger des brebis confiées à sa garde.

Tradition. — On rapporte qu'Abdallah fils d'Omar ibn el-Khattab, que Dieu soit satisfait de lui ! demanda à son père, au moment où celui-ci allait quitter ce monde, quand il le reverrait. Dans l'autre monde, lui répondit Omar. Je désire te voir plus tôt, répliqua son fils. Tu me verras en songe, reprit Omar, la nuit prochaine, ou bien la seconde ou la troisième nuit. Douze années se passèrent sans qu'Abdallah revît son père : au bout de la douzième année, Omar lui apparut pendant son sommeil. « O mon père, lui dit Abdallah, ne m'avais-tu pas donné l'assurance que je te reverrais au bout de trois nuits ». « Je n'en avais pas le loisir, répondit Omar, un pont était tombé en ruine dans la campagne de Bagdad, car les fonctionnaires publics n'avaient point veillé à son entretien. La patte d'une brebis s'y en fonça dans un trou et se cassa. J'étais occupé, jusques à aujour d'hui, à dégager ma responsabilité. »

Que le roi, dont Dieu veuille éterniser le règne, sache en vérité que, dans ce grand jour de la résurrection, on l'interrogera au sujet de toutes les créatures qui ont été soumises à son pouvoir et, s'il veut charger une autre personne de répondre pour lui, le témoignage de celle-ci ne sera point écouté. Puisqu'il en est ainsi, il est nécessaire que le roi n'abandonne à personne les soins importants du gouvernement et n'apporte aucune négligence ni dans ses affaires, ni dans celles de l'État. Il importe qu'il prenne sur celles-ci des informations, soit en secret, soit ouvertement ; qu'il raccourcisse les mains qui viendraient à s'allonger et qu'il réduise à néant les procédés vexatoires des tyrans, afin que son règne et son gouvernement soient, avec l'assistance du Dieu unique, comblés de bénédictions.

CHAPITRE III

Le souverain doit tenir audience pour écouter les victimes de l'injustice. Il doit être équitable et se conformer aux bonnes coutumes.

Il y a pour le souverain obligation à consacrer deux séances par semaine à écouter les plaintes des opprimés et à rendre justice à ceux qui ont eu à souffrir de procédés iniques. Le prince doit se montrer équitable et écouter lui-même, sans intermédiaire, ce que ses sujets ont à lui dire. On lui présentera les quelques requêtes ayant trait aux affaires les plus importantes et il donnera ses ordres sur chacune d'elles. Lorsque le bruit se répandra que le maître du monde admet deux fois par semaine, auprès de lui, les opprimés et ceux qui réclament justice et qu'il prête l'oreille à leurs paroles, tous ceux qui commettent des actes tyranniques seront saisis de crainte et s'abstiendront de toute iniquité, et la peur du châtiment retiendra ceux qui voudraient donner carrière à leur violence et à leur avidité.

Anecdote. — J'ai lu, dans les livres de nos ancêtres, que la plupart des rois de Perse faisaient élever une haute estrade sur laquelle ils se tenaient à cheval, afin de distinguer, au milieu du peuple réuni dans la plaine, tous ceux qui avaient à se plaindre d'avoir été opprimés, et de leur rendre justice. La raison de cette coutume était que lorsqu'un prince se tient dans une résidence où l'on trouve portes, barrières, vestibules, couloirs et portières, des gens animés de sentiments malveillants et pervers peuvent s'opposer à l'entrée des personnes qui se présentent et ne pas les laisser pénétrer jusqu'à lui.

Anecdote. — J'ai entendu dire qu'un roi, ayant l'oreille dure, s'était imaginé que ceux qui lui servaient d'interprète ne lui rapportaient point exactement les paroles des plaignants et que, dans l'ignorance de ce qui lui était exposé, il rendait des sentences n'ayant aucun rapport à l'affaire qui lui avait été soumise.

Il ordonna donc que tous ceux qui avaient des plaintes à formuler fussent habillés de rouge et que personne autre ne portât de pareils habits, afin, disait-il, que je puisse les reconnaître.

Ce roi se tenait dans la plaine, monté sur un éléphant ; il faisait former un groupe de tous les gens ayant des vêtements rouges, puis se retirant dans un endroit écarté, il les faisait approcher l'un après l'autre, afin qu'ils pussent lui parler à haute voix ; il leur faisait alors justice. Toutes ces précautions ont été prises par les princes pour pouvoir répondre aux questions qui leur seront adressées dans l'autre monde, et afin que, dans celui-ci, rien ne soit dérobé à leur connaissance.

Anecdote. — L'émir Adil (le juste), l'un des princes Samanides, portait le nom d'Ismayl, fils d'Ahmed ; il était extrêmement équitable et doué des plus nobles qualités. Sa foi en Dieu était des plus pures : il était rempli de générosité pour les pauvres, comme en a témoigné toute sa conduite. Cet Ismayl était ce grand émir qui résida à Boukhara et dont les aïeux avaient possédé le Khorassan, l'Iraq et la Transoxiane. Yaqoub ibn Leïs se révolta dans le Sistan et s'empara de cette province tout entière. Séduit par les days (missionnaires), il avait embrassé les doctrines des Ismayliens, et avait voué une haine implacable au khalife. Il marcha sur Bagdad, dans le dessein de mettre à mort le khalife et de renverser la dynastie des Abbassides.

Le khalife, informé de ce projet, lui dépêcha un messager pour lui dire : « Tu n'as rien à faire à Bagdad ; il est préférable que tu aies la garde du Kouhistan[1], de l'Iraq et du Khorassan et

---

1. « Le pays auquel on donne ordinairement ce nom est celui qui commence aux frontières d'Hérat et s'étend au milieu des montagnes jusque dans le voi-

que tu administres ces provinces, afin de ne point susciter des embarras. Retourne donc sur tes pas. » Yaqoub n'obtempéra point à cet ordre. « Voici, fit-il dire au khalife, quel est mon désir. Il faut absolument que je me présente à ta cour, que je te fasse agréer mon hommage et que je renouvelle les engagements qui me lient à toi. Tant que je ne me serai point acquitté de ce devoir, je ne reviendrai pas sur mes pas. » Il fit la même réponse à tous les messagers qui lui furent envoyés par le khalife. Il se dirigea vers Bagdad, après avoir levé des troupes; le khalife, se rendant compte des mauvaises intentions de Yaqoub, réunit les hauts dignitaires de sa cour et leur dit : « Je vois que Yaqoub ibn Leïs a soustrait sa tête au bandeau de l'obéissance ; il vient ici pour commettre un acte de trahison. Il n'a point été appelé auprès de nous. Je lui donne l'ordre de s'en retourner et il n'obéit pas. En tout état de cause, il a dans le cœur des sentiments de perfidie et je suppose qu'il a adopté les croyances des Bathiniens. Il n'en fera rien paraître tant qu'il ne sera point arrivé ici. Nous ne devons négliger aucune mesure de précaution contre lui. Quelles sont celles qu'il nous faut adopter dans les circonstances actuelles ? »

On résolut de ne pas laisser le khalife demeurer dans la ville; il fut décidé qu'il camperait et ferait cantonner son armée dans la campagne et que les dignitaires de la cour et les personnages notables de Bagdad se trouveraient tous réunis autour de lui. Yaqoub, à son arrivée, en voyant le khalife et ses troupes établis dans la plaine, devra manifester ses intentions, car les gens des deux partis se rendront dans le camp

sinage de Nehawend, d'Hamadan et de Beroudjird. Toute cette chaîne est appelée Qouhistan et elle est comprise entre la province d'Hérat et celle de Nisabour... Le Qouhistan n'est pas peuplé comme le reste du Khorassan. Entre ces principales villes s'étendent de vastes territoires fréquentés par les Kurdes et d'autres nomades qui y font paître des troupeaux de chameaux et de moutons. On n'y trouve pas un seul fleuve et l'eau n'est fournie à toute cette province que par des canaux et des puits. Barbier de Meynard, *Dictionnaire géographique de la Perse*, p. 466.

l'un de l'autre. S'il a le dessein de se révolter, tous les émirs de l'Iraq et du Khorassan ne sont point décidés à lui accorder leur aide et à consentir à la réalisation des idées qu'il a dans l'esprit. Lorsqu'il se sera mis en état de révolte ouverte, nous aurons recours à certaines mesures pour changer les dispositions de ses soldats. Si nous ne réussissons pas, nous trouverons les routes ouvertes devant nous, et, n'étant point comme des prisonniers enfermés entre quatre murailles, nous pourrons gagner une autre contrée. On se décida pour ce plan qui fut agréé par le khalife El-Moutemid al'Allah Ahmed. Yaqoub ibn Leïs, à son arrivée, établit son camp vis-à-vis celui du khalife et les soldats des deux armées se mêlèrent [1].

Yaqoub fit paraître ses sentiments de rébellion, en envoyant au khalife un messager qu'il chargea de lui parler en ces termes : « Éloigne-toi de Bagdad et va où il te plaira. » Le khalife demanda un délai de deux mois qui ne lui fut pas accordé. Lorsque survint la nuit, le khalife dépêcha secrètement un envoyé auprès des officiers de l'armée de Yaqoub et leur fit dire : « Yaqoub a dévoilé ses projets de révolte ; il s'est uni

---

1. A la nouvelle de l'arrivée de Yaqoub ibn Leïs, le khalife Moutemid quitta Samarra avec ses troupes. Il se dirigea vers Bagdad, puis se rendit à Zaferanyèh où il appela son frère El-Mouwaffaq. Yaqoub ibn Leïs, de son côté, partit d'Asker-Moukerrem et fit son entrée dans Wassith, le 23 du mois de djoumazi oul-akhir 262 (24 mars 876). Moutemid abandonna son campement de Zaferanyèh pour aller s'établir sur le cours d'eau des Beni Kouma, où il fut rejoint par Mesrour el-Balkhy. Yaqoub évacua Wassith et se porta sur le couvent d'Aqoul.

Le khalife donna alors l'ordre à son frère El-Mouwaffaq d'attaquer Yaqoub ibn Leïs. L'aile droite de l'armée du khalife était commandée par Moussa ibn Bogha, l'aile gauche par Mesrour el-Balkhy ; El-Mouwaffaq commandait le centre. Le combat fut des plus vifs ; les troupes de Yaqoub furent mises en déroute et lui-même, abandonné par ses soldats, resta un des derniers sur le champ de bataille. Le butin recueilli par l'armée d'El-Mouwaffaq fut immense. Cette bataille eut lieu le 18 du mois de redjeb 262 (17 avril 876).

Yaqoub se réfugia dans le Khouzistan et s'établit dans la ville de Djoundi-Sabour. Cf. Ibn el-Athir, *El-Kamil fit-tarikh*, éd. de M. Tornberg, tome VII, pp. 300-301.

avec les impies, que Dieu les maudisse ! et il est venu ici pour
renverser notre dynastie et lui substituer nos ennemis. Êtes-
vous, oui ou non, ses partisans ? » Quelques-uns des émirs répondirent : « C'est de Yaqoub que nous avons reçu notre
subsistance, et c'est en le servant que nous avons acquis les
biens dont nous jouissons. Tout ce qu'il a fait, c'est nous qui
l'avons fait. » Mais le plus grand nombre des officiers répondirent : « Nous ignorons ce qui se passe ; nous croyons que Yaqoub ne fera jamais d'opposition au prince des croyants. S'il
manifeste des sentiments de révolte, nous nous garderons d'y
acquiescer et, le jour du combat, nous serons avec vous. Lorsque les troupes se mettront en ordre de bataille, nous irons
vers vous et nous vous assurerons la victoire. » Ceux qui firent
cette réponse étaient les émirs du Khorassan. Le khalife ressentit une joie très vive en les voyant dans ces dispositions ; il
en eut le cœur fortifié, et le lendemain, il envoya à Yaqoub un
message conçu en ces termes : « Tu as aujourd'hui donné le
spectacle de ton ingratitude ; le sabre décidera entre toi et moi ;
je n'éprouve aucune crainte, bien que mon armée soit peu
considérable et que la tienne soit nombreuse. » Il donna ensuite aux troupes l'ordre de prendre les armes ; il fit battre le
tambour du combat, résonner les trompettes de la vengeance
et déployer l'armée dans la plaine. A cette vue, Yaqoub ibn
Leïs s'écria : « Je suis parvenu au but de mes désirs, » et il ordonna, de son côté, que l'on battît le tambour. Ses soldats
montèrent à cheval et se rangèrent en bon ordre en face de
l'armée du khalife. Celui-ci vint se placer au centre de ses
troupes, pendant que Yaqoub prenait position de l'autre côté.
Le khalife ordonna alors à un homme, doué d'une voix très
forte, de parcourir l'espace s'étendant entre le front des
deux armées et de faire la proclamation suivante : « O musulmans qui êtes assemblés ici, sachez que Yaqoub est en état de
révolte ; il est venu ici pour renverser la dynastie des Abbassi-

des, faire venir son rival de Mehdiah [1], l'installer à sa place, abolir la tradition et faire régner l'hérésie. Il en sera pour quiconque aura résisté au successeur du Prophète de Dieu, comme s'il s'était soustrait à l'obéissance des ordres de Dieu même ; il sera retranché de la communauté des musulmans, ainsi que

1. « La ville de Mehdiya est environnée par la mer, excepté du côté occidental où se trouve l'entrée de la place. Elle possède un grand faubourg appelé Zouila qui renferme les bazars, les bains et les logements des habitants de la ville. Ce faubourg, qu'El-Moezz ibn Badis entoura d'une muraille, a maintenant environ deux milles de longueur; la largeur varie, et, dans sa plus grande dimension, elle paraît peu considérable, tant le faubourg se développe en longueur. Toutes les maisons de Zouila sont construites en pierre.

« La ville d'El-Mehdiya a deux portes de fer dans lesquelles on n'a pas fait entrer le moindre morceau de bois; chaque porte pèse mille quintaux et a trente empans de hauteur; chacun des clous dont elles sont garnies pèse six livres; sur ces portes, on a représenté plusieurs animaux. El-Mehdiya renferme trois cent soixante grandes citernes, sans compter les eaux qui arrivent par des conduits et qui se répandent dans la ville. Ce fut Obeid Allah le Fatimide qui les fit venir d'un village des environs, nommé Menanech. Elles coulent dans des tuyaux et vont remplir une citerne auprès du Djami d'El-Mehdiya, d'où on les fait remonter jusqu'au palais par le moyen de roues à chapelets... El-Mehdiya est fréquentée par les navires d'Alexandrie, de Syrie, de la Sicile, de l'Espagne et d'autres pays. Son port, creusé dans le roc, est assez vaste pour contenir trente bâtiments; il se ferme au moyen d'une chaîne de fer que l'on tend entre deux tours situées, une à chaque côté de l'entrée du bassin. Quand on veut laisser entrer un navire, les gardes des tours lâchent un bout de la chaîne, ensuite ils la rétablissent dans son état ordinaire. Par cette précaution on se garantit contre les attaques des Roum, chrétiens de l'Europe... Le Djami composé de sept nefs est très beau et solidement bâti. Le palais d'Obeïd Allah est très grand et se distingue par la magnificence de ses corps de logis. La porte de cet édifice regarde l'occident. Vis-à-vis, de l'autre côté d'une grande place, s'élève le palais d'Aboul Cacem, fils d'Obeïd Allah. La porte de ce palais est tournée vers l'orient. L'arsenal, situé à l'est du palais d'Obeïd Allah, peut contenir plus de deux cents navires et possède deux galeries voûtées, vastes et longues, qui servent à garantir les agrès et les approvisionnements de la marine contre les atteintes du soleil et de la pluie. » *Description de l'Afrique septentrionale par El-Bekri, traduite par Mac Guckin de Slane*, Paris, 1859, p. 73-74. Yaqout, dans l'article consacré par lui à Mehdiya, a reproduit sans y rien changer le texte donné par El-Bekri.

J'ai inséré ici cette description fort intéressante, bien que Nizam oul-Moulk ait été mal servi par sa mémoire, lorsqu'il met dans la bouche de Yaqoub ibn Leïs la menace d'envoyer la tête du khalife à Mehdiya. La révolte de Yaqoub ibn Leïs eut lieu en 266 (879-880) et El-Bekri nous apprend qu'en l'an 300 (912-913), Obeïd Allah commença par examiner l'emplacement de sa nouvelle ville, que les fortifications furent achevées cinq ans après et qu'il s'y installa au mois de chewwal 308 (mars 921).

Dieu l'a affirmé dans le texte de son livre, en disant : « Obéissez à Dieu, obéissez au Prophète et à ceux d'entre vous qui sont revêtus de l'autorité [1]. » Maintenant, quel est celui d'entre vous qui ne préfère le paradis à l'enfer? Faites triompher la vérité et détournez-vous de l'erreur! Soyez avec nous et non contre nous ! » Lorsque les soldats de Yaqoub entendirent ces paroles, tous les émirs du Khorassan tournèrent bride et allèrent rejoindre le khalife. « Nous pensions, lui dirent-ils, que Yaqoub, en vertu d'un ordre reçu, était venu ici, faire preuve d'obéissance et prêter hommage ; aujourd'hui qu'il a manifesté ses sentiments d'opposition et de révolte, nous sommes avec vous, tant que durera notre vie ; pour vous, nous frapperons avec nos sabres. » Le khalife, ayant acquis cette nouvelle force, donna l'ordre à ses troupes de faire sur l'ennemi une charge générale. Yaqoub ibn Leïs fut défait au premier choc et prit la fuite dans la direction du Khouzistan [2]. Tous ses trésors furent pillés et ses

1. *Qoran*, chap. VI, p. 62.
2. « Cette contrée est bornée à l'ouest par le canton de Wâsit et par Doûr ar-Ràsibi; au sud, par une ligne qui s'étendrait d'Abbàdàn aux frontières du Fârs, en passant par le golfe Persique, Màhroûbân et Dauraq ; au sud-est par les frontières du Fàrs; au nord-est par les frontières du gouvernement d'Isfahàn et par le Djabal. C'est la rivière appelée Tàb qui sépare le Fàrs du Djabal et d'Isfahàn. Au nord, le Khoûzistân est borné par les frontières du canton de Saïmar et de Karkhah, par les montagnes du Louristân et par le Djabal jusqu'à Isfahàn. Le Khoûzistàn est un pays plat qui n'offre point de montagnes ; les cours d'eau y sont nombreux ; ils se réunissent entre eux et se jettent dans la mer près du fort de Mahdi. » *Géographie d'Aboul Féda*, trad. par MM. Reinaud et St. Guyard, Paris, 1883, tome II, 2e partie, p. 83.
  Voici les renseignements que donne Abou Zeid el-Balkhi : « Le Khouzistan ne renferme que peu de montagnes ou de plaines sablonneuses et seulement du côté de Touster, de Djoundi Sabour et sur les limites d'Eïdedj et d'Isfahàn. Le sol et le climat de cette contrée ont beaucoup d'analogie avec ceux de l'Iraq. L'eau y est douce et abondante ; les rivières y sont si nombreuses que je ne connais pas une seule localité où les habitants boivent l'eau des citernes. Quant à la nature du sol, elle varie selon la latitude. Toute la partie qui s'étend du Tigre vers le nord est fertile et productive ; tout ce qui est rapproché de ce fleuve est dans les mêmes conditions de fécondité ou de stérilité que le sol de Basrah... L'air y est malsain, les maladies fréquentes surtout pour les étrangers qui parcourent le pays .. La langue vulgaire du pays est l'arabe et le persan, mais il y a aussi un idiome local, la langue khouzienne qui n'a

dépouilles enrichirent les soldats du khalife. Arrivé dans le Khouzistan, Yaqoub envoya de tous côtés des gens pour lui amener des troupes ; il appela auprès de lui des fonctionnaires auxquels il donna l'ordre de lui apporter des sommes d'or et d'argent, tirées des trésors de l'Iraq et du Khorassan. Lorsque le khalife eut appris que Yaqoub ibn Leïs s'était établi dans le Khouzistan, il lui expédia sur-le-champ un courrier porteur d'une lettre conçue en ces termes : « Nous avons reconnu que tu es un homme d'un cœur simple et qu'ayant été abusé par les paroles de mes ennemis, tu n'as point considéré quelle serait la fin de ton entreprise. N'as-tu pas vu l'œuvre du Dieu très-haut qui t'a fait battre par tes propres troupes ? Tu as commis une faute. Nous savons que maintenant tu t'es réveillé et repenti de ta conduite. Personne plus que toi n'est digne d'être émir du Khorassan et de l'Iraq et tu as droit à tous nos bienfaits.

« Tu dois être récompensé des services que tu nous as rendus et, en considération de ces services, nous avons tenu pour agréable la faute commise par toi et considéré comme non avenu ce que tu as fait. Il faut que Yaqoub renonce à ses prétentions, de même que nous, nous oublions ses actions qui nous ont attristé. Qu'il parte, qu'il se rende le plus tôt possible dans l'Iraq et le Khorassan et mette tous ses soins à administrer ces provinces. »

Yaqoub prit connaissance de la lettre du khalife, mais son cœur n'en fut pas touché et il ne témoigna aucun regret de sa conduite. Il donna l'ordre de placer devant lui, sur un plat de bois, des légumes verts, un poisson et quelques oignons. Il fit

aucun rapport avec l'hébreu, le syriaque, l'arabe ou le persan. Les habitants sont d'un mauvais caractère, d'une avarice extrême, d'une humeur querelleuse et jalouse pour les sujets les plus futiles. Ils ont, en général, le teint cuivré, le corps maigre, la barbe rare, les cheveux touffus : l'embonpoint est chose inouïe chez eux ; ils offrent en un mot le type des habitants des pays chauds. » Barbier de Meynard, *Dictionnaire géographique, historique et littéraire de la Perse et des contrées adjacentes*, *extrait du* Moudjem el-bouldan *de Yaqout*, Paris, 1861, pp. 217-218.

alors introduire et asseoir à ses côtés l'envoyé du khalife, puis
se tournant vers lui : « Va dire au khalife, lui dit-il, que je suis
le fils d'un ouvrier en cuivre ; mon père m'a appris son métier
et je me nourrissais alors de pain d'orge, de poisson, d'herbes
et d'oignons. C'est par une vie d'aventure et par un courage de
lion que j'ai acquis le pouvoir, les armes, les machines de guerre,
les trésors et les biens que je possède. Je ne les ai pas trouvés
dans l'héritage paternel et je ne les ai pas reçus en don du
khalife. Je n'aurai de repos que lorsque j'aurai envoyé sa
tête à Mehdiah et que j'aurai anéanti sa dynastie. Je ferai ce
que je dis, sinon je retournerai au pain d'orge, aux herbes et au
poisson. Voici, j'ai ouvert la porte de mes trésors, j'ai convoqué
mes soldats et je suivrai bientôt le messager. » Après lui avoir
ainsi parlé, il le congédia.

Le khalife lui envoya en vain des lettres, des ambassadeurs
et des vêtements d'honneur pour lui donner des témoignages
de sa bienveillance. Yaqoub n'abandonna en aucune façon ses
projets ; il rassembla ses troupes et marcha sur Bagdad. Il souf-
frait de coliques hépatiques, il en subit des attaques et son état
devint tellement grave qu'il reconnut lui-même qu'il ne pourrait échapper aux atteintes de ce mal[1]. Il institua pour son

1. Yaqoub ibn Leïs succomba le 9 du mois de chewwal 265 (5 juin 879), à
Djoundi-Sabour dans le Khouzistan, à une attaque de colique hépatique, sans
avoir voulu se conformer aux prescriptions de ses médecins.

L'auteur d'une *Histoire du Sistan*, écrite en arabe, puis traduite en persan par
un écrivain dont le nom nous est resté inconnu, nous apprend que la nouvelle
de la mort de Yaqoub ibn Leïs parvint au Sistan le samedi, 18 du mois de chewwal 265 (21 juin 879). Il avait, pendant douze ans et neuf mois, gouverné avec le
titre d'émir du Khorassan, le Sistan, le Kaboul, le Sind, l'Inde, le Fars et le Kerman. Son nom était prononcé dans la khoutbèh à la Mekke et à Médine. Tous les
ans, on lui envoyait de l'Inde des cadeaux et lorsqu'on lui écrivait, on lui donna
pendant longtemps le titre de roi du monde. Si on voulait décrire les nobles
qualités dont il a donné le spectacle, le nombre des récits y ayant trait serait
considérable et cet ouvrage tirerait en longueur. Les guerres qu'il fit aux
grands personnages de l'islamisme ont été racontées ici, ainsi que ses nobles
actions et ses actes de justice. On connaît tout ce qu'il a fait dans son temps
pour les peuples du monde.

و خبر وفات او بسیستان روز یکشنبه دوازده روز مانده از شوال سنه خمس و ستین

héritier son frère, Amrou ibn Leïs, auquel il remit la liste de ses trésors [1].

Après sa mort, Amrou battit en retraite et se rendit dans le Kouhistan ; il y séjourna pendant quelque temps, puis il passa dans le Khorassan qu'il gouverna en obéissant aux ordres du khalife. L'armée et le peuple avaient pour Amrou plus d'affection qu'ils n'en avaient montrée à Yaqoub, car Amrou avait une

و مابين رسيد و هفده سال و نه ماه اميرى كرد و خراسان و سيستان و كابل و سند و
هند و پارس و كرمان همه اعمال وى بودند و بحرمين خطبه اورا همى كردند و از دار
الكفر هر سال اورا هديهها همى فرستادند و ملك الدنيا همى نوشتند اورا بروزكارى
دراز اكر نمى مناقب اندر نبشتى بسيار قصهها بودى و دراز كشتى اين كتاب اما آن
حربها كه با بزركان اسلام كرد مقدارى ياد كرده شد و سير نيكوى او و عدل او معروفست
كه چه كرد بر مردمان عالم بروزكار خود

1. Yaqoub ibn Leïs avait deux frères, Aly et Amrou. Ce dernier fut choisi par les troupes pour succéder à son frère Yaqoub. « Toute l'armée, dit l'auteur de l'*Histoire du Sistan*, prêta serment à Amrou et celui-ci écrivit au khalife une lettre dans laquelle il protestait de ses sentiments de soumission et d'obéissance. Un ambassadeur fut envoyé par Moutamed à Amrou, pour lui conférer, par de nouvelles lettres patentes, l'administration des deux Harem (la Mekke et Médine), de Bagdad, du Fars, du Kerman, d'Isfahan, du Kouhistan, du Gourgan, du Tabarestan, du Sistan, de l'Inde et du Sind et de la Transoxiane. Je t'ai fait don, disait-il dans cet acte, de tous ces pays de l'islamisme et du paganisme, à cette condition que tu me feras parvenir tous les ans vingt millions de dirhems. L'envoyé du khalife était Ahmed ibn Aboul Asba' ; Amrou reçut tous ces gouvernements de ses mains. Il constitua Abdallah ibn Abdallah bin Tahir son lieutenant à Bagdad. Il lui fit don d'un vêtement d'honneur et le fit partir pour cette ville, au mois de safer 266 (septembre-octobre 879). Le gouvernement des deux Harem fut confié à Adjdj ibn Hakh. Quant à Amrou, il revint sur ses pas et gagna le Fars ; il envoya encore au khalife Moutamed des colonnes d'or (pour ses tentes) ainsi que de grandes sommes d'argent.

پس همه سپاه عمرورا بيعت كردند و عمرو نامه نوشت سوى معتمد بسمع و طاعت و
رسول معتمد فرا رسيد نزديك عمرو و عهدى نو بر عمل حرمين و بغداد و فارس و كرمان
و اصفهان و كوهبا و كركان و طبرستان و سيستان و هند و سند و ما ورا النهر و كفت
اين همه اسلام و كفر تورا داده ام بر آن جمله كه هر سال مارا بيست هزار هزار بار درم
فرستى و رسول احمد بن ابى الاصبع بود عمرو آن عملها همه از رسول پذيرفت عبد الله بن
عبد الله بن طاهررا خليفت خويش كرد بر بغداد و خلعت داد و آنجا فرستاد اندر صفر
سنة ست و ستين و مايتين ولايت حرمين حج بن حاخرا داد و خود باز كشت و بپارس آمد
باز عمرو ستونهاى زرين ومالهئى بزرك فرستاد نزديك معتمد

grande élévation de sentiments ; il était généreux et avait l'esprit éveillé sur toutes choses. Son administration était ferme et équitable. Sa générosité et sa libéralité étaient si grandes qu'il fallait quatre cents chameaux pour porter les ustensiles de ses cuisines.

Le khalife appréhendait toujours qu'Amrou ne s'engageât dans la voie suivie par son frère et qu'il ne tentât la même entreprise. Bien qu'Amrou ne caressât point de pareilles pensées, le khalife était inquiet et il envoyait sans cesse des agents secrets à Boukhara pour dire à Ismayl fils d'Ahmed : « Insurge-toi contre Amrou ibn Leïs ; fais marcher tes troupes et expulse-le du Khorassan ; tu mérites plus que lui de gouverner cette province et celle de l'Iraq que possédèrent jadis tes ancêtres et dont les fils de Leïs se sont violemment emparés. En premier lieu, elles t'appartiennent légitimement, ensuite ta conduite est plus que la sienne digne de louanges et enfin mes vœux te suivront. Ces trois considérations ne me permettent pas de douter que Dieu ne t'accorde la victoire. Ne t'arrête point à ce que tu ne possèdes que peu d'armes et que tes troupes sont peu nombreuses ; rappelle-toi que Dieu a dit : Combien de fois, avec la permission de Dieu, une poignée d'hommes n'a-t-elle pas eu la supériorité sur une troupe nombreuse et Dieu est avec ceux qui savent patienter [1]. »

Les paroles du khalife firent impression sur le cœur d'Ismayl et il eut le ferme dessein de se poser en adversaire d'Amrou ibn Leïs. Il réunit tous ses soldats et, après avoir franchi le Djihoun, il en fit le dénombrement : en les comptant avec sa cravache il trouva qu'il avait deux mille cavaliers. Sur deux hommes, un avait un bouclier ; sur vingt, un possédait une cuirasse et sur cinquante, un était armé d'une lance. Des soldats, n'ayant point de monture, portaient leur cuirasse attachée sur leurs épaules à l'aide de courroies. Ismayl, après avoir fait passer le Djihoun à

---

1. *Qoran*, chap. ii, vers 250.

ses gens, se présenta devant Merv. On fit savoir à Amrou ibn Leïs qu'Ismayl avait passé le Djihoun, qu'il était entré à Merv d'où le commandant de la garnison s'était enfui et qu'il avait le dessein de se rendre maître de la province du Khorassan. Amrou ibn Leïs, qui était à Nichabour, se prit à rire en recevant ces nouvelles. Il passa en revue son armée qui se composait de soixante-dix mille cavaliers, montés sur des chevaux bardés de housses de guerre et bien pourvus d'armes offensives et défensives et il prit, à leur tête, la direction de Balkh. Lorsque les deux armées furent en présence, elles en vinrent aux mains. La destinée voulut que ces soixante-dix mille hommes furent mis en déroute sous les murs de Balkh, sans qu'aucun d'eux fût ni blessé, ni fait prisonnier. Amrou tomba au pouvoir de son ennemi ; lorsqu'il fut amené en présence d'Ismayl, celui-ci donna l'ordre de le confier aux gardiens des guépards. Cet événement est un des plus extraordinaires dont on ait été témoin dans le monde [1]. Après la prière de l'après-midi, un valet appartenant à Amrou ibn Leïs errait dans le camp. Il aperçut son maître et, le cœur embrasé par la douleur, il se présenta devant lui. « Demeure cette nuit auprès de moi, lui dit Amrou, car je suis absolument seul et tant qu'il me restera un souffle de vie, je ne pourrai me passer de nourriture ; ingénie-toi à me trouver quelque chose à manger. » Le valet se procura un men de viande et emprunta à des soldats une marmite en fer. Il courut de tous côtés pour avoir un peu de fumier sec qu'il pétrit, et il disposa l'une sur l'autre deux ou trois briques crues pour y placer la marmite. Après y avoir mis la viande, il se mit à la recherche de sel, lorsque le jour touchait à sa fin ; survint un chien qui, plongeant sa tête dans la marmite, en enleva un os qui lui brûla la gueule. En relevant la tête, il fit tomber sur son cou l'anse de la marmite et le sentiment de la brûlure lui faisant précipiter sa

---

1. La défaite d'Amrou ibn Leïs eut lieu au mois de rebi oul-ewwel 282 (mai 895).

course, il emporta la marmite. A cette vue, Amrou ibn Leïs se
tourna vers les soldats et les gardesqui veillaient sur lui et leur
dit : « Que ceci vous serve de leçon. Je suis ce même homme dont
ce matin quatre cents chameaux transportaient la cuisine, et
ce soir un chien l'a enlevée. » Un autre personnage que Amrou
a dit : « Ce matin j'étais émir et ce soir je suis captif. »

Ceci est une des choses les plus merveilleuses qui se soient
passées dans ce monde, mais ce qui eut lieu entre l'émir Ismayl
et Amrou ibn Leïs est encore plus extraordinaire que ces deux
faits.

Lorsque Amrou fut amené prisonnier devant Ismayl, celui-ci,
se tournant vers les dignitaires de sa cour et les chefs de ses
troupes, leur dit : « Dieu m'a donné la victoire, mais pour cette
grâce, je n'ai d'obligation à personne, si ce n'est à Dieu lui-même.
Sachez, ajouta-t-il, que cet Amrou ibn Leïs est doué de nobles
sentiments et d'une nature généreuse; il disposait d'une grande
quantité d'armes offensives et défensives et il possède, en outre,
un jugement sain, un esprit fertile en ressources et toujours en
éveil pour la conduite des affaires. Il exerçait la plus large hospitalité et avait l'amour de la justice. Je dois, à mon avis, faire
tous mes efforts pour qu'il ne lui arrive rien de fâcheux et qu'il
puisse vivre dans la plus grande sécurité. » Amrou ibn Leïs
entendit ces paroles et lui dit : « Je sais que jamais je ne serai
délivré de captivité. O toi, Ismayl, délègue auprès de moi un
homme de confiance, car j'ai quelques mots à dire; après les avoir
entendus, il te les rapportera tels que je les aurai prononcés. »

Ismayl lui envoya immédiatement un homme de confiance et
Amrou lui parla en ces termes : « Fais savoir à Ismayl que ce
n'est pas lui qui m'a vaincu, mais que ma défaite est due à sa
piété, à la pureté de sa foi, à ses vertus et au mécontentement que
j'ai causé au prince des croyants. Dis à Ismayl : Dieu m'a enlevé
ce royaume et te l'a donné. Tu mérites de recevoir ce bienfait
dont tu es plus digne que moi. Je suis soumis à la volonté de

Dieu et je ne te souhaite que du bien ; tu viens aujourd'hui d'acquérir un nouveau royaume, mais tu n'as pas la force nécessaire pour le protéger contre toute attaque. Nous avons possédé, mon frère et moi, de nombreux trésors et des sommes d'argent enfouies en terre. J'en porte la liste sur moi : je te les donne tous afin que tu augmentes ta puissance, que tu te fortifies, que tu puisses acquérir des armes offensives et défensives et que tu mettes ton trésor dans une situation prospère. » Il détacha cette liste et l'envoya à Ismayl par l'intermédiaire de cet homme de confiance. Celui-ci, revenu auprès d'Ismayl, lui rapporta les paroles d'Amrou et lui présenta la liste des trésors. « Cet Amrou, dit Ismayl en se tournant vers les grands de sa cour, usant de toute sa finesse, désire s'échapper des mains des gens perspicaces, les faire tomber dans le piège et leur faire encourir les châtiments éternels. » Il prit la liste des trésors d'Amrou et la jeta devant cet affidé en s'écriant : « Emporte cette liste et dis à Amrou : Poussé par ton esprit d'astuce, tu désires te dégager de toute chose. D'où proviennent tes trésors et ceux de ton frère ? Votre père était un ouvrier en cuivre qui vous a appris à travailler ce métal. Un accident céleste vous a permis de vous emparer de vive force d'une province, et votre audace vous a assuré le succès. Ces trésors en or et en argent sont formés des sommes extorquées injustement au peuple : ils proviennent de la taxe imposée sur les matières filées par les vieillards affaiblis et les femmes décrépites, des provisions de vivres destinés aux étrangers et aux voyageurs et des biens des incapables et des orphelins. Pour répondre aux questions qui te seront adressées par Dieu, tu désires fermement aujourd'hui nous rendre responsables de tous ces actes tyranniques, afin que demain, au jour de la résurrection, lorsque tu seras attaqué par tes adversaires, à l'effet de restituer tous ces biens injustement acquis, tu puisses dire : J'ai remis à Ismayl tout ce que je vous ai pris, réclamez-le lui. Tu me chargerais de toutes ces fautes, et, quant

à moi, il me serait impossible de donner satisfaction à tes ennemis et je n'aurais point la force de supporter la colère du Très-
Haut, ni celle de répondre aux questions qu'il m'adresserait. »

La crainte de Dieu et les principes religieux qu'il professait
ne permirent pas à Ismayl d'accepter l'inventaire de ces trésors,
qu'il renvoya à Amrou. Il ne se laissa pas séduire par les richesses de ce monde [1].

Ressemble-t-il aux émirs de notre temps qui ne craignent
point de commettre, pour la valeur d'un dinar, un acte ré-
prouvé par la loi, qui admettent comme légitime ce qui est
acquis au prix de dix illégalités, qui ne tiennent aucun compte
du droit et ne considèrent pas la fin de toute chose?

Anecdote. — Cet Ismayl, fils d'Ahmed, avait l'habitude, lorsque
le froid était le plus vif et que la neige tombait avec la plus grande
abondance, de se rendre, sans suite, sur la grande place (de
Boukhara), où il restait à cheval jusqu'au moment de la prière de
l'aube du jour. Il se peut, disait-il, qu'un homme, victime d'une
injustice, vienne à ma cour pour y faire connaître ses besoins
et qu'il n'ait ni argent pour sa dépense, ni domicile pour s'abriter.
On ne lui permettra pas, à cause de la pluie et de la neige, de
pénétrer jusqu'à moi ; lorsqu'il saura que je suis ici, il viendra
m'y trouver et, après avoir obtenu satisfaction, il s'en retournera
chez lui, rassuré et jouissant de toute sécurité. On cite un grand
nombre de traits semblables, et toutes ces actions ont eu pour
mobile les mesures de précaution que l'on doit prendre en vue
de l'autre monde.

<hr>

1. Ces détails ont été reproduits par Hamd Allah Moustaufy dans son *Tarikh
Gouzidèh.* Mirkhond a inséré dans le chapitre consacré par lui, dans le *Raouzet
essefa,* à l'histoire des Samanides, des anecdotes qu'il dit avoir empruntées au
Vecaya ou Préceptes de Nizam oul-Moulk. Elles ne se trouvent pas dans le
Siasset-Namèh, le seul ouvrage qui soit dû à la plume du vizir de Melik Châh.
Cf. Mirkhond, *Histoire des Samanides,* traduite par M. Defrémery, 1845, p. 8
du texte persan et p. 119 de la traduction.

CHAPITRE IV

Des fonctionnaires. Il faut prendre continuellement des informations sur la conduite des percepteurs et des ghoulams [1].

Lorsque l'on confie un emploi à un fonctionnaire il faut lui recommander d'user de bienveillance à l'égard des créatures de Dieu, que son nom soit honoré et respecté ! On ne doit exiger d'elles que ce qui est juste et on doit le leur réclamer avec douceur et ménagement. Il est indispensable de ne rien exiger avant l'époque fixée pour la perception des impôts ; lorsqu'on en fait la demande avant ce moment-là, les populations éprouvent de la gêne et lorsqu'elles doivent acquitter les taxes que l'on veut prélever de la sorte, elles vendent, contraintes par la nécessité, leurs denrées à moitié prix, se ruinent et se dispersent.

Si un paysan, privé de ressources, a besoin de bœufs et de semences, il faut les lui procurer en en faisant l'avance et lui causer ainsi un allégement, afin qu'il reste chez lui, qu'il n'abandonne point sa maison et n'aille pas se réfugier à l'étranger.

Anecdote. — J'ai entendu dire qu'au temps du roi Qobad, il y eut sept années de disette, pendant lesquelles la pluie, bénédiction céleste, fut refusée aux hommes. Le roi ordonna aux agents des finances de vendre le blé qu'ils avaient en réserve ; des secours furent distribués aux pauvres par la caisse commune et par les différents trésors de l'État. Pendant ces sept années de

---

1. Le mot *ghoulam* a ici le sens de sergent, d'appariteur chargé de porter les ordres du prince ou de recueillir les sommes à percevoir par suite d'une sentence rendue par le souverain. Il correspond au mot turc *tchaouch*, جاوش et au mot arabe *moubachir*, مباشر.

disette, personne ne mourut de faim dans le royaume de Qobad,
parce qu'il avait fait à ses fonctionnaires les plus sévères recommandations.

Il faut prendre, sur les agents des finances, des informations
incessantes. Si leur conduite est conforme aux indications que
nous avons données plus haut, ils conserveront leur emploi,
sinon ils seront remplacés par des sujets plus méritants. Si un
fonctionnaire prélève sur un paysan plus qu'il n'est dû au fisc,
on lui réclamera la somme qu'il a injustement perçue, on la
rendra au paysan et, si le fonctionnaire a quelque bien, on l'en
dépouillera pour que cette leçon serve d'exemple aux autres
agents et que ceux-ci se gardent de toute mesure tyrannique.
Il faut prendre également des informations sur la conduite des
vizirs pour savoir s'ils expédient, oui ou non, les affaires d'une
façon convenable, car le bien ou le mal dont ils sont les auteurs
rejaillit sur le prince et sur son gouvernement.

Lorsque la conduite du vizir est bonne, lorsque son jugement est sain, l'État est prospère, l'armée et le peuple sont
satisfaits, leur existence est assurée et l'esprit du prince est
libre de toute inquiétude. Si, au contraire, le vizir se conduit
mal, des désordres graves surgissent dans l'État, le souverain
perd le sang-froid, son esprit est assailli par les soucis et son
royaume est livré aux troubles et aux agitations.

Anecdote. — On rapporte que Behram Gour avait un ministre
appelé Rast Revich (celui dont la conduite est droite). Il lui
accordait la plus entière confiance, lui abandonnait le soin
du gouvernement et ne prêtait l'oreille à aucun des propos
tenus sur son compte. Quant à lui, il était occupé jour et nuit
à se divertir, à chasser et à se livrer au plaisir du vin. Rast
Revich dit à un personnage qui était désigné sous le nom de
lieutenant de Behram Gour : « Notre mansuétude a rendu le
peuple insolent et je crains, s'il n'est pas traité durement, qu'il
en résulte une catastrophe. Le roi, adonné au vin, néglige les

affaires de ses sujets ; use de rigueur à leur égard, avant qu'un
malheur ne vienne à se produire : sache que la rigueur consiste
à anéantir les méchants et à dépouiller les bons. Saisis-toi de
tous ceux que je te dirai d'arrêter. » Rast Revich contraignait
tous ceux qui étaient arrêtés et emprisonnés par le lieutenant
de Behram Gour à lui faire des cadeaux, après quoi, il leur
rendait la liberté. Quiconque possédait quelque argent, un beau
cheval, un bel esclave, une jolie fille, une propriété ou une
campagne, en fut dépouillé. Les cultivateurs furent appauvris,
les gens aisés émigrèrent et le trésor ne perçut plus de recettes.
Après que cette situation se fut prolongée pendant quelque
temps, il advint que Behram Gour vit un de ses ennemis se déclarer contre lui ; il voulut faire des largesses à son armée,
l'approvisionner et la mettre en marche. Il se rendit à son trésor, mais il le trouva vide ; il s'enquit des notables et des chefs
de quartier de la ville, on lui répondit: « Il y a tant d'années
qu'un tel et un tel ont émigré et se sont réfugiés dans telle contrée. » Pour quel motif ? demanda-t-il. — Nous l'ignorons, lui
fut-il répondu, personne n'osant lui parler du vizir, à cause de la
crainte qu'il inspirait. Behram Gour passa tout le jour et toute
la nuit abîmé dans ses réflexions, sans pouvoir se rendre compte
de la cause qui avait engendré ce désordre. Le lendemain, à
l'aube, rongé de soucis et en proie à ses tristes pensées, il
monta à cheval, seul, et se dirigea vers le désert.

Il avait parcouru, lorsque le soleil fut haut, la distance de
sept parasanges, sans s'en apercevoir. Vaincu par la chaleur et
par la soif, il éprouva le besoin de boire un peu d'eau. Il promena ses regards dans ce désert et aperçut une fumée qui
s'élevait dans les airs. Certainement, se dit-il, il y a là des
hommes, et il se dirigea du côté de cette fumée. Lorsqu'il s'en
approcha, il vit un troupeau de moutons que l'on avait fait
coucher, une tente dressée et un chien pendu. Ce spectacle le
frappa d'étonnement ; il se dirigea vers la tente et en vit sortir

un homme qui le salua, l'aida à descendre de cheval et plaça devant lui quelque chose à manger. Cet homme ignorait qui était Behram Gour. « Tout d'abord, lui dit ce prince, fais-moi savoir, avant que nous mangions le pain ensemble, ce qui est arrivé à ce chien, afin que je sois au courant de ce qui s'est passé ici. » — « Je m'étais complètement fié à ce chien, lui répondit ce jeune homme, pour la garde de mon troupeau. Je savais qu'il était capable de lutter contre dix loups, et la crainte qu'il leur inspirait était telle qu'ils n'osaient jamais rôder autour de mes moutons. Souvent, je me rendais à la ville où j'étais appelé par quelque affaire et je revenais le lendemain. Ce chien conduisait le troupeau au pâturage et le ramenait sain et sauf. Un certain temps s'écoula ainsi ; un jour, je fis le dénombrement de mes moutons et j'en trouvai un certain nombre en moins ; j'y prêtai attention pendant quelque temps et je m'aperçus que la diminution était constante. Jamais voleur ne vient de ce côté et je ne pouvais me rendre compte de ce qui se passait. Il arriva que lorsque le percepteur se présenta et réclama de moi l'impôt comme par le passé, je dus, pour payer la contribution, lui abandonner ce qui me restait de mon troupeau ; j'en suis aujourd'hui le berger pour le compte du percepteur. Ce chien était épris d'une louve et s'était uni à elle ; dans mon insouciance j'ignorais ce fait. Un jour, il m'arriva d'aller dans la plaine pour y chercher du bois. En revenant, je débouchai de derrière une éminence et je vis mon troupeau en train de paître et une louve se diriger en courant de son côté. Je m'assis auprès d'un buisson de plantes épineuses et je me mis en observation sans être vu. En apercevant la louve, mon chien alla à sa rencontre en remuant la queue ; la louve s'arrêta et, sans donner de la voix, mon chien se précipita sur elle, la couvrit et alla se coucher à l'écart. La louve se jeta alors sur le troupeau, enleva un mouton, le mit en pièces et le dévora sans que le chien poussât un cri. Témoin de ce fait et assuré que la félonie de mon chien était la cause de ma ruine, je le saisis et le pendis pour le punir de ses actes de trahison. » Ce récit excita l'étonnement de Behram Gour. En revenant dans sa capitale il ne cessa, pendant toute la route, de penser à ce qu'il venait d'entendre.

Bref, ses réflexions lui suggérèrent les pensées suivantes : Mes sujets, se dit-il, sont un troupeau et mon vizir est mon homme de confiance. Je m'aperçois que la situation de mon gouvernement et celle de mes peuples sont profondément troublées et désorganisées. Les gens que j'interroge ne me disent point ce qui se passe et me dissimulent la vérité. Les mesures que je dois prendre me permettront de me rendre compte de l'état de mon gouvernement et de mes sujets.

Rentré dans son palais, Behram Gour demanda les listes journalières des gens incarcérés ; il vit clairement que tout y était basé sur la perversité. Il fut mis au courant de la conduite de Rast Revich, des mauvais procédés et des injustices dont il avait accablé les hommes. « Il n'est point Rast Revich, dit-il, celui qui use de mensonge et suit une voie tortueuse. » Il rappela ensuite la parole des sages qui ont dit : « Quiconque se laissera séduire par la gloire, finira par manquer de pain, et quiconque trahira celui qui le nourrit, finira par manquer de vêtements. » J'ai investi ce vizir d'une grande autorité, de sorte que les gens qui le voient parvenu à un rang si élevé et revêtu d'une pareille dignité, n'osent dire la vérité, à cause de la crainte qu'il inspire. Voici le moyen qu'il me faudra employer. Demain, lorsque le vizir viendra à la cour, je le traiterai publiquement de la façon la plus méprisante, je le ferai arrêter et je donnerai ordre que l'on charge ses pieds de lourdes chaînes. Je ferai ensuite comparaître les prisonniers ; je les interrogerai sur leur situation et je ferai faire la proclamation suivante : « Nous avons destitué Rast Revich de ses fonctions de vizir ; nous l'avons incarcéré, et, désormais, nous ne lui confierons aucun emploi. Quiconque a été molesté par lui, quiconque a une réclamation à faire valoir, n'a qu'à se présenter, à exposer lui-même sa requête et à faire connaître sa situation. Si la conduite du vizir a été bonne, s'il ne s'est emparé injustement d'aucun bien, si le peuple a pour lui de la reconnaissance, nous le traiterons avec bonté et nous lui confierons une nouvelle fonction ; mais s'il a suivi une voie contraire, nous le punirons. Le lendemain, Behram Gour tint sa cour ; les grands personnages de l'État se présentèrent devant lui et le vizir, entrant dans la salle d'audience, s'assit à sa place. Behram Gour, se tournant vers lui, s'écria : « Quel est ce désordre que tu as introduit dans mon royaume? tu laisses mon armée sans approvisionnements et tu as ruiné mes sujets. Nous t'avons donné ordre de pourvoir en son temps à la subsistance du peuple, à ne rien négliger de ce qui intéresse la prospérité du pays, de ne prélever que des impôts réglés avec équité, d'avoir le trésor abondamment pourvu et disposant de toutes ressources. Aujourd'hui, le trésor est vide, l'armée est dénuée de tout et les cultivateurs ont déserté leur pays. Tu t'imagines, qu'adonné aux plaisirs de la chasse et du vin, je néglige les affaires de l'État et fais peu de cas de la situation de mes sujets ! » Behram Gour ordonna d'arracher brutalement le vizir de sa place, de l'emprisonner et d'entraver ses pieds dans des chaînes pesantes. On proclama, à la porte du palais, que le roi avait dépouillé Rast Revich de la charge de vizir, que celui-ci avait encouru sa colère et qu'à l'avenir, aucun emploi ne lui serait confié.

Tous ceux qui avaient été maltraités par lui et avaient été l'objet de mesures tyranniques de sa part n'avaient qu'à se présenter à la cour, sans rien appréhender et sans rien craindre et faire connaître leur situation, car le roi avait l'intention de rendre justice à tous.

Behram Gour donna l'ordre d'ouvrir immédiatement les portes de la prison et de faire comparaître les détenus devant lui. Il demanda à chacun d'eux, l'un après l'autre, le

motif pour lequel il avait été arrêté. L'un d'eux répondit :
« J'avais un frère opulent qui possédait de grandes richesses
et des biens considérables ; Rast Revich le fit enlever, s'empara de tous ses biens et le fit périr dans les tortures. Pourquoi, lui dis-je, as-tu fait mourir mon frère ? — Il était, me
répondit-il, en correspondance avec les ennemis de l'État, et
il me fit jeter en prison afin qu'il me fût impossible de porter
plainte au roi et que son action demeurât secrète. »

« J'avais, dit un autre, un jardin très beau et très agréable ;
Rast Revich possédait un domaine dans le voisinage de ce jardin ; un jour, il y entra. Il fut enchanté de sa beauté et témoigna
le désir de l'acheter. Je refusai de le vendre et il me fit arrêter
et emprisonner. « Tu as pour maîtresse, me dit-il, la fille d'un
tel. C'est un crime dont il faut te punir. Renonce à ton jardin
et fais rédiger un acte dans lequel tu attesteras que tu en as
abandonné la propriété, que tu n'as sur lui aucune prétention
et qu'il est le bien et la propriété légitime de Rast Revich. »
Je me refusai à faire une pareille déclaration, et il y a aujour-
d'hui cinq ans, que je suis privé de la liberté. »

« Pour moi, dit un autre prisonnier, je suis un négociant occupé à voyager constamment sur terre et sur mer. Je possède
un petit capital qui me sert à acheter, dans une ville, des marchandises que je vends dans une autre ville, en me contentan
d'un léger bénéfice. Il advint que je fis l'acquisition d'un collier
de perles dont je fixai le prix en arrivant ici. Le vizir en fut informé et m'envoya quelqu'un pour m'inviter à aller le voir.
Il témoigna le désir de m'acheter ce rang de perles, et il le fit
porter à son trésor sans m'en donner le prix. Je me rendis plusieurs jours de suite à son audience, mais il ne se montra dis-
posé ni à me payer la valeur du collier, ni à me le rendre. La patience m'échappa ; j'étais réduit à la dernière extrémité. Un jour,
j'allai le trouver et je lui dis : « Si ce collier te convient, ordonne
que l'on m'en donne le prix ; s'il ne te convient pas, dis qu'on

me le restitue, car je suis à bout de ressources. » Il ne me répondit pas, mais lorsque je rentrai dans ma demeure, je vis
arriver un sergent et quatre fantassins. «Lève-toi, me fut-il dit,
le vizir t'appelle. » J'éprouvai une vive joie ; le vizir, me dis-je,
veut me donner le prix de mon collier. Je me levai et j'accom-
pagnai les gardes qui me conduisirent à la porte de la prison
et dirent au geôlier : « Le vizir ordonne que cet homme soit emprisonné et que ses pieds soient chargés de lourdes chaînes. Il
y a aujourd'hui un an et demi que je suis enchaîné et détenu. »

Un autre prisonnier dit : « Je suis le maire de tel canton ; ma
maison était toujours ouverte aux hôtes qui se présentaient,
aux étrangers, aux docteurs de la loi ; j'accueillais avec égards
tous les hommes et tous les malheureux. Je dépensais continuellement des sommes d'argent en aumônes et en bonnes
œuvres pour les indigents. C'était un usage que m'avaient transmis mes aïeux, et les revenus de tous les biens et de toutes les
propriétés que je recueillais en héritage étaient consacrés par
moi à des dépenses pour des œuvres pies, à récompenser des
actes de vertu et à bien traiter des hôtes. Le vizir du roi me fit
arrêter sous prétexte que j'avais trouvé un trésor, afin de s'emparer de ce que je possédais. Il me fit appliquer à la torture
et jeter en prison. Je fus obligé de vendre à moitié prix mes
biens et mes propriétés et je lui abandonnai toutes les sommes
que je réalisai. Voici quatre ans que je suis emprisonné et chargé
de chaînes et je ne possède pas un dirhem. »

« Je suis, dit un autre, le fils d'un tel qui possédait un fief
militaire ; le vizir s'est emparé des biens de mon père en les con-
fisquant ; il l'a fait périr sous le bâton et m'a jeté en prison et voici
sept ans que j'en endure les souffrances. »

« Je suis un soldat, dit un autre prisonnier ; j'ai, pendant
nombre d'années, servi le père du roi avec lequel j'ai fait
plusieurs campagnes. Je suis au service du roi depuis longtemps et l'administration me sert une modique pension. L'an

dernier, je n'ai rien reçu; cette année, j'ai réclamé auprès du vizir. J'ai une famille, lui ai-je dit; l'an passé, ma solde ne m'a point été remise, fais-la moi payer aujourd'hui, je t'en abandonnerai une partie et j'emploierai le reste aux frais nécessités par mon entretien.—Le roi, me répondit le vizir, n'a en perspective aucune affaire importante qui l'oblige à recourir à son armée. Que toi et tes semblables, vous restiez ou non au service, c'est également bien. Quant à toi, si tu as besoin de gagner ton pain, gâche du mortier.—Les titres que mes services m'ont créés auprès du gouvernement, lui répondis-je, ne me permettent pas de gâcher du mortier; mais quant à toi, tu dois apprendre à gérer les affaires du roi, car, le jour du combat, je sacrifie pour lui ma vie et je ne me dérobe à aucun de ses ordres. Toi, en me refusant du pain, tu n'exécutes pas ce que le roi t'a commandé et tu ignores que mes services et les tiens sont égaux aux yeux du roi; je m'acquitte des devoirs qui me sont imposés; la différence qui existe entre nous deux est que j'obéis aux ordres qui me sont donnés, tandis que toi tu t'y soustrais. Si le roi n'a pas besoin de moi, il peut aussi se passer de toi. S'il t'a donné un ordre t'enjoignant d'effacer mon nom des registres du divan, montre-le moi, sinon fais-moi donner ce que le roi m'a assigné. — Va-t'en, s'écria-t-il, c'est moi qui veille sur vous tous et sur le roi, et si je n'existais pas, il y a longtemps que les vautours auraient dévoré vos cervelles. Au bout de deux jours, le vizir m'envoya en prison et il y a quatre mois que j'y suis enfermé. »

Il y avait ainsi plus de sept cents prisonniers; le nombre des assassins, des voleurs et autres criminels ne s'élevait pas à vingt; tous les autres étaient des gens que le vizir, poussé par le désir de s'emparer de leurs biens, avait fait injustement arrêter et incarcérer.

Lorsque les citadins et les campagnards eurent connaissance de la proclamation du roi, il se présenta, le lendemain, à la cour

tant de gens ayant à se plaindre d'abus que l'on ne pouvait
en évaluer le nombre. Behram Gour se dit, après s'être rendu
compte de l'état du peuple et des actes illégaux et injustes
du vizir : « Je vois que cet homme a fait naître dans l'État plus
de désordres qu'on ne saurait dire. L'insolence dont il a fait
preuve vis-à-vis de Dieu, du peuple et de moi-même, est plus
grande qu'on ne se l'imagine. Il faut se livrer à ce sujet aux
plus mûres réflexions ». Behram Gour donna l'ordre qu'on se
rendît à la demeure du vizir, que l'on en rapportât les sacs renfermant ses papiers et qu'on mît partout les scellés. Des agents
inspirant toute confiance s'y rendirent, firent sans retard ce qui
leur avait été prescrit et rapportèrent des lettres qui furent
examinées. On en trouva, parmi elles, une envoyée par un prince
révolté contre Behram Gour; elle était pleine d'expressions
bienveillantes et flatteuses pour Rast Revich. On trouva également, écrite de la main de Rast Revich, une lettre destinée à ce
prince et dans laquelle il lui disait : « Pourquoi tardez-vous?
Les sages n'ont-ils pas dit que la négligence perd les États?
Inspiré par mon dévouement pour vous, j'ai fait tout ce qui est
possible; j'ai gagné quelques-uns des chefs militaires et je les ai
fait s'engager par serment; j'ai laissé l'armée sans approvisionnements et sans armes. J'ai, en une seule fois, fait sortir du
royaume toutes les richesses que j'ai acquises pendant ma vie;
j'ai fait en sorte que la population, privée de toute ressource, fût
affaiblie et disséminée. J'ai préparé pour vous un trésor tel que
n'en possède aucun souverain; j'ai fait faire une couronne, une
ceinture et un trône enrichis de pierreries si magnifiques que
personne n'a jamais vu les pareils. Mon esprit est tranquille et
rassuré au sujet de cet homme; le champ est libre et le rival
inconscient. Hâtez-vous, autant qu'il vous sera possible, avant
que l'on ne secoue le sommeil de l'insouciance.» — «Très bien,
s'écria Behram Gour, après avoir pris connaissance de ces
lettres; mon vizir a suscité un ennemi qui, dans son orgueil,

marche contre moi ; il ne me reste aucun doute sur la méchanceté et la trahison de cet homme. » Il ordonna donc que l'on
portât au trésor toutes ses richesses, que l'on mît la main sur
ses esclaves et sur ses troupeaux et sur tout ce dont il s'était
emparé, soit à titre de cadeaux corrupteurs, soit par violence ;
il fut enjoint de vendre ses propriétés et ses domaines et d'en
donner le prix aux gens qu'il avait dépouillés ; sa maison fut
rasée au niveau du sol et son mobilier détruit. On dressa ensuite, à la porte du palais, une haute potence devant laquelle on planta trente gibets. On pendit d'abord Rast Revich,
puis ses partisans, ainsi que ceux qui s'étaient liés à lui par un
serment, et on donna ordre de faire pendant sept jours la proclamation suivante : « Voici le châtiment réservé à quiconque
nourrit de mauvais desseins contre le souverain, pactise avec
ses ennemis, préfère la déloyauté à la droiture, tyrannise le
peuple et brave Dieu et son maître. »

Behram Gour inspira, par cette punition, la crainte la plus
vive à tous les fauteurs de désordre. Tous ceux qui devaient un
emploi à Rast Revich furent destitués et tous les administrateurs et tous les gouverneurs furent changés. Instruit de ces
événements, le prince, qui avait formé le dessein de marcher
contre Behram Gour, renonça à son projet ; il manifesta son
repentir, fit des excuses et, en témoignage de sa soumission, il
fit offrir au roi des sommes considérables et des cadeaux d'une
grande valeur. « Jamais, dit-il, je n'avais eu la pensée de me
révolter, mais c'est le vizir qui, par ses lettres et par ses émissaires, m'a poussé dans cette voie. Ma conscience me disait
qu'il était criminel et qu'il cherchait une protection. »

Behram Gour accepta ces explications et ces excuses et renonça à agir contre lui. Il confia la charge de vizir à un personnage d'une foi pure, de mœurs irréprochables et ayant la crainte
de Dieu. L'armée et le peuple virent renaître l'ordre ; les affaires
reprirent leur cours, la prospérité reparut dans le monde et,

grâce au prince, la population fut délivrée de toute injustice et
de toute violence.

Pour en revenir à l'homme qui avait pendu son chien, Behram Gour, en sortant de sa tente pour rentrer dans sa capitale,
tira une flèche de son carquois et la jeta devant lui. « J'ai
mangé ton pain et ton sel, lui dit-il, j'ai eu connaissance des
ennuis que tu as éprouvés et des dommages que tu as eu à supporter. Je dois te faire rendre justice. Apprends que je suis un
des chambellans du roi Behram Gour. Tous les grands de la
cour et tous les chambellans me connaissent et me témoignent
de l'amitié. Lève-toi donc, cela est nécessaire, et rends-toi avec
cette flèche à la cour de Behram Gour. Quiconque la verra entre
tes mains te conduira auprès de moi ; je te rendrai justice et ré-
parerai les pertes que tu as subies. »

Quelques jours après le départ de Behram Gour, la femme de
cet homme lui dit : « Va, rends-toi à la ville en emportant cette
flèche. Ce cavalier si bien équipé est, sans aucun doute, un personnage riche et respectable. S'il ne te fait que peu de bien, ce
peu aura aujourd'hui pour nous une grande valeur. Secoue ta
paresse, car les paroles d'un tel homme ne sauraient être négligées. » Il partit, se dirigea vers la ville, où il passa la nuit, et le
lendemain, il se rendit à la cour de Behram Gour. Ce prince
avait recommandé à ses chambellans et à ses officiers de lui
amener sans retard l'individu que l'on verrait ayant à la main
une de ses flèches. Lorsqu'il fut aperçu par les chambellans,
ceux-ci lui dirent : « O brave homme ! où es-tu donc ? Voici plusieurs jours que nous t'attendons. Arrête-toi ici afin que nous
te conduisions auprès du maître de cette flèche. »

Au bout de quelque temps, Behram Gour sortit du gynécée,
s'assit sur son trône et tint sa cour. Les chambellans prirent
alors cet homme par la main et le conduisirent à la salle d'audience. Ses regards tombèrent sur Behram Gour qu'il reconnut.
« Ah ! s'écria-t-il, ce cavalier que j'ai reçu était le roi Behram

Gour, et moi je ne lui ai pas rendu les respects que je lui devais. Je lui ai parlé comme un impertinent ! il ne faut pas que l'aversion pour ma personne ait pris place dans son cœur. » Les chambellans le conduisirent aux pieds du trône ; il se prosterna devant Behram Gour qui, se tournant vers les grands dignitaires de l'État, leur dit : « C'est cet homme qui a provoqué mon réveil pour m'occuper des affaires publiques, et il leur raconta l'histoire du chien. J'attache cet homme à moi comme exerçant une heureuse influence. » Il ordonna qu'on le revêtît d'un habit d'honneur et qu'on lui fît présent de sept cents brebis à choisir par lui dans les troupeaux royaux et il l'exempta de tout impôt pendant toute la durée de sa vie [1].

La défaite de Darius fut attribuée à l'accord qui s'était établi secrètement entre le vizir de ce prince et Alexandre. Celui-ci dit, après la mort de Darius : « La négligence du souverain et la trahison du ministre m'ont rendu maître de ce royaume. »

Il est indispensable que le prince ne laisse échapper aucune occasion de connaître la conduite de ses fonctionnaires et d'être tenu au courant de leurs faits et gestes. Lorsqu'ils commettront des irrégularités et des actes de trahison, il ne faudra pas les conserver dans leurs emplois, mais bien les destituer et leur infliger un châtiment correspondant à leur faute. Leur punition servira d'exemple, afin que personne, par crainte du souverain et du châtiment, ne soit assez osé pour concevoir des idées d'opposition.

Lorsque le prince confiera à quelqu'un une position importante, il placera près de lui un agent secret qui le surveillera et rendra continuellement compte de ses actions et de la manière dont il se conduit. Aristote dit à Alexandre : « Ne confie jamais des fonctions publiques à un personnage qui, ayant de l'autorité dans

---

1. Cette histoire de Rast Revich se trouve dans le *Nassihat oul-Moulouk*, mais elle est rapportée d'une manière fort abrégée. Le nom du souverain est, selon Ghazzaly, non point Behram Gour, mais Gouchtasp.

ton empire, a excité ton mécontentement, car il fera tous ses efforts pour amener ta ruine. »

Il dit aussi au ministre du roi : « Il y a quatre espèces de gens coupables que le souverain doit faire disparaître. La première se compose de ceux qui aspirent à se rendre maîtres du gouvernement; la seconde, des gens qui veulent séduire les femmes du roi ; la troisième comprend ceux qui ne savent pas retenir leur langue; enfin, la quatrième est celle des gens qui, étant de bouche avec le roi et de cœur avec ses ennemis, prennent toutes les mesures nécessaires pour favoriser ces derniers.

La manière dont se conduit un homme te fera connaître ses pensées secrètes, et lorsque l'esprit du prince sera en éveil sur toutes les affaires, rien, avec l'aide du Dieu très haut, ne sera dérobé à sa connaissance. »

CHAPITRE V

Des feudataires; on doit être informé de la manière dont ils se conduisent à l'égard du peuple.

Il faut que les personnages qui possèdent des fiefs soient persuadés qu'ils sont seulement chargés de prélever sur la population les impôts justement répartis, et la perception qui leur en a été confiée doit être faite avec douceur. L'impôt une fois acquitté, chacun doit jouir de la plus grande sécurité pour sa personne, ses biens, sa femme et ses enfants. Les biens meubles et immeubles doivent être assurés contre toute saisie et le feudataire ne peut avoir aucune prise sur eux.

Si des gens se proposent de se rendre à la cour pour y exposer leur situation, il ne devra point être mis obstacle à leur projet. Si un feudataire agit autrement, on réprimera ses excès de pouvoir, on lui enlèvera son fief et il sera puni afin que son châtiment serve d'exemple aux autres. Il est nécessaire que ces gens sachent que le sol du royaume et ses habitants appartiennent au sultan et que les possesseurs de fiefs, ainsi que les gouverneurs, sont une garde constituée pour les protéger; il faut aussi que le souverain ait avec le peuple les rapports les plus bienveillants, afin qu'il soit assuré contre les tourments et les châtiments de la vie éternelle.

Anecdote relative au roi surnommé le Juste. — On dit que lorsque le roi Qobad mourut, son fils Nouchirevan lui succéda; il avait atteint l'âge de dix-huit ans et il exerçait le pouvoir. Depuis sa plus tendre enfance, l'esprit de justice formait le fond de son caractère et ne l'abandonnait jamais. Il reconnaissait comme mauvais ce qui était mauvais et comme bon ce qui était bon. « Mon père, disait-il constamment, a l'esprit faible et le cœur simple ; on le trompe facilement ; il a abandonné le soin du gouvernement à des ministres qui font ce qu'ils veulent. L'État sera donc ruiné, le trésor sera vide, l'argent disparaîtra de la circulation ; un mauvais renom et le souvenir d'actes tyranniques seront attachés à sa mémoire et il se laissera complètement séduire par les artifices de Mazdek. » Une autre fois, ce prince dit : « Mon père s'est laissé circonvenir par les discours de tel gouverneur et de tel agent des finances qui, en prélevant illégalement des impôts, ont ruiné une province et réduit les habitants à la misère. Il s'est laissé éblouir par la bourse remplie d'or qu'ils ont déposée devant lui ; il leur a témoigné du contentement et il n'a pas su discerner d'où provenait la somme offerte. Il ne leur a fait aucune question à ce sujet et ne leur a pas dit : « J'ai fixé pour toi, qui es le chef militaire et le gouverneur de la province, le chiffre des sommes qui devaient suffire à ton traitement, à ta solde, ainsi qu'à celle de tes soldats. Je sais que tu les as touchées ; mais cet excédent que tu

m'as présenté n'a point été prélevé, j'en suis sûr, sur l'héritage
de ton père. Il provient de ce que tu as perçu illégalement sur
mes sujets. » De même, il ne dit point au percepteur : « Les revenus de la province s'élèvent à tel chiffre ; tu en as dépensé
une partie pour payer des assignations et tu as versé le reste au
trésor. Ces sommes que je vois en plus entre tes mains, d'où
proviennent-elles ? Ne sont-elles pas celles que tu as prélevées
contre tout droit ? Pourquoi n'as-tu pas agi avec douceur et honnêteté, afin que les autres fonctionnaires se fissent une règle de
l'intégrité ? »

Trois ou quatre années se passèrent pendant lesquelles les
possesseurs de fiefs et les agents de l'État commirent des actes
arbitraires. Ils se trouvèrent réunis une fois en présence de
Nouchirevan qui, ayant pris place sur son trône, rendit d'abord
grâces à Dieu et entonna ensuite ses louanges.

« La dignité royale dont je suis revêtu, leur dit-il, m'a été
accordée d'abord par le Dieu très haut ; je l'ai reçue ensuite en
héritage de mon père. Mon oncle s'est révolté contre moi, je
l'ai combattu et vaincu et l'épée m'a encore rendu maître de
mon royaume. Dieu m'ayant accordé la possession du monde,
je vous en ai fait part, j'ai donné à chacun de vous une province
à gouverner et je n'ai laissé sans ressources aucun de ceux qui
avaient, pendant mon règne, quelque droit à faire valoir contre
moi. J'ai confirmé les grands dans les dignités et dans les gouvernements qu'ils avaient reçus de mon père et je n'ai diminué
pour personne ni son rang, ni ses moyens de vivre. Je ne cesse de
vous dire : Agissez correctement à l'égard du peuple, ne préle-
vez que les justes impôts. Pour moi, je prends soin de votre considération ; mais vous, vous ne vous observez pas, vous n'écoutez
rien, vous n'avez point la crainte de Dieu et vous n'avez aucune
honte du public. Quant à moi, je redoute les châtiments célestes.
Il ne faut pas que la funeste influence de vos mauvaises actions et
vos injustices rejaillissent sur l'époque de mon règne. Il n'y a

plus trace de rébellion dans le monde ; vous avez des moyens de
vivre et vous jouissez de la tranquillité ; il est plus convenable de
remercier Dieu des bienfaits dont il nous a comblés, vous et moi,
que de vous laisser aller à l'arbitraire et à l'ingratitude, car
l'arbitraire ruine un gouvernement et l'ingratitude tarit la source
des bienfaits. Il faut que, désormais, vous ayez une bonne conduite à l'égard des créatures de Dieu, que vous allégiez le far-
deau qui pèse sur le peuple et que vous ne tourmentiez pas les
faibles. Vous devrez honorer les savants, fréquenter les gens de
bien, éviter la société des méchants et ne molester en aucune
façon les honnêtes gens. J'ai pris à témoin Dieu et les anges, que
je ne laisserai point en place celui qui ne suivra pas la voie que
je viens d'indiquer. » Tous répondirent : « Nous agirons ainsi
et nous obéirons. »

Quelques jours se passèrent ; tous ces personnages retournèrent là où les appelaient leurs fonctions et ils se livrèrent aux
mêmes violences et aux mêmes procédés tyranniques. Ils considé-
raient Nouchirevan comme un enfant et chacun d'eux, dans son
orgueil, s'imaginait qu'il l'avait fait asseoir sur le trône et qu'au
gré de sa volonté, il le reconnaîtrait ou ne le reconnaîtrait pas
pour souverain. Nouchirevan s'était fait une loi du silence et de
la réserve[1] et il observait vis-à-vis d'eux une attitude pleine de dis-
simulation. Cinq années s'écoulèrent ; il arriva qu'un sipèhsalar,
qui n'avait pas son égal en autorité et en opulence, fut nommé,
par Nouchirevan le Juste, gouverneur de l'Azerbaïdjan. Dans tout
le royaume il n'y avait pas d'émir plus puissant que lui, possédant
plus d'armes, entretenant plus de gardes et ayant un état de
maison plus fastueux. Il éprouva un jour le désir d'avoir un pavillon de plaisance et un jardin dans les environs de la ville où
il faisait sa résidence.

---

1. Le texte persan porte زد همی و نْ خاموش نوشروان. Les mots زدن تْ sont
expliqués dans le *Ferhengui Rachidy* par خاموش شدن, être silencieux. نْ در دادن
a la signification d' « accepter quelque chose, d'être satisfait ».

Dans la localité choisie par lui, se trouvait une pièce de terre qui appartenait à une vieille femme et qui était assez étendue pour lui permettre de payer l'impôt dû au roi et pour faire vivre celui qui la cultivait : il restait assez du produit de ce champ pour lui fournir, chaque jour, pendant toute la durée d'une année, quatre pains ; elle en donnait un pour se procurer du laitage et des légumes [1], un autre pour la provision d'huile de sa lampe, et elle mangeait les deux autres à ses repas du matin et du soir. Ses vêtements lui étaient donnés par charité. Jamais elle ne sortait de sa maison et elle vivait cachée à tous les yeux et en proie à la misère. Ce sipèhsalar jugea bon d'annexer à son jardin et à son pavillon la parcelle de terre de cette vieille femme. Il lui envoya une personne chargée de la prier de lui vendre ce terrain, parce qu'il était à sa convenance. « Je ne le vendrai pas, répondit cette vieille femme, parce qu'il est encore plus à ma convenance qu'à la tienne. Je ne possède au monde que cette parcelle de terre ; elle me fournit ma subsistance et personne ne voudra vendre ce qui lui assure sa nourriture. » — « Le prix t'en sera payé, lui fut-il répondu, ou bien tu recevras à la place, en échange, une autre terre qui te fournira les mêmes revenus et les mêmes produits. » — Cette terre, répartit la vieille femme, est un bien légitime qui m'a été transmis en héritage par mon père et par ma mère. L'eau est à

---

1. Les mots نان خورش, *nan khorich*, désignent le pain que l'on mange avec le laitage, le fromage ou les légumes. Je crois devoir donner ici le nom de différentes espèces de pain qui ne sont point mentionnées dans les dictionnaires ; نان تلخ, *nani telkh*, pain rassis et pain moisi ; نان دهقان, *nani dehqan*, pain de première qualité ; نان لشکین, *nani lechguin*, pain fait de farine de blé, de millet et d'orge ; نان کلاغ, *nani kelagh*, le pain des corneilles ; la mauve est désignée sous ce nom. Le نان مشوش, *nani mouchevvech*, est une espèce de pain qui sert à faire un plat sucré ; نان فیروز خانی , *nani Firouz khany*, désigne un pain du poids d'un batman.

Les mots نان شیرین بود, *nan chirin bouved*, le pain sera doux, veulent dire que l'on aura à souffrir de la disette.

L'expression نان خورش خار, *nani khorich khar*, désigne le vinaigre.

ma portée et je vis en bons termes avec mes voisins, qui me témoignent de la considération ; tous ces avantages ne seraient
pas réunis dans la propriété que tu me donnerais en échange ;
renonce donc à mon bien. » Ce sipèhsalar ne prêta point l'o-
reille aux paroles de la vieille femme ; il s'empara arbitraire-
ment et violemment de ce terrain et éleva une muraille autour
de son jardin. Impuissante à résister, la vieille femme fut réduite à la misère : elle consentit alors à accepter le prix de sa
terre ou à en recevoir une autre en échange. Elle se jeta aux
pieds du gouverneur et lui dit : « Paye-moi mon terrain ou
donne-m'en un autre. » Celui-ci ne la regarda même pas et ne
tint aucun compte de ses prières. La vieille femme, en proie au
désespoir, s'éloigna et depuis ce moment, on ne la laissa plus pénétrer dans le palais. Chaque fois que le sipèhsalar montait à cheval pour aller à la promenade ou à la chasse, cette vieille femme
se trouvait sur son passage ; à son approche, elle réclamait à
grands cris le prix de son champ. Le sipèhsalar ne lui répondait
pas et passait loin d'elle. Si l'on s'adressait aux officiers de son
service, à ses commensaux et à ses chambellans, ceux-ci répondaient : « Oui, certainement, nous en parlerons » ; mais personne
n'en disait mot au gouverneur. Deux années s'écoulèrent ;
la vieille femme, réduite à la plus extrême misère, et ne pouvant obtenir justice, perdit tout espoir. « Jusques à quand, se dit-
elle, battrai-je un fer froid. Le Dieu très haut a établi un pouvoir
supérieur à celui du sipèhsalar. Celui-ci est le serviteur de Nouchirevan le Juste. Il me reste à recourir à un seul moyen : je dois
me résigner à endurer les plus grandes fatigues, à me rendre à
Medaïn [1], à me jeter aux pieds de Nouchirevan et à lui exposer

---

1. « Hamzah Isfahany assure que le vrai nom de Medaïn en persan était Kous-
four que les Arabes ont converti en Thisfoun (Ctésiphon). Yezdejerd ibn Mehindad
el-Kesrewi dit dans son traité qu'Alexandre, après avoir bâti un grand nombre
de villes dans l'Orient et l'Occident, revint à Medaïn où il fonda une ville nouvelle ; il en fit son séjour de prédilection et y mourut. Le même auteur nous
apprend que Medaïn fut relevée de ses ruines par Nouchirevan ibn Qobad, ce

ma situation. Il est possible qu'il fasse droit à ma réclamation. »
Elle ne fit part de son dessein à personne; elle se mit en route
à l'improviste, s'éloigna de l'Azerbaïdjan et parvint à Medaïn au
prix de grandes fatigues et de grandes difficultés. Elle vit le palais et la cour de Nouchirevan. « Comment, se dit-elle, me per-
mettra-t-on d'y entrer, à moi à qui il a été défendu de franchir
le seuil de la résidence du gouverneur de l'Azerbaïdjan, qui est
le serviteur du roi, et comment pourrai-je voir celui qui est le
souverain du monde. Le meilleur moyen pour moi consiste à
me procurer un asile à proximité du palais et de demander à
quel moment le prince se rend à la promenade; je pourrai
peut-être me jeter à ses pieds et lui exposer la situation dans
laquelle je me trouve. »

Le hasard voulut que le sipèhsalar, qui avait dépossédé la
vieille femme de son bien, vint à la cour, et que Nouchirevan
forma le projet d'aller à la chasse. La vieille femme apprit que
le prince devait tel jour se rendre à tel endroit pour y chasser.
Elle se mit en route; à force de questionner et au prix de
toutes sortes de peines et de difficultés, elle atteignit l'endroit
où la chasse devait avoir lieu. Elle se cacha derrière un buisson et y passa la nuit. Nouchirevan arriva le lendemain et les
grands de la cour et ses officiers se dispersèrent à la poursuite du gibier. Nouchirevan, resté seul avec un écuyer, lança
son cheval vers l'enclos réservé à la chasse.

La vieille femme, en le voyant seul, s'élança de derrière le
buisson et lui présenta sa requête. « O roi, lui dit-elle, si tu es

----

roi si célèbre par sa justice et sa sagesse, et que les rois Sassanides y résidèrent constamment jusqu'à l'époque d'Omar ibn el-Khattab..... Aucun des auteurs qui ont parlé de Medaïn n'explique pourquoi on a donné la forme du
pluriel à ce nom. Yezdedjerd croit que la véritable raison est que les différents
rois Sassanides ou les autres souverains qui résidèrent dans ce pays y élevèrent chacun une ville à laquelle ils donnèrent leur nom et que toutes ces cités
furent réunies plus tard sous la dénomination collective de Medaïn. » *Dictionnaire
géographique de la Perse*, p. 518.

le maître du monde, rends justice à la faible créature que je
suis ; jette les yeux sur sa supplique et rends-toi compte de sa
situation. » Nouchirevan, en la voyant et en l'entendant, reconnut qu'une dure nécessité avait dû la pousser à venir le
trouver à la chasse. Il dirigea son cheval de son côté, prit la requête de ses mains et, en l'entendant parler, des larmes roulè-
rent dans ses yeux. « Bannis toute préoccupation, dit-il à cette
vieille femme ; jusqu'à ce jour cette affaire était tienne ; aujour-
d'hui que j'en ai eu connaissance, elle est devenue mienne. J'ac-
complirai tes désirs ; demeure ici pendant quelques jours avant
que je te renvoie dans ton pays, car tu es venue de loin. »
Il regarda derrière lui et vit un de ses valets qui s'avançait de
son côté, monté sur un mulet de la suite. « Mets pied à terre,
lui dit-il, fais monter cette femme à ta place et conduis-la dans
un village. Tu la confieras au chef du village et tu reviendras
ici. A notre retour de la chasse, tu l'emmèneras ; tu la conduiras dans la ville et tu la garderas dans ta maison. Tu lui donneras
chaque jour dix men de pain, un men de viande et tous les mois
tu lui remettras cinq pièces d'or que tu recevras du trésor, jusqu'au moment où nous te la réclamerons. » Le valet exécuta
ces ordres. Depuis son retour de la chasse, Nouchirevan son-
geait sans cesse aux moyens qu'il emploierait pour s'assurer de
la vérité ou de la fausseté des assertions de la vieille femme,
sans en instruire aucun des grands de la cour.

Un jour à midi, au moment de la sieste, lorsque tout le monde
dormait et que le palais était désert, il envoya quérir un eunuque et lui dit : «Va à telle chambre et amène-moi tel ghoulam. »
L'eunuque obéit et ramena ce ghoulam. Nouchirevan, s'adressant à lui, lui dit : « Tu sais que je possède de nombreux esclaves doués d'excellentes qualités : je t'ai choisi parmi eux pour
te confier une affaire. Tu toucheras du trésor la somme nécessaire à tes dépenses ; tu te rendras dans l'Azerbaïdjan et tu
t'arrêteras dans telle ville et dans tel quartier. Tu y demeureras

pendant vingt jours et tu joueras vis-à-vis du public le rôle
d'un homme à la poursuite d'un esclave fugitif. Tu fréquen-
teras donc les gens de toutes conditions, tu te mêleras à
eux et, en toute occasion, tu demanderas dans le cours de la
conversation s'il n'y avait pas, dans leur quartier, une femme
portant tel nom. Demande où elle est allée, puisque personne
ne pourra t'indiquer où elle se trouve et informe-toi de ce
qu'elle a fait de la pièce de terre qu'elle possédait. Écoute
avec attention ce qui te sera dit, retiens-le bien et rapporte-
moi des renseignements exacts. Je te fais partir spécialement pour cette affaire ; mais demain, dans la salle d'audience, je te ferai venir près de moi, en présence de tous les
grands de l'État, et je te dirai à haute voix, de manière à être
entendu par eux tous : «Va au trésor toucher la somme nécessaire à tes dépenses et rends-toi dans l'Azerbaïdjan; exa-
mine toutes les villes et tous les districts que tu traverseras et
prends des informations sur l'état des céréales et des fruits en
la présente année. Vois si les biens de la terre ont eu à souffrir
ou non des intempéries du ciel, vois aussi dans quel état se
trouvent les pâturages et les lieux réservés pour la chasse.
Reviens promptement me faire part de ce que tu auras appris et
que personne ne connaisse le motif pour lequel je te fais partir.»
J'obéirai à cet ordre, répondit le ghoulam. Le lendemain, Nouchirevan fit ce qu'il avait dit ; le ghoulam se mit en route et se dirigea vers la ville qui lui avait été désignée ; il y demeura pendant vingt jours et prit des informations sur cette vieille femme,
auprès des personnes avec lesquelles il se trouva en rapport.
On lui répondit unanimement qu'on avait vu cette vieille femme ;
qu'elle était d'un âge très avancé, que sa conduite était irréprochable et qu'elle appartenait à une noble famille. Nous l'a-
vons vue, ajoutait-on, avec son mari et ses enfants. Après leur
mort, sa fortune périclita et elle tomba dans la misère. Elle
possédait par droit d'héritage une parcelle de terrain qu'elle

avait donnée à un laboureur pour la cultiver. Après avoir payé
l'impôt dû au roi et donné au cultivateur sa part de la récolte,
il lui restait, jusqu'à la prochaine année, de quoi faire cuire quatre
pains par jour. Elle en donnait un pour se procurer des laitages,
un afin d'avoir de l'huile pour sa lampe, elle en mangeait un le
matin et un autre le soir. Il advint que le gouverneur désira
faire construire un kiosque et un pavillon de plaisance et créer
un jardin. Il s'empara de son champ, qu'il enclava dans sa
propriété. Il ne lui en paya pas le prix et ne lui donna rien en
compensation. Pendant toute une année, cette vieille femme se
rendit à la porte de son palais et réclama à grands cris le prix
de son champ, ou une parcelle de terre en échange, mais personne ne prêta l'oreille à ses réclamations. Depuis quelque
temps, on ne l'a pas vue dans la ville, on ne sait où elle est allée
ni si elle est morte ou vivante. » Le ghoulam s'éloigna et revint
à la cour ; il se présenta devant Nouchirevan pendant qu'il donnait audience, et se prosterna devant lui. « Fort bien, lui dit le
prince, dis-nous ce que tu as remarqué dans ton voyage. —
Par suite de l'heureuse influence qu'exerce la fortune de notre
seigneur, dit le ghoulam, les céréales sont en excellent état, les
pâturages réjouissent la vue et les réserves de chasse sont abondamment pourvues de gibier. — Louange à Dieu, s'écria Nouchirevan, tu nous as apporté d'agréables nouvelles. » Lorsque
la foule se fut dispersée et que les gens étrangers à la cour eurent quitté le palais, le ghoulam raconta au roi tout ce qu'il
avait entendu dire au sujet de la vieille femme. Les préoccupations dont l'esprit de Nouchirevan fut assailli ne lui permirent
de goûter le repos ni ce jour ni la nuit suivante. Il fit appeler
le grand chambellan et lui dit : « Lorsque les grands personnages
commenceront à entrer et qu'un tel se présentera, fais-le rester
dans le vestibule jusqu'à ce que j'aie dit ce qu'il y aura à faire. »
Lorsque les hauts dignitaires et les Moubed arrivèrent, le chambellan exécuta les ordres que Nouchirevan lui avait donnés. Le

roi sortit du gynécée et tint sa cour. Au bout de quelques instants, il se tourna vers les grands seigneurs et les Moubed et leur dit : « J'ai une question à vous adresser; parlez-moi en toute sincérité, selon l'inspiration de vos connaissances et de votre jugement. — Nous obéirons à vos ordres, répondirent-ils. — Quelle somme, leur demanda Nouchirevan, possède en or et en argent monnoyés le personnage qui est gouverneur de l'Azerbaïdjan? — Deux millions de dinars auxquels il ne touche pas, lui fut-il répondu. — En vaisselle et en meubles? -- Il a cinq cent mille dinars en objets d'or et d'argent. — En bijoux? — La valeur de six cent mille dinars. — En propriétés de rapport, en fermes et en domaines? — Il n'y a pas, répondit-on, de district ou de ville dans le Khorassan, l'Iraq, le Fars ou l'Azerbaïdjan où il ne possède des maisons, des caravansérails, des propriétés de produit et des immeubles de rapport. — Combien a-t-il de chevaux et de mulets? — Trente mille. — Combien possède-t-il de moutons? — Deux cent mille. — D'esclaves mâles et femelles achetés à prix d'argent? — Il a dix-sept cents esclaves turcs, grecs et abyssins et quatorze cents filles. — Un individu qui possède d'aussi énormes richesses et qui voit servir chaque jour sur sa table vingt sortes de mets, des agneaux, des plats sucrés, des ragoûts succulents, quel châtiment faut-il lui faire subir s'il vient à enlever deux pains secs à une faible créature, esclave et servante de Dieu, qui ne possède au monde que ces deux pains, qui n'a ni famille, ni moyens de subsistance et qu'il laisse ainsi privée de tout? — Cet individu, s'écrièrent les grands, est digne de tous les supplices et les châtiments les plus cruels qui lui seront infligés seront au-dessous de ce qu'il mérite. »

« J'ordonne maintenant, dit Nouchirevan, que vous écorchiez cet homme, que vous donniez sa chair aux chiens, que vous remplissiez sa peau de paille et que vous la suspendiez à la porte du palais et que vous fassiez savoir, par un cri public qui

durera pendant sept jours, que, désormais, quiconque se livrera
à un acte arbitraire et enlèvera violemment à quelqu'un un sac
de paille, ou une poignée d'herbes, ou que tout individu ayant
commis des actes tyranniques, qui se présentera à la cour,
soit traité comme ce gouverneur et subisse le même sort. »

Il en fut fait ainsi que Nouchirevan l'avait ordonné ; le roi commanda ensuite au ghoulam d'amener la vieille femme. « Voici,
dit-il, la victime de la violence ; celui qui s'en est rendu coupable a reçu sa punition. Quant à toi, ajouta-t-il, en s'adressant
au ghoulam qui se tenait debout, pourquoi t'ai-je envoyé dans
l'Azerbaïdjan ? — Pour connaître la situation de cette vieille
femme et m'enquérir de l'acte tyrannique dont elle avait eu à
souffrir et faire savoir la vérité au roi. »

« Sachez, ajouta Nouchirevan en s'adressant aux grands,
que je n'ai point infligé à la légère le châtiment dont vous êtes
les témoins. Désormais, c'est avec le sabre que je parlerai
aux tyrans ; je protégerai la brebis et l'agneau contre les
attaques du loup ; je raccourcirai les mains qui voudront s'allonger et je ferai disparaître de la surface de la terre les fauteurs de désordres. J'assurerai la prospérité du monde par l'é-
quité et la justice, ainsi que par la protection que j'accorderai à
tous ; c'est dans ce but que j'ai été mis au monde, car si les
hommes devaient agir selon leur bon plaisir, Dieu n'aurait point
suscité les rois et ne leur aurait point conféré le pouvoir. Mettez
tous vos soins maintenant à ne point commettre d'actes arbitraires, car vous auriez le sort que cet homme vient de subir. »

L'air menaçant et la sévérité de Nouchirevan firent sur
ceux qui assistèrent à cette audience une si profonde impression
de crainte que la vésicule de leur fiel se rompit. Nouchirevan
dit alors à la vieille femme : « J'ai infligé, à celui qui t'a opprimée,
le châtiment qu'il a mérité. Je te fais don du palais et du jardin
dans lesquels se trouve le terrain qui t'appartient. J'ai donné
l'ordre qu'on te fournisse les montures et l'argent nécessaires

pour que tu retournes saine et sauve et munie d'un diplôme de moi, dans ta ville natale. Souviens-toi de moi dans tes prières.

Pourquoi, ajouta-t-il, faut-il que la porte du palais soit ouverte pour les tyrans et fermée pour les opprimés. Les militaires et les civils sont les uns et les autres mes sujets et mes serviteurs; les uns donnent, les autres reçoivent. Il faut donc que les portes soient plus largement ouvertes pour ceux qui donnent que pour ceux qui reçoivent. Parmi les irrégularités et les dénis de justice qui se commettent, il en est dont les auteurs sont les huissiers qui ne permettent point aux opprimés venant à la cour afin de m'exposer leur situation, de pénétrer jusqu'à moi. Si cette vieille femme avait été admise en ma présence, elle n'aurait point eu besoin de se rendre à un endroit réservé pour la chasse».

Nouchirevan donna, en conséquence, l'ordre de fabriquer une chaîne à laquelle on attacherait des clochettes et qui pourrait être saisie par la main d'un enfant de sept ans. Cette mesure fut prise pour qu'une personne victime d'injustice n'eût point, en venant à la cour, à recourir à l'intervention des chambellans. Lorsque la chaîne serait agitée, les clochettes devaient résonner, Nouchirevan les entendrait et rendrait justice à celui qui viendrait porter plainte. Il en fut ainsi fait.

Lorsque les grands eurent pris congé de Nouchirevan et furent rentrés dans leurs palais, ils firent venir les intendants qui avaient leurs serfs sous leurs ordres et leur dirent: «Voyez si dans le cours de ces deux dernières années vous avez fait quelque prélèvement injuste? Vous êtes-vous, en état d'ivresse ou en possession de votre raison, souillé du sang de quelqu'un? avez-vous exercé quelque sévice? Il faut que, vous et nous, nous nous occu_ pions de satisfaire ceux qui ont des réclamations à élever contre nous avant qu'ils se rendent à la cour pour porter leurs plaintes ».

Tous s'y appliquèrent et convoquèrent avec des formes polies tous ceux qui avaient à formuler quelque réclamation ; ils allèrent les trouver à la porte de leurs maisons et leur donnèrent toute satifaction en leur prodiguant les excuses et l'argent. Ils reçurent de chacun d'eux une déclaration écrite portant qu'un tel n'éprouvait que du contentement d'un tel et ne réclamait rien de lui.

Nouchirevan, par cet acte de sévérité nécessaire, mit le gouvernement dans une voie droite : tous les actes de concussion cessèrent et les habitants du monde purent goûter le repos. Sept années se passèrent sans que personne se présentât à la cour pour s'y plaindre d'un acte de violence.

Anecdote. — Au bout de sept ans et demi, un jour que le palais était désert, que tout le monde était parti et que les gens de garde se livraient au sommeil, Nouchirevan entendit le bruit des clochettes. Il envoya sur-le-champ deux eunuques prendre des informations. « Allez voir, leur dit-il, qui est venu se plaindre d'un acte arbitraire. » Arrivés à la porte du palais, les eunuques y trouvèrent un vieil âne fort maigre, dévoré par la gale, et qui, se frottant le dos et le cou à la chaîne suspendue à la porte, faisait résonner les clochettes. Les deux eunuques rentrèrent dans le palais et vinrent déclarer au roi que personne n'était venu porter plainte et qu'il n'y avait au dehors qu'un âne galeux se frottant contre la chaîne. « Il n'en est point ainsi que vous le supposez, leur dit Nouchirevan; si vous faites attention, vous verrez que cet âne est venu pour se plaindre d'une injustice. Je veux que vous alliez tous deux le conduire au milieu du marché, que vous fassiez une enquête à son sujet et que vous m'en rendiez compte. » Les eunuques sortirent du palais et conduisirent cet âne par la ville, en demandant aux gens qu'ils rencontraient : « Quelqu'un de vous peut-il nous donner des renseignements sur cet âne? — Oui, par Dieu, leur fut-il répondu, il n'est presque personne dans la ville qui n'en connaisse le sort. — Qu'en savez-vous? — Cet âne, leur fut-il dit, appartenait à un tel, blanchisseur. Nous l'avons vu avec son âne pendant près de vingt ans; il chargeait sur son dos les

vêtements qu'on lui confiait, les portait à la blanchisserie et
les rapportait le soir. Tant que l'âne fut jeune et put travailler, le blanchisseur ne le laissa pas manquer de fourrage ;
aujourd'hui que la vieillesse l'accable, il lui a donné la liberté
et l'a chassé de chez lui. Voici près d'un an et demi qu'il est
errant et chacun, par esprit de charité, se fait un devoir de lui
donner du fourrage ; voici deux jours et deux nuits qu'il n'en a
point eu. » Les eunuques s'en retournèrent après avoir recueilli
ces renseignements et ils les communiquèrent au roi. « Ne vous
ai-je pas dit, s'écria Nouchirevan, que cet âne était venu pour
exposer une plainte. Prenez soin de lui pendant cette nuit, et
demain amenez-moi ce blanchisseur avec quatre pères de famille de son quartier, afin que j'ordonne ce que je jugerai nécessaire. » Cet ordre fut exécuté le lendemain par les eunuques.
« Tant que cet âne fut jeune, dit Nouchirevan au blanchisseur, et qu'il put travailler pour toi, tu lui as fourni sa subsistance et tu as pris soin de lui. Aujourd'hui qu'il est devenu vieux
et incapable de travailler, tu le prives de subsistance. Il faut
que tu nourrisses ce pauvre âne tant qu'il vivra, et si tu viens
à faire preuve de négligence, on te punira, afin que tu saches
que les souverains ont le souci des faibles et qu'ils veillent avec
soin sur la conduite de ceux qu'ils emploient, pour jouir dans
ce monde d'une bonne réputation et pour assurer dans l'autre
leur salut éternel. »

Il est nécessaire de déplacer, tous les deux ou trois ans, les
agents des finances et les fermiers des impôts, afin qu'ils ne
puissent s'affermir et se fortifier dans leur situation et causer
de l'inquiétude. Il faut que leur conduite à l'égard de la population soit correcte, afin que la province qui leur est confiée
jouisse de la plus grande prospérité.

CHAPITRE VII

Des cadis, des khatibs et du lieutenant de police. Du prestige attaché à leurs fonctions.

Il est indispensable de connaître la conduite privée de chacun des cadis de l'empire [1]. Il faudra conserver dans leurs fonctions ceux qui auront le plus d'instruction, de sentiments religieux et d'intégrité; ceux qui ne seront pas doués de ces qualités devront être destitués et remplacés par des sujets plus capables et plus dignes. Les appointements et les émoluments accordés aux cadis assurent leur indépendance et les gardent de toute action déloyale. Ce point est fort important et fort délicat, car les cadis disposent, d'une manière absolue, de la vie et de la fortune des musulmans. Lorsque le cadi prend une décision ou prononce une sentence entachées d'ignorance, d'avidité ou de partialité, comme les fonctionnaires de l'État sont obligés de veiller à

---

1. Chihab Eddin Ahmed ben Mohammed ben Abi 'r-Reby dans un traité de gouvernement qu'il composa pour le khalife Moutacim sous le titre de كتاب سلوك المالك فى تدبير الممالك, *La conduite à tenir par l'homme vertueux pour administrer les États*, définit ainsi les qualités que doit posséder un cadi.

« Le cadi est la balance qui pèse les sujets du prince ; il doit être un homme grave, pieux et doué de continence : il faut qu'il soit intègre, prudent, savant, intelligent et connaissant les règles de la justice. Il ne doit point agir à la hâte, avant d'avoir acquis une certitude complète et ne point tarder à prononcer son jugement, lorsque le bon droit est manifeste. Il est nécessaire que le cadi soit versé dans la jurisprudence, exempt de toute faiblesse, s'abstenant de tout ce qui est illicite, et au courant des opinions religieuses des hommes. Il ne devra accepter aucun cadeau et ne prêter l'oreille à aucune intercession sur le fait de la justice. »

والقاضى فهو ميزان الملك من رعيته يجب ان يكون ذا وقار وورع واناة وزهد وان
يكون زكياً فطناً عالماً عاقلاً عارفاً بادب القضا وان لا يعجل فى الحكم قبل ثبوته ولا يتوقف
عند التبين وان يكون فقيهاً نزهاً عفيفاً خبيراً بمذاهب الناس...... وان لا يقبل هدية
ولا يسمع قول شفيع فى شى من امور الحكم

Soulouk Essalik, etc., Caire, 1286, fº 130.

leur exécution, il faudra en informer le souverain de ce fait et
lui signaler cette personne, pour qu'elle soit destituée et châtiée.
Il faut que les fonctionnaires fortifient l'autorité du cadi et conservent intact son prestige. Si quelqu'un, par un sentiment de
présomption, ne comparaît pas à l'audience où il doit être
jugé, il faudra l'y contraindre par la force et à son corps défen-
dant, quand bien même il serait un personnage considérable.

Les compagnons du Prophète, sur qui soient les bénédictions
et la paix de Dieu, ont de leur temps, rendu la justice eux-
mêmes; ils n'ont délégué ce soin à personne, afin que la seule
règle observée fût celle de l'équité, et que nul ne pût se dérober à l'exécution d'un jugement. Dans tous les siècles, depuis
l'époque d'Adam, sur qui soit la paix, jusqu'à nos jours, dans
toute religion, dans tout État, on a pratiqué la justice, on a agi
selon les règles de l'équité, on s'est conduit avec droiture, et
c'est ainsi que les empires ont subsisté.

On dit que les anciens rois de Perse avaient adopté pour règle
de donner, les jours du Mihrdjan et du Naurouz [1], une audience

---

1. Mihrdjan est la forme arabisée du mot persan *Mihrgan*. Ce nom est donné
au seizième jour du mois de Mihr, qui est le premier jour d'une fête durant pendant six jours, au solstice d'automne, et se terminant à la chute du jour du 21
du mois de Mihr. Les anciens Persans croyaient que c'était le moment où
Dieu avait étendu la terre comme un tapis et fait entrer les âmes dans les
corps. D'après d'autres opinions, les jours du Mihrgan étaient l'anniversaire du
secours donné au forgeron Gavèh par les anges pour renverser Zohak, ou celui
de l'avènement au trône de Feridoun. Onçory a fait en ces termes l'éloge de
Mihrgan :

و مهرکان آمد کرفته فائش از نیکی مثال،

نیک روز و نیک جشن و نیک وقت و نیک حال

« Voici venir le Mihrgan, son heureuse influence se fait sentir. C'est un jour
heureux, une fête heureuse, une époque et un état pleins de bonheur. »

Ce passage se lit mot pour mot dans le *Nassihat oul-Moulouk*, et je crois devoir
insérer le texte arabe de Ghazzaly :

يقل انه كان رسم ملوك العجم ان يادنوا للرعايا فى الدخول عليهم فى ايام النيروز والمهرجان

وكان المنادى ينادى قبل ذلك بثلثة ايام استعدوا لليوم الفلانى لياخذ كل من الناس اهبته

ويصلح حاله ويكشف قصته ويتقن حجته ومن كان له خصم يعلم انه منازل منه عند الملك

publique, dont personne n'était exclu. Quelques jours avant ces
fêtes, on faisait savoir, par un crieur public, que chacun devait se
préparer pour tel jour et terminer ses affaires. Au jour fixé, le
héraut du roi se tenait dans le marché et faisait à haute voix la proclamation suivante : Si quelqu'un en ce jour, empêche un homme
d'entrer dans cette assemblée, le roi dégage sa responsabilité de
son sang qui sera versé. Le roi recueillait ensuite les requêtes qui
lui étaient présentées et s'il s'en trouvait une contenant des plaintes contre lui, il la remettait au Moubedi Moubedan (mots qui,
dans la langue des anciens, ont la signification de juge des juges),
afin que celui-ci examinât la réclamation. Il se levait alors, descendait de son trône et s'asseyait sur les deux genoux devant le
Moubed. Il lui disait : « Avant de rendre aucun arrêt, juge la réclamation élevée contre moi par cet homme, et ne témoigne en ma
faveur ni partialité, ni égards personnels. » Le héraut enjoignait
alors à haute voix, à tous ceux qui avaient à formuler quelques plaintes contre le roi de se ranger tous d'un seul côté, afin
que l'on pût tout d'abord s'occuper de leurs réclamations. Le
roi disait alors au Moubed : « Il n'y a point aux yeux de Dieu de

طالب رضاه فاذا كان ذلك اليوم وقف المنادى على باب الملك ونادى ان من منع اليوم انساناً
من الدخول كان الملك برياً من دمه ثم توخذ القصص من الناس وتوضع بين يدى الملك
ينظر فى كل واحدة منها على الانفراد وعالم العلماء قاعد عن يمينه فان كان فى القصص قصة
من الملك فيها خصم الملك قام من مكانه وقعد بين يدى عالم العلماء على ركبتيه فقابل خصمه
وقال انصف هذا الرجل منى ولا تحلد الى الميل والمحاباة فان الله تعالى لما اهدى الحظوظ
لعباده اختار لهم وولى عليهم خير خليقته واذا اراد ان يرى عباده اى قدر لذلك الخليفة
عنده اطلق على لسانه ما يطابق على لسانك ثم ينظر العالم فان كان بين الملك وبين خصمه
دعوى صحيحة وقامت البينة على الملك اخذ الحق منه تمامه وكماله وان كانت دعواه باطلة لا حجة
له امر بعقوبته ونادى عليه هذا جزاء من يريد عيب الملك والمملكة فاذا فرغ الملك من الدعاوى
استوى على سرير ملكه ووضع التاج على رأسه واقبل عليه جماعته وخاصته وقال انى انصف
من نفسى لئلا يطمع احد فى الظلم والجور على احد فكل من كان منكم له خصم فليرضه وكانوا
يهابون من الملك فى ذلك اليوم كل من كان قريباً منه ومن كان قوياً ضعف عنده وكان
الملوك على هذه السيرة الى ايام يزدجرد فانه يزدجرد غير قواعد ملوك ساسان وظلم الحق وافسد حتى
اهلكه الله كما جاء فى الحكاية

péché plus grave que celui qui est commis par les rois : ceux-ci doivent lui témoigner leur reconnaissance pour les bienfaits qu'ils en ont reçus, en étant remplis de sollicitude pour leurs sujets, et en étant résolus à leur rendre justice et à détruire la puissance des tyrans. Lorsque le souverain se livrera à l'injustice, tous ses soldats seront animés du même sentiment que lui ; ils oublieront Dieu et feront éclater au grand jour leur ingratitude pour les biens qu'ils en ont reçus. Alors le Très-Haut les abandonnera et les accablera de sa colère, et il ne s'écoulera pas long temps sans que le monde ne soit voué à la ruine, qu'eux tous ne soient massacrés, victimes de l'influence néfaste de leurs crimes et que la dynastie régnante ne voit le pouvoir lui échapper. O Moubed, toi qui connais Dieu, prends garde à ne pas me favoriser à ton détriment, car c'est de toi que je réclamerai tout ce que Dieu me demandera et j'en ai dès maintenant chargé ta conscience. »

Le Moubed examinait alors le différend qui s'était élevé entre le roi et le défendeur, et si ce dernier avait le droit pour lui il lui donnait raison. Si un individu intentait une action mal fondée et dénuée de preuves, il était condamné à la punition rigoureuse réservée à tous ceux qui ont l'audace de faire du roi et de son gouvernement l'objet de leurs critiques.

Quand l'examen de l'action intentée contre lui était terminé, le roi remontait sur son trône et, se tournant vers les grands personnages et les dignitaires de sa cour, il leur disait, après avoir placé la couronne sur sa tête : « J'ai commencé par moi, afin que vous renonciez à toute idée de molester autrui. Il faut que chacun de vous donne aujourd'hui satisfaction et contentement à celui avec lequel il est en dissentiment ». En ce jour, celui qui était le plus rapproché de la personne du roi en était le plus éloigné et celui qui était le plus puissant devenait le plus faible.

Il en fut ainsi depuis le règne d'Ardchir jusqu'à celui de Yezdedjird. Ce dernier abolit les lois de ses aïeux et fit de l'injustice la règle qui prévalut dans le monde. Il imposa des lois détestables. Les peuples eurent à souffrir, et les malédictions et les vœux formés pour son malheur retentirent sans interruption.

Il arriva qu'un cheval nu entra dans l'enceinte qui entourait la tente de Yezdedjird et tous les grands qui étaient présents furent unanimes à louer sa beauté; chacun d'eux s'efforça de s'en rendre maître sans pouvoir y réussir. Ce cheval se présenta devant Yezdedjird et demeura devant lui, immobile, à la porte de la tente. « Tenez-vous loin d'ici, s'écria Yezdedjird, en s'adressant à ses officiers, car ce cheval est un présent que Dieu m'envoie. » Il se leva, s'en approcha doucement, saisit sa crinière, lui caressa la figure et passa la main sur son dos, sans que cet animal fît aucun mouvement. Yezdedjird demanda alors un mors et une selle; il lui mit le mors dans la bouche et serra solidement la sangle, mais lorsqu'il voulut lui passer la croupière, le cheval lança tout à coup au roi, dans la région du cœur, une ruade qui le renversa mort sur la place, et il s'éloigna sans que personne pût le retrouver. On ne sut ni d'où était venu ni où était allé ce cheval, mais on fut unanime à déclarer que c'était un ange envoyé par le Très-Haut pour délivrer le peuple de la tyrannie du roi [1].

---

1. Ghazzaly a inséré dans son *Nassihat el-Moulouk* cette anecdote dans les mêmes termes que Nizam oul-Moulk :

كان يزدجرد جالساً فى دشت مملكته اذ جاءه فرس فى غاية الجودة والكمال بحيث انه لم يراحد فرساً منه فى حسن خلاقته وجمال هيئته فدخل من باب دار الملك واجتمع من كان حاضراً ان يمسكوه فعجزوا عن امساكه حتى وصل قريباً من يزدجرد ووقف على جانب الايوان ساكناً فقال يزدجرد تنحوا عن هذا الفرس ولا تقربوه فانه هدية من الله تعالى خاصة لى فنهض من مكانه وجعل يمسح وجهه قليلاً قليلاً ثم امر بده على ظهره والفرس ساكن فاستدعى يزدجرد السرج واسرجه بده وجذب حزامه واحرف نحو كفله ليضع الثفر فرفسه الفرس على فواده رفسةً محكمةً فخر ميتاً فى الحال وخرج الفرس ولم يعلم احد انه من اين جاء ولا الى اين ذهب فقال الناس كان هذا الفرس ملكاً ارسله الله تعالى ليملكه وبخلصنا من جوره

On rapporte que Oumarèh [1], fils de Hamzah, assistait à l'audience du khalife Waciq, le jour où ce prince rendait la justice
à ceux qui se plaignaient d'actes arbitraires. Un homme, qui
avait été victime d'une injustice, se leva et porta plainte contre
Oumarèh, en ces termes : « Oumarèh s'est rendu maître, par la
violence, d'une propriété qui m'appartient. » Le prince des
croyants dit à Oumarèh : « Lève-toi, prends place en face de ton
adversaire et fais valoir tes arguments. — Je ne suis point l'adversaire de cet homme, répondit Oumarèh. Si la propriété qu'il
réclame m'appartient, je lui en fais cadeau ; je ne veux pas
quitter la place que le khalife m'a fait l'honneur de m'accorder
à sa cour. Je ne veux pas que, pour la possession d'un domaine,

1. Le nom de Oumarèh ibn Hamzah benMelik ben Yezid est mentionné par les
historiens arabes. Il était en 155 (771) gouverneur de la province d'Ahwaz, en 158
(774) gouverneur de Basrah et chargé de la perception des impôts, et en 159 (775)
gouverneur de l'Ahwaz, du Fars et des cantons situés sur la rive du Tigre. Il
mourut en l'année 199 (814-815). Il était le client d'Abbas ibn Abd el-Melik, et
était entré, en qualité de secrétaire, au service du khalife Mançour et non du khalife Waciq billah, comme le dit par erreur Nizam oul-Moulk. On vantait la pureté et l'élégance de son style. Sa vanité avait donné lieu au proverbe : Il est
plus vaniteux qu'Oumarèh. Aboul Mouzaffer Youssouf Sibt ibn el-Djouzy rapporte, dans son *Mirât Ezzeman*, quelques anecdotes relatives à la générosité
d'Oumarèh, et il parle de sa vanité en ces termes :

عامر بن حمزة مولى بنى هاشم وهو من ولد عكرمة مولى ابن عباس وقيل هو عمارة ابن
حمزة بن مالك بن يزيد بن عبد الله مولى العباس ابن عبد المطلب كان احد الكتاب البلغا
وكان اتيه الناس حتى ضرب المثل بتيه فقيل اتيه من عمارة وكان جواداً والبه تذهب دار
عمارة ببغداد

Cf. Ibn el-Athir, tome VI, *passim*; le *Recueil des biographies* d'Ibn Khallikan,
passim; le *Noudjoum Ezzahirèh* sous l'année 199 et l'Histoire abrégée de Bagdad,
ms. de la Bibliothèque nationale, fonds arabe 634, fol. 6 et 146. Cette anecdote
se trouve rapportée en ces termes dans le *Nassihat oul-Moulouk* :

حكى ان الامير عمارة بن حمزة كان جالساً فى مجلس الخليفة المنصور وكان نظره
فى رفع المظالم فقام رجل على قدميه وقال يا امير المومنين انا مظلوم فقال من ظلمك فقال عمارة
ابن حمزة اغتصب ضيامى وانتزع ملكى وعقارى فامره المنصور ان يقوم من مكانه ويساوى
خصمه للمحاكمة فقال عمارة بن حمزة يا امير المومنين ان كان الضياع له ذ. اعارضه فيها وان كانت
لى فقد وهبتها له وما لى حاجة فى محاكمته ولا ابيع مكانى الذى اكرمنى به امير المومنين بضياع
فتعجب الاكابر الحاضرون من علو همته وشرف نفسه

une atteinte fàcheuse soit portée à mon rang et à ma dignité. »
Cet acte de générosité et de grandeur d'âme reçut l'approbation
de tous les grands de la cour.

Il faut savoir que le roi est tenu de rendre la justice en
personne et d'écouter les discours des parties. Si le souverain
est turc ou persan, ou s'il est un prince qui n'a aucune connaissance de la langue arabe ; s'il n'a point étudié les prescriptions de la loi religieuse, il faut qu'il soit remplacé par
un substitut chargé de l'expédition des affaires. Tous les cadis
sont les délégués du souverain et il est indispensable que
celui-ci fortifie l'autorité dont les cadis sont investis. Il devra
veiller à ce que ceux-ci jouissent de la plus grande estime et
d'une considération sans égale, car ils sont les lieutenants du
khalife, dont ils portent le costume ; ils sont aussi les délégués
et les commissaires du prince, dont ils font le travail. Il en
est de même des khatibs qui récitent le prône dans les mosquées ; il faut les choisir parmi les hommes pieux, sachant
par cœur le Qoran, car la prière est pour les musulmans un
acte délicat dont la validité dépend de l'imam qui y préside.
Si la prière de l'imam est défectueuse, celle de la réunion
des fidèles dont il règle les mouvements le devient également [1].

Il faut aussi préposer dans chaque ville un officier de police
qui veillera à ce que les balances soient justes et à ce que les
prix assignés à chaque chose ne soient pas dépassés. Il aura
l'œil ouvert sur toutes les transactions commerciales, afin
qu'elles soient conclues honnêtement, et il surveillera avec soin
ce qui est apporté du dehors pour être vendu au marché, afin
qu'il n'y ait ni fraude ni tromperie, et il s'assurera que les poids

---

1. L'imam Tadj Eddin Abou Nasr Abd el-Wahhab Essoubky, dans son ouvrage
intitulé معيد النعم ومبيد النقم, *Moïd ennïam ou moubid ennïqam*, « celui qui fait revenir les faveurs et met fin aux disgrâces », a consacré un chapitre aux devoirs
qui incombent aux khatibs et aux qualités qu'ils doivent posséder.

sont exacts. Il usera tantôt de procédés de douceur et tantôt il emploiera des mesures d'une rigoureuse sévérité [1].

Le roi et ses agents devront fortifier son autorité, car il est un des soutiens de l'État et la plus haute expression du pouvoir civil. Si le lieutenant de police ne met point en pratique ce que nous avons exposé plus haut, les pauvres souffriront, les marchands du bazar vendront et achèteront à leur gré, les gens qui ne vivent que de restes deviendront les maîtres, la débauche s'étalera au grand jour et les prescriptions de la loi perdront tout leur prestige.

Les fonctions de lieutenant de police étaient toujours confiées à un des officiers du service particulier du prince ou bien on choisissait un eunuque ou un Turc avancé en âge qui, dans son impartialité, se faisait craindre des grands et des petits. Toutes les affaires étaient jugées par lui avec équité et les bases de l'islamisme n'étaient point atteintes dans leur solidité, comme on peut le voir par l'anecdote suivante.

On rapporte que Sultan Mahmoud s'était, pendant toute une nuit, livré au plaisir du vin en compagnie des courtisans et des commensaux de son intimité et il avait vidé la coupe du matin. Deux de ses généraux, Aly Nouchteguin et Mohammed el-Araby, se trouvaient dans cette réunion et avaient bu et veillé toute la nuit. Lorsque la clarté du jour marqua l'heure du premier repas, Aly Nouchteguin avait la tête troublée ; il ressentait l'influence du malaise causé par la veille et l'excès du vin [2]. Il demanda la permission de retourner chez lui. Mahmoud lui

---

1. On peut consulter, sur les fonctions du *mouhtessib* ou lieutenant de police, le mémoire de M. Walter Behrnauer, publié dans le *Journal asiatique* de l'année 1861, sous le titre de : *Mémoire sur les institutions de police chez les Arabes, les Persans et les Turcs*, et surtout le traité spécial composé par le cheikh Taqy Eddin Abderrhaman ibn Nasr, natif de Nabaro, et intitulé : كتاب نهاية الرتبة فى طلب الحسبة.

2. Le mot مجوز qui, à la dix-septième ligne, dans le texte persan, se trouve entre les mots شدند et چون, doit être retranché.

dit : « Il n'est pas bienséant que tu retournes chez toi, en plein jour, dans l'état où tu es. Demeure ici pour te reposer jusqu'au moment de la prière de l'après-midi. Tu t'en iras après avoir repris tes esprits, car si le lieutenant de police te voit dans l'état où tu es, il te châtiera et tu seras déshonoré. Quant à moi, j'en serai fâché et je ne pourrai dire un mot. »

Aly Nouchteguin avait cinquante mille hommes sous ses ordres ; il était d'une grande bravoure et on le considérait comme le héros de l'époque ; on l'avait mis aux prises avec mille hommes. Il ne lui vint pas à l'esprit que le lieutenant de police pût remarquer l'état où il se trouvait. Il se conduisit en étourdi et en bas officier.

« Certainement, je m'en irai, dit-il. — Tu sais mieux que moi, lui répondit Mahmoud, ce que tu as à faire. Laissez-lui toute liberté de s'en aller. » Aly Nouchteguin monta à cheval, suivi d'une nombreuse escorte de cavaliers, d'esclaves et de domestiques et se dirigea vers sa demeure. Le lieutenant de police, accompagné par cent cavaliers et gens de pied, l'aperçut. En voyant Nouchteguin en état d'ébriété, il donna l'ordre de le faire descendre de cheval ; lui-même mit pied à terre et, sans avoir égard à son rang, il le battit avec tant de violence que la douleur lui faisait mordre la terre. L'escorte et les soldats de Nouchteguin furent les témoins de ce châtiment et aucun d'eux n'osa proférer une parole. Ce lieutenant de police était un vieil eunuque turc qui avait les droits que confèrent de longs services.

Lorsqu'il se fut éloigné, on transporta Nouchteguin chez lui ; pendant le trajet, il ne cessait de répéter : « Ce qui vient de m'arriver, arrive à celui qui n'obéit point au sultan. » Le lendemain, Aly Nouchteguin mit son dos à nu devant le sultan et lui montra qu'il était sillonné de raies.

Mahmoud se mit à rire et lui dit : « Fais donc le vœu de ne jamais sortir lorsque tu es en état d'ivresse. »

A l'époque où l'administration de l'empire et les bases du gouvernement étaient solidement établies, la justice était en tous points rendue de la façon que nous venons de rappeler.

Anecdote. — J'ai entendu dire qu'une fois, à Ghaznah, les boulangers fermèrent leurs boutiques et qu'il fut impossible de se procurer du pain. Les étrangers et les pauvres eurent à souffrir, et se rendirent à la cour de Sultan Ibrahim pour exposer leur situation et lui faire entendre leurs doléances [1].

Ce prince fit comparaître tous les boulangers : « Pourquoi, leur dit-il, avez-vous diminué la production du pain ? — C'est, répondirent-ils, parce que toutes les fois que l'on apporte en ville du blé et de la farine, vos boulangers les achètent et les emmagasinent en disant : Nous avons ordre d'agir ainsi et ils ne nous permettent pas de nous rendre acquéreurs d'un seul men de farine. » Le sultan commanda d'aller chercher le panetier de la cour et de le jeter sous les pieds des éléphants. Lorsque celui-ci eut rendu le dernier soupir, on plaça son cadavre sur les défenses d'un éléphant et on le promena par la ville en proclamant que tout boulanger qui n'ouvrirait pas sa boutique subirait le même sort. On employa toute la farine qui se trouvait dans les réserves du sultan et le soir, au moment de la prière, il restait dans chaque boutique cinquante men de pain et personne ne se présentait pour en acheter.

---

1. Zehir Eddaulèh Ibrahim, fils de Sultan Massoud, est le septième prince de la dynastie des Ghaznévides. Il succéda, au mois de safer de l'année 450 (août-septembre 10 8), à son frère Seïf Eddaulèh Ferroukhzad et mourut, selon quelques historiens, au mois de redjeb 481 (septembre-octobre 1088), ou, selon d'autres, en 492 (1099). Il avait, dit-on, dépassé l'âge de quatre vingt-dix ans. Sultan Ibrahim était le contemporain de Sultan Melikchâh.

CHAPITRE VII

Il faut prendre des informations sur la situation du percepteur des finances, sur celle du cadi, du commandant militaire et du chef de l'administration civile, et s'astreindre à punir.

On observera avec soin, dans chaque ville, quelle est la personne qui manifeste le plus de sollicitude pour ce qui a trait à la religion, qui a la plus grande crainte de Dieu et est dépourvue de tout sentiment de malveillance. On lui dira : Nous remettons entre tes mains, comme un dépôt sacré, cette ville et cette province et nous en chargeons ta conscience ; toutes les questions que Dieu nous adressera (au jour du jugement dernier), nous les adresserons à toi-même. Il est donc nécessaire que tu sois au courant de la conduite du percepteur, du cadi et du lieutenant de police, des faits et gestes des sujets, des petits et des grands, que tu nous les fasses connaître en toute vérité et que tu nous dévoiles ce qui se passe en secret et en public, afin que nous puissions donner les ordres exigés par les circonstances. Si les personnes, possédant les qualités que nous venons de mentionner, se refusent à remplir un pareil office et à accepter un semblable dépôt, il faudra les obliger et les contraindre à se soumettre à l'ordre qui leur sera donné.

Anecdote. — On rapporte qu'Abdallah, fils de Tahir, était un émir pratiquant la justice [1]. Son tombeau, qui se trouve à Ni-

---

1. Abdallah, fils de Tahir el-Khouzay, gouverna, au nom du khalife Mamoun, l'Égypte et la Syrie. Nommé gouverneur militaire de Bagdad en 211 (826), il fut désigné pour marcher contre Babek. Il se trouvait à Dinaver, occupé des préparatifs de la campagne qui allait s'ouvrir, lorsque l'état troublé du Khorassan détermina Mamoun à lui confier l'administration de cette province, du Souad, du Tabarestan et du Kerman. Les jours du gouvernement d'Abdallah, fils de

chapour, est un but de pèlerinage, et quiconque forme un vœu au chevet de sa tombe le voit exaucé. Il confiait les fonctions publiques aux personnes que lui signalaient leur piété et leur dévotion. Jamais il n'était occupé à donner satisfaction à ses désirs personnels, de sorte que l'argent légitimement dû était seul prélevé et que le peuple n'éprouvait aucune vexation.

Anecdote. — Abou Aly ed-Daqqaq [1] alla voir un jour le chef militaire et gouverneur du Khorassan, l'émir Abou Aly Elias, et s'assit devant lui sur ses deux genoux. « Donne-moi un conseil, lui dit Abou Aly Elias. — O émir, repartit Abou Aly ed-Daqqaq, je vais t'adresser une question, parle-moi avec franchise. — Soit, dit Elias, je te répondrai. — Dis-moi, reprit Daqqaq, que préfères-tu, la richesse ou un ennemi avec lequel tu es en litige? — Je préfère la richesse, répondit Elias. — Comment se peut-il faire, reprit Daqqaq, que tu laisses après toi, dans ce monde, ce que tu aimes le mieux et que tu emportes avec toi dans l'autre monde, ce pour quoi tu n'as aucune affection? » Les yeux d'Abou Aly Elias se remplirent de larmes : « Tu m'as donné un bon avis, s'écria-t-il. Les paroles que tu viens de me dire sont dictées par la sagesse; elles renferment ce qui peut m'être utile et profitable dans ce monde et dans l'autre, et tu m'as réveillé du sommeil de la négligence et de l'insouciance [2]. »

Tahir, furent, disent les historiens orientaux, des jours de fête. Il mourut à Nichapour, à l'âge de quarante-huit ans, au mois de rebi oul-ewwel 230 (novembre 844), après avoir été le chef du Khorassan pendant dix-sept ans. Sous son administration, les sommes perçues sur cette province s'élevaient au chiffre de quarante-huit millions de dirhems. Son fils Tahir lui succéda.

1. Le cheikh Abou Aly Hassan ibn Mohammed ed-Daqqaq était le disciple spirituel du cheikh Nasrâbady, dont il avait embrassé la doctrine mystique. Il mourut à Nichapour au mois de zil qaadèh 405 (avril 1015). Cf. le *Nefehat oul-ouns* de Djamy, publié à Calcutta en 1858, par les soins du capitaine Nassau Lees, p. 329.

2. Ghazzaly rapporte cette anecdote en ces termes dans son *Nassihat oul-Moulouk* :

كان ابو على على ابن الياس اسپاهسلار نيساپور فحضر يوماً عند الشيخ ابى على الدقاق رحمه

الله تعالى وكان زاهد اهل زمانه وعالم اواله فقعد على ركبتيه بين يديه وقال عظنى فقال ابو

Anecdote. — Le sultan Mahmoud n'était point doué, dit-on, d'une physionomie agréable; il avait le teint jaune. Après la mort de son père, alors qu'il exerçait le pouvoir royal et que l'Indoustan avait fait sa soumission entre ses mains, il était assis dans sa chambre, sur le tapis où il avait fait sa prière. Il avait posé devant lui son peigne et son miroir et deux esclaves, attachés à son service intime, se tenaient debout en face de lui. Son vizir, Chems el-Koufat Ahmed, fils de Hassan[1], se présenta à la porte de sa chambre et le salua. Mahmoud lui fit signe de la tête de s'asseoir. Après avoir récité ses litanies, ce prince revêtit son qaba, plaça son bonnet sur sa tête et jeta les yeux sur son miroir. En voyant sa figure, il se mit à sourire et dit à Ahmed, fils de Hassan : « Sais-tu ce qui me traverse l'esprit en ce moment? — Mon seigneur le sait mieux que moi, répondit Ahmed, fils de Hassan. — Je crains, continua Mahmoud, que le peuple ne me soit pas affectionné, parce que je ne suis pas beau et d'ordinaire, il aime mieux un prince doué d'une figure agréable. — O seigneur, lui dit Ahmed, conduis-toi de façon que tes sujets te préfèrent à leurs femmes, à leurs enfants et à leur propre existence et qu'ils se précipitent, si tu leur en donnes l'ordre, dans l'eau et dans le feu. — Que dois-je donc faire? reprit Mahmoud. — Traite

على ايها الامير اسالك مسئلة واريد الجواب عنها بغير نفاق قال نم اجيبك فقال ايما احب المال والعدو فقال المال احب الى من العدو فقال كيف تترك ما تحبه بعد وتستصحب العدو الذى لا تحبه معك فبكى الامير ودمعت عيناه وقال نم الموعظة هذه وجميع الوصايا والحكم تحت هذه الموعظة

1. Aboul Qassim Ahmed ibn Hassan el-Meimendy était né à Meimend. Il remplit les fonctions de vizir jusqu'en l'année 412 (1024), époque à laquelle Sultan Mahmoud le destitua et le jeta en prison, après avoir exigé de lui une somme de cinq millions de dinars. Son fils Massoud, à son avènement au trône, mit fin à la captivité d'Ahmed Meimendy et lui rendit la charge qu'il avait occupée sous le règne de son père.

Ahmed Meimendy avait reçu le titre honorifique de *Chems el-koufat* (le soleil des gens capables).

Les historiens orientaux rendent hommage aux brillantes qualités de Sultan Mahmoud, à ses vertus guerrières, à la protection qu'il accorda aux poètes et aux savants, mais ils lui reprochent son avidité et les moyens odieux employés par lui pour dépouiller les plus riches de ses sujets.

l'or en ennemi, afin que les hommes te traitent en ami. » Cet avis fut agréé par Mahmoud, qui dit à Ahmed : « Ces paroles cachent mille utilités et mille avantages. » Mahmoud ouvrit désormais les mains pour distribuer des largesses et faire de bonnes œuvres ; les habitants de ce monde lui témoignèrent de l'amour et entonnèrent ses louanges. Il fit des actions mémorables et de grandes conquêtes ; il dirigea une expédition contre Soumnat et s'en rendit maître ; il entra dans Samarqand et dans l'Iraq. Il dit un jour à Ahmed, fils de Hassan : « Depuis que j'ai renoncé à la possession de l'or, j'ai acquis les biens des deux mondes. » Avant lui, le titre de sultan n'existait pas ; il est le premier prince qui l'ait porté dans l'islamisme et, après lui, cela devint une règle générale. Mahmoud était un prince juste, aimant la science, et doué d'un naturel généreux. Son esprit était toujours en éveil, ses croyances religieuses pures de toute erreur. Il avait combattu les infidèles et les avait vaincus.

Elle sera heureuse, l'époque qui verra le règne d'un prince juste et équitable.

Tradition. — Il est rapporté dans les traditions que le Prophète a dit : La justice est l'honneur du monde et la force du souverain ; elle fait régner le bon ordre parmi les gens du peuple et les grands, parmi les soldats et les sujets ; elle est la balance qui pèse toutes les bonnes actions, ainsi que Dieu lui-même l'a dit : Allah est celui qui a fait descendre le livre de vérité et la balance [1].

L'homme le plus digne de l'autorité est celui dont le cœur est le séjour de l'équité et dont la demeure est le lieu où les gens religieux, les sages, les savants, les justes et les musulmans goûtent le repos.

Anecdote. — Foudheïl, fils d'Ayyaz, disait : « Si mes vœux étaient exaucés, je n'en formerais que pour avoir un sultan

1. *Qoran*, XLII, v. 16.

équitable, car sa vertu fait naître celle des serviteurs de Dieu et elle assure la prospérité du monde [1]. »

Le recueil des traditions renferme celle-ci, qui est attribuée au Prophète : Ceux qui rendent la justice dans ce monde au nom du Dieu très haut et très honoré, prendront place, au jour de la résurrection, sur des minbers de perles.

Les rois ont toujours investi du pouvoir, pour rendre la justice au peuple et prendre soin de ses intérêts, des personnes d'une conduite pure, animés de la crainte de Dieu, n'ayant aucun sentiment de malveillance, afin qu'en toute circonstance, elles agissent avec droiture et équité, ainsi que fit à Bagdad le prince des croyants Moutacim [2].

Aucun des khalifes Abbassides ne gouverna mieux, n'inspira plus de crainte et n'amassa plus d'armes et de munitions que lui.

Il n'y eut pas de souverain ayant possédé autant d'esclaves turcs; leur nombre s'élevait à soixante-dix mille. Il avait conféré à beaucoup d'entre eux des grades supérieurs et les avait élevés au rang d'émir. Il ne cessait de dire qu'il n'y avait pas de serviteurs pareils aux Turcs.

Il advint un jour qu'un émir appela son intendant et lui dit : « Connais-tu dans Bagdad, parmi les habitants de la ville et les

---

1. Abou Aly Foudheïl ibn Ayyaz Etteymy était né à Samarqand. Il se voua aux exercices de la dévotion, embrassa la vie ascétique et alla se fixer à la Mekke, où il mourut en l'année 187 (803), à l'âge de quatre-vingts ans. Sa famille était originaire de Merv; il portait le titre de cheikh du Hedjaz.

2. Abou Ishaq Mohammed el-Moutacim billah succéda à son frère Mamoun, le 18 du mois de redjeb 218 (9 août 833).

Les historiens arabes lui donnent le surnom de khalife voué au chiffre huit, خليفة مُثمّن. Il était le huitième khalife de la dynastie des Abbassides, le huitième des enfants d'Abbas. Il fut proclamé khalife à l'âge de dix-huit ans : il régna huit ans et huit mois et mourut âgé de vingt-six ans et huit mois. Il naquit en chaâban, qui est le huitième mois de l'année. Il eut huit fils et huit filles. Il fit huit expéditions contre les infidèles et laissa dans son trésor huit millions de dirhems. Le khalife Moutacim mourut le 18 du mois de rebi oul-ewwel 226 (15 janvier 841).

gens du bazar, quelqu'un qui me fasse l'avance de cinq cents
dinars pour une affaire importante qui m'est survenue; je rendrai cette somme lorsque je percevrai mes revenus.» L'intendant réfléchit à ce qui lui avait été dit et se rappela qu'il connaissait dans le bazar un individu, faisant un modeste commerce
et possédant une somme de six cents dinars, frappés au coin du
khalife, qu'il avait mis longtemps à amasser. « Je connais, dit-il
à l'émir, une personne demeurant dans tel bazar et possédant
cette somme. Si tu lui envoies quelqu'un pour l'inviter à se rendre auprès de toi, si tu le fais asseoir à une place honorable et
lui témoignes quelques égards, si tu lui parles de profits et
de pertes, il peut se faire qu'il ne te réponde pas par un
refus. »

L'émir se conforma à ce que l'intendant lui avait conseillé.
Il envoya à ce marchand une personne qui lui dit : « L'émir te
prie de te déranger pour quelques instants, car il a à t'entretenir d'une affaire importante.» Le marchand se leva et se
rendit à la demeure de l'émir, avec lequel il n'avait eu, jusqu'a-
lors, aucun rapport; il se présenta devant lui et le salua; l'émir
lui rendit le salut et se tournant vers ses gens : «Cette personne
est-elle un tel?» leur demanda-t-il. Il lui fut répondu affirmativement. L'émir se leva alors et fit asseoir le marchand à la place
la plus honorable. « J'ai entendu beaucoup de monde parler de ton
honnêteté, lui dit-il, de tes bonnes mœurs, de ton intégrité et de
ta dévotion. J'ai été séduit par toi avant de t'avoir vu. On dit que,
dans le bazar de Bagdad, il n'y a pas plus honnête homme que
toi et qu'il n'y a personne avec qui les rapports d'affaires soient
plus agréables. Il faut que, dès aujourd'hui, tu en uses sans
façon, que tu entres en relation d'affaires avec moi, que tu con-
sidères ma maison comme la tienne, et que tu aies vis-à-vis de
moi la conduite d'un ami et d'un frère.» A chacune des paroles
de l'émir, le marchand s'inclinait en le saluant et l'intendant ne
cessait de répéter : « C'est cela, il en est ainsi.» Au bout de

quelques instants, le repas fut apporté ; l'émir fit asseoir le marchand à côté de lui et, à tout moment, il lui offrait un morceau des mets placés devant lui et l'accablait de marques de politesse. Lorsque l'on eut desservi, que les convives eurent lavé leurs mains et que les assistants se furent éloignés, l'émir se tourna vers le marchand et lui dit : « Connais-tu le motif pour lequel je t'ai dérangé? — L'émir le connaît mieux que moi, répartit le marchand. — Sache , reprit l'émir, que je compte dans cette ville de nombreux amis qui obéiront au moindre signe que je leur ferai et me fourniront immédiatement cinq ou dix mille dinars, si je viens à les leur demander ; ils se garderont de me les refuser, car jamais personne n'a subi la moindre perte par suite d'une affaire traitée avec moi. Aujourd'hui, je désire me lier d'amitié avec toi, et je veux que nous usions l'un vis-à-vis de l'autre de toute liberté. Bien que j'aie de nombreux débiteurs, il faut qu'aujourd'hui tu m'avances mille dinars que je te rendrai dans quatre ou cinq mois, au moment de la rentrée de mes revenus, et j'y joindrai le don d'un habillement complet. Je sais que tu possèdes cette somme et même davantage et que tu ne m'opposeras pas un refus. » Le marchand, qui était timide et d'une grande douceur de caractère, répartit : « Je suis aux ordres de l'émir, mais je ne suis pas un de ces boutiquiers qui possèdent mille ou deux mille dinars. On ne doit parler aux grands qu'en toute sincérité. Tout mon capital se compose de six cents dinars que j'ai amassés avec le temps et bien péniblement et qui servent à mes transactions dans le marché. — J'ai disponible dans mon trésor, répondit l'émir, une grosse somme en or de bon aloi, mais le but que je me propose, en faisant affaire avec toi, est de faire ta connaissance et de gagner ton amitié. Donne-moi ces six cents dinars, et reçois de moi une obligation de sept cents dinars remboursables à l'époque de la rentrée de mes revenus, et tu seras gratifié, en outre, d'un vêtement d'honneur complet. »

L'intendant dit au marchand : « Tu ne connais pas encore l'émir : c'est celui des grands dignitaires de l'État avec lequel il est le plus avantageux de faire des affaires. » Le marchand répondit : « J'obéirai ; j'exécuterai les ordres de l'émir ; je ne refuserai pas de lui donner ce que je possède. »

L'émir reçut l'or du marchand. Dix jours après l'échéance de l'obligation, celui-ci se présenta à la réception de l'émir, mais n'éleva aucune réclamation. « En me voyant, se dit-il, l'émir saura que je suis venu pour le remboursement de la somme prêtée. » Au bout d'une heure, il se retira. Deux mois s'écoulèrent pendant lesquels le marchand se rendit dix fois chez l'émir sans, dit-il, que celui-ci fît mine de faire droit à ma réclamation ou m'accordât quelque argent en acompte ; voyant que l'émir ne donnait pas signe de vie, le marchand écrivit une supplique et la remit entre ses mains. Il lui disait dans sa requête : « Cet humble serviteur a besoin de son argent ; il s'est écoulé deux mois depuis l'époque de l'échéance. Que l'émir, s'il le juge bon, veuille bien donner l'ordre à son intendant de remettre à son serviteur la somme qui lui est due. — Tu t'imagines, lui dit l'émir, que je ne me préoccupe pas de ton affaire ; n'aie aucune inquiétude et patiente encore pendant quelques jours ; je prends les mesures nécessaires pour te rembourser ; je scellerai la bourse qui renfermera ton or et je te l'enverrai après l'avoir remise à un de mes hommes de confiance. » Le marchand patienta encore pendant deux mois sans voir l'ombre de son or. Il se rendit tous les jours au palais de l'émir et lui remit une supplique, pour réclamer ce qui lui était dû. Il s'était passé huit mois depuis l'échéance. Cette démarche fut inutile et le marchand, réduit à la dernière extrémité, mit en mouvement des gens pour intercéder en sa faveur. Il eut recours au cadi et celui-ci fit inviter l'émir à se rendre à son tribunal. Il n'y eut pas de grand personnage qui n'accordât son intervention et cinquante émissaires avaient été envoyés par le cadi, sans pouvoir faire comparaître

l'émir devant la justice ; le marchand n'avait pu, par ces inter-
cessions, recouvrer un seul dirhem. Le terme de l'obligation était
échu depuis un an et demi et personne n'avait réussi à la faire
payer. Le marchand consentit à abandonner tout intérêt et à
perdre cent dinars sur son capital. Cette proposition demeura
sans résultat. Il désespéra du succès des démarches des grands
personnages et fut dégoûté des courses qu'il faisait. Il inclina
son cœur vers Dieu et entra tout éperdu dans une mosquée où
les prières étaient bénies. Il en fit une de quelques rikaats, et
exhalant ses plaintes vers Dieu, il se mit à gémir et à se lamenter. « O Seigneur, disait-il, tu es mon défenseur ! fais valoir
mes droits ! » Un derviche assis dans cette mosquée entendit ses
soupirs et ses plaintes et son cœur fut ému de pitié. Lorsque
le marchand eut mis fin à ses lamentations, le derviche lui
adressa la parole. « O cheikh, lui dit-il, que t'est-il donc arrivé pour que tu te désoles ainsi ? Fais-le moi savoir. — Je suis,
répondit le marchand, dans un état tel qu'il est inutile de le faire
connaître à qui que ce soit. Le Dieu très haut et très honoré
peut seul venir à mon aide. — Dis-moi quelle est ta situation,
répartit le derviche, car il peut se produire des causes secondes
et des interventions. — O derviche, lui dit-il, le khalife est
la seule personne à laquelle je n'aie point parlé. J'ai invoqué,
sans succès, les bons offices de tous les émirs, des seyyds et du
cadi ; si je te confie mes souffrances, je n'en obtiendrai aucun
soulagement, il n'en résultera pour moi aucun avantage. — Si
ce n'est point utile, répondit le derviche, ce ne sera pas nuisible. Ignores-tu le propos des sages, qui ont dit : Qui souffre d'un
mal, doit en faire part à tout le monde ; il peut se faire que le
remède soit fourni par un homme de la plus humble condition.
Si tu fais connaître la position dans laquelle tu te trouves, il est
possible que tu retrouves le calme. — Tu dis vrai, répartit le marchand, la raison exige que je te parle. » Il lui raconta donc tout
ce qui lui était arrivé. Après avoir écouté son récit, le derviche

lui dit : « O honnête homme, le calme va succéder à tes inquiétudes; s'il en est autrement, tu m'accableras de reproches. Tranquillise-toi au sujet de ce que tu m'as raconté, et si tu fais ce que
je vais te dire, tu rentreras aujourd'hui en possession de ton or.
Rends-toi, ajouta-t-il, dans tel quartier et entre dans la mosquée
qui a un minaret. Une porte s'ouvre sur le côté de cette mosquée
et derrière cette porte se trouve une boutique dans laquelle se
tient un vieux tailleur, couvert d'un vêtement rapiécé et occupé à
coudre. Deux jeunes garçons, assis devant lui, se livrent également à des travaux de couture. Va trouver cet homme, salue-le
et expose-lui ta situation. Lorsque tu auras atteint le but de tes
désirs, ne m'oublie pas dans tes prières, et surtout n'apporte aucune négligence à faire ce que je viens de te dire. » Le marchand
sortit de la mosquée : « Quelle chose singulière! se dit-il; j'ai eu
recours à l'intercession des émirs et des grands personnages
pour intervenir auprès de mon adversaire ; ils ne réussirent à
rien malgré leur insistance ; aujourd'hui, on m'indique un faible
vieillard, exerçant le métier de tailleur, et on me dit : C'est
lui qui comblera tes vœux. Ceci me semble un prodige; mais
que faire? Quoi qu'il en soit, s'il arrive quelque chose, cela ne
pourra pas être plus mauvais pour moi que ce qui se passe. » Il
marcha donc jusqu'à ce qu'il fût arrivé à la porte de la mosquée
et il entra dans la boutique qui lui avait été désignée. Il salua le
vieillard et s'assit en face de lui. Au bout de quelques instants,
le vieux tailleur qui était occupé à coudre, déposa son ouvrage
et dit au marchand : « Quelle affaire t'amène ici? » Celui-ci lui
raconta ce qui lui était arrivé, depuis le commencement jusqu'à
la fin. Après l'avoir écouté, le vieillard lui dit : « Le Dieu très
haut termine heureusement par nos mains les affaires de ses
serviteurs. Nous parlerons aussi à celui avec qui tu as un différend et nous avons l'espoir que tu obtiendras satisfaction.
Appuie-toi pendant quelques moments contre ce mur et aie
l'esprit en repos. » Il s'adressa alors à un de ses apprentis et lui

dit : « Laisse-là ton aiguille, lève-toi et rends-toi à la demeure
de tel émir ; lorsque tu y seras entré, assieds-toi à la porte de
son appartement privé et dis à celui que tu y trouveras, ou bien à
celui qui en sortira : Que l'on fasse savoir à l'émir que l'apprenti
d'un tel tailleur est ici, et qu'il a une communication à lui faire.
On t'appellera alors de l'appartement intérieur ; salue l'émir et
dis-lui : Mon patron te salue et te fait savoir que telle personne
est venue se plaindre d'un acte abusif et qu'elle a entre les mains
une pièce légale, par laquelle tu reconnais lui devoir une somme
de sept cents dinars ; il y a un an et demi que le jour de l'échéance
est passé. Il désire que tu lui restitues complètement et intégralement cette somme en or et que tu emploies, sans en négliger
aucun, tous les moyens de la contenter. Apporte-moi promptement la réponse. » L'apprenti se leva à l'instant et se rendit au
palais de l'émir. « Quant à moi, dit le marchand, je restai plongé
dans la stupéfaction, car jamais un maître n'aurait parlé à son domestique dans les termes dont se servit ce vieillard, pour faire une
communication à l'émir par la bouche de cet enfant. » L'apprenti
revint au bout de quelque temps. « J'ai fait votre commission,
dit-il, et j'ai transmis votre message. En l'entendant, l'émir se
leva et me dit : Fais parvenir à ton maître mon salut et mes compliments ; présente-lui mes hommages et dis-lui que je ferai ce
qu'il ordonne. Voici, je vais aller le trouver et lui apporter la
somme en or. Je lui offrirai mes excuses, au sujet de ce qui s'est
passé. Je remettrai, devant lui, l'or à celui à qui il est dû. »
Une heure ne s'était point encore écoulée quand l'émir arriva, accompagné par un écuyer et deux serviteurs. Il descendit
de cheval, salua le vieux tailleur et lui baisa la main. Il s'assit
devant lui, prit des mains d'un de ses domestiques une bourse
pleine d'or et me la donna. « Voici ton or, me dit-il, ne t'imagine pas que j'aie voulu me l'approprier. La négligence qui s'est
produite est le fait de mes intendants et non le mien. » Il se con-
fondit en excuses et donna l'ordre à l'un de ses serviteurs d'al-

ler au bazar et d'amener un vérificateur de monnaies avec sa
balance. Celui-ci partit et en ramena un qui vérifia les pièces d'or
et les pesa. Il s'en trouva cinq cents marquées au coin du khalife.
« Demain, dit l'émir, aussitôt après mon retour du palais, je ferai
venir cet homme et je lui remettrai les deux cents autres dinars,
je m'excuserai auprès de lui au sujet de tout ce qui s'est passé ; je
ferai en sorte que moi, qui fais des vœux pour toi, je me présente
ici avant la prière du matin. » Le vieillard lui dit : « Remets à cet
homme les cinq cents dinars et prends tes mesures pour ne point
lui manquer de parole et pour lui compter le complément de la
somme. — J'agirai ainsi, dit l'émir. » Il me remit les cinq cents
dinars, baisa une seconde fois la main du tailleur et s'en alla.
Quant à moi, l'étonnement et la joie m'avaient fait perdre la tête.
J'allongeai la main, je saisis une balance, pesai cent dinars et les
posai devant le vieux tailleur. « C'est avec la joie la plus vive, lui
dis-je, que je prélève cent dinars sur cette somme ; grâce à tes
bénédictions, je l'ai recouvrée tout entière, et c'est le cœur content que je te fais cadeau de ces cent dinars. » Le visage du vieux
tailleur se renfrogna, l'indignation le fit rougir. « Aujourd'hui,
me dit-il, qu'un musulman retrouve le calme et est délivré d'inquiétude, il me fait goûter à moi aussi le repos de l'esprit. Si, de
cette somme, j'acceptais, à titre de gain légitime, le poids d'un
grain d'orge, j'agirais à ton égard d'une manière plus tyrannique encore que ce Turc. Lève-toi et va-t'en en toute sécurité
avec cet or que tu viens de retrouver. Si, demain, tu n'as pas reçu
les deux cents dinars, fais-le-moi savoir et désormais, lorsque
tu feras des affaires, apprends d'abord à connaître celui avec
qui tu vas t'associer. » Malgré toutes mes instances, le vieillard
ne voulut rien accepter. Je me levai, je rentrai chez moi tout
joyeux et pendant la nuit, je goûtai le sommeil, l'esprit délivré de toute inquiétude. Le lendemain, j'étais chez moi, lorsque à l'heure du premier repas, un serviteur de l'émir vint me
chercher : « L'émir, me dit-il, te prie de te déranger pendant

une heure. » Je me rendis à sa demeure. A ma vue, l'émir
se leva, me témoigna les plus grands égards et me fit asseoir à
la place d'honneur. Son intendant fut par lui accablé d'injures et
accusé de négligence, puis s'adressant à son trésorier : « Apporte, lui dit-il, une bourse pleine d'or et une balance. » Il pesa
les deux cents dinars et me les donna. Je les pris de ses mains,
le remerciai et me levai pour m'en aller. « Reste assis pendant
quelque temps encore, me dit l'émir. » On apporta un plateau couvert de mets et, à la fin du repas, l'émir dit quelques mots à
l'oreille d'un eunuque qui s'éloigna et revint aussitôt. Celui-ci me
revêtit d'un costume de satin de grand prix et plaça sur ma tête
un turban d'une fine étoffe de lin entremêlée de fils d'or. « Es-
tu satisfait de moi, me dit l'émir, et ton cœur est-il pur de toute
rancune? — Certainement, lui répondis-je. — Rends-moi alors
mon obligation et va trouver le vieux tailleur pour lui dire : J'ai
recouvré ce qui m'était légitimement dû. J'ai eu toute satisfaction
de l'émir et je le tiens quitte. — Je le ferai d'autant mieux, répartit le marchand, que le tailleur lui-même m'a recommandé
hier de l'aller voir le jour suivant. » Je me levai, sortis de la
maison de l'émir et me rendis auprès du vieux tailleur auquel je
fis part de ce qui s'était passé. « Accepte maintenant, lui dis-je,
deux cents dinars. » Il les refusa malgré toute mon insistance.
Je pris congé de lui et me rendis à ma boutique. Le lendemain
je fis rôtir un petit agneau et quelques volailles et je les portai
à ce vieillard, avec un plat de helva et des gâteaux au beurre.
« O cheikh, lui dis-je, si tu refuses l'or, accepte au moins en
présent ces quelques plats; je les ai payés avec de l'argent provenant d'un gain légitime que j'ai réalisé ; mon cœur sera
ainsi comblé de joie. — J'y consens, me répondit-il » ; il allongea
la main, mangea de quelques mets, puis il rendit grâce à Dieu
et donna le reste à ses apprentis. « J'ai une question à t'adresser, dis-je alors à ce vieillard, si tu m'y autorises, je te la poserai.
— Parle, me dit-il. — Je repris : Tous les grands et tous les

émirs ont inutilement parlé en ma faveur à cet émir. Pourquoi
a-t-il favorablement accueilli ton message et a-t-il exécuté immédiatement ce que tu lui as commandé? D'où vient la considération particulière qu'il professe pour toi? — Tu ne sais donc
pas, me demanda le vieux tailleur, ce qui s'est passé entre moi
et le prince des croyants? — Je l'ignore, répondis-je. — Écoute
donc ce que je vais te raconter : Sache, me dit-il, que depuis
trente ans, j'appelle du haut de ce minaret les fidèles à la prière
et le métier de tailleur assure ma subsistance ; jamais je n'ai
goûté au vin, jamais je n'ai commis d'adultère ni de péché
contre nature. Le palais d'un émir se trouve dans cette rue ; un
jour, après avoir fait la prière de l'après-midi, je sortais de la
mosquée et regagnais ma boutique lorsque je vis venir cet émir
en état d'ivresse ; il avait saisi le voile d'une jeune femme qu'il
entraînait de force. Celle-ci poussait des cris : O musulmans,
disait-elle, venez à mon secours ; je ne suis point une femme
perdue, je suis la fille d'un tel et la femme d'un tel : tout le
monde sait que je suis une femme chaste et vertueuse. Ce Turc
m'entraîne en usant de violence et en m'accablant d'injures gros-
sières pour abuser de moi. Mon mari a juré par le divorce, que
si je faisais une absence, je devrai quitter la maison. Cette femme
sanglotait et personne ne venait à son aide parce que ce Turc
était doué d'une extrême vigueur. Je me mis à crier, mais inutilement, car l'émir entraîna cette femme chez lui. Cet acte de
brutalité surexcita mon zèle religieux. La patience m'échappa,
je rassemblai les gens notables du quartier et tous, nous allâmes
de compagnie à la porte de la demeure de l'émir ; nous fîmes
une démonstration pacifique et nous nous mîmes à crier : L'islamisme n'existe plus, car à Bagdad, non loin du trône du khalife,
on enlève de force dans la rue, et en l'accablant de propos gros-
siers, une femme que l'on oblige à entrer dans une maison
pour la déshonorer. Remettez-nous la, sinon nous nous ren-
drons à l'instant même au palais de Moutacim et nous lui ferons

entendre nos doléances. A nos cris, le Turc sortit de chez lui,
accompagné de ses esclaves qui nous battirent vigoureusement
et nous cassèrent bras et jambes.

« Nous nous enfuîmes et nous nous dispersâmes. C'était à
l'heure de la prière du soir ; nous nous en acquittâmes et chacun
de nous alla se coucher. L'excitation et l'indignation m'avaient
ravi pendant quelque temps le sommeil. La moitié de la nuit
s'était passée et je faisais réflexion que si un acte coupable devait avoir lieu, il était déjà commis, et si l'on n'avait pu s'y livrer,
le cas était encore déplorable, puisque le mari avait juré de di-
vorcer, si sa femme s'absentait de chez lui. J'avais entendu dire
que les gens qui s'adonnent au vin, s'endorment lorsque l'ivresse
les saisit et qu'ils ignorent, lorsqu'elle s'est dissipée, combien
de temps s'est écoulé de la nuit. Voici, me dis-je, l'expédient
auquel je vais m'arrêter ; je monterai sur le minaret, je ferai entendre l'appel à la prière et lorsqu'il parviendra aux oreilles de
ce Turc, il s'imaginera qu'il fait jour ; il congédiera cette femme,
la renverra de chez lui, et elle devra nécessairement passer devant la porte de la mosquée. Après avoir appelé à la prière, je
descendrai rapidement du minaret, je me placerai devant la
porte de la mosquée et lorsque cette femme viendra à y passer,
je l'accompagnerai à la demeure de son mari, afin qu'elle ne
soit point maltraitée par lui. J'agis donc ainsi ; je montai au
haut du minaret et je fis l'appel à la prière. Le khalife Moutacim,
qui était éveillé, entendit cet appel intempestif et entra dans
une violente colère : Celui qui appelle à la prière au milieu de
la nuit, s'écria-t-il, ne peut être qu'un perturbateur du repos
public. Quiconque entendra cet ezan supposera qu'il fait jour ; il
sortira de sa demeure, sera saisi par le guet et exposé à des désagréments. Il donna l'ordre à un eunuque d'aller dire au concierge
de la porte du palais : Je veux que tu partes à l'instant même
et que tu amènes ici ce muezzin. — Je me tenais à la porte de la
mosquée, attendant que la femme vînt à passer, lorsque je vis

arriver le concierge de la porte du palais, accompagné de gens
portant des falots. En me voyant sur le pas de la porte de la
mosquée : Est-ce toi, me dit-il, qui viens de faire l'appel à la
prière? — Oui, lui répondis-je. — Pourquoi, ajouta-t-il, as-tu fait
cet appel en dehors du temps canonique : le prince des croyants
en est fort mécontent et il est outré contre toi : il m'a envoyé te
chercher pour t'infliger le châtiment que tu mérites?—Toutes les
créatures, répondis-je, doivent, dans ce monde, exécuter les ordres du khalife, mais c'est un malfaiteur qui m'a contraint de faire
à contre temps cet appel à la prière. — Quel est ce malfaiteur?
me demanda-t-il. — Il s'est passé, répondis-je, un événement que
je ne puis faire connaître qu'au prince des croyants. J'ai fait cet
appel à la prière de propos délibéré; je suis prêt à subir le châtiment que j'aurai mérité et qu'il plaira au khalife de m'infliger.
— Viens avec moi à la porte du palais, me dit-il. Lorsque nous
arrivâmes, nous trouvâmes l'eunuque qui nous attendait. Le
concierge lui raconta tout ce que je lui avais dit. L'eunuque
s'éloigna pour aller le rapporter au khalife Moutacim. Va, lui dit
ce prince et amène-moi cet homme. Je fus conduit en présence
du prince des croyants qui me dit : Pourquoi as-tu fait d'une manière intempestive un appel à la prière? Je lui racontai ce qui
s'était passé et, après m'avoir entendu, il dit à l'eunuque de
donner ordre au concierge du palais de prendre cent hommes
avec lui, de se rendre à l'hôtel de tel émir et de l'amener. Il devait aussi faire sortir la femme de chez lui, la conduire à sa demeure, faire appeler son mari à la porte et lui dire : Moutacim
te salue et intercède auprès de toi en faveur de cette femme.
Que l'on amène cet émir, ajouta le khalife, et quant à toi, me
dit-il, reste encore ici pendant quelque temps. Au bout d'une
heure, l'émir fut amené en présence de Moutacim. En le voyant,
le khalife l'apostropha en ces termes : O toi qui es ainsi et ainsi,
quelles sont les marques de froideur pour la religion de l'islam
que tu as remarquées en moi? Quel dommage l'islamisme

a-t-il éprouvé pendant mon règne? Ne suis-je pas celui qui, pour l'amour des musulmans, a été le captif des Grecs et qui, revenu à Bagdad, a mis en fuite l'armée de Byzance, a vaincu l'empereur, et pendant six ans, a ravagé ses États? N'ai-je point porté la désolation jusqu'à Constantinople? N'ai-je point tout livré aux flammes? n'ai-je point fait bâtir à Constantinople un oratoire et une mosquée-cathédrale? N'ai-je pas rendu à la liberté des milliers de prisonniers que les Grecs retenaient dans les fers? Ne suis-je pas revenu triomphant de ces expéditions? Aujourd'hui, grâce à mon esprit de justice et à la crainte que j'inspire, le loup et la brebis se désaltèrent au même ruisseau. Et toi, comment as-tu eu l'audace d'user de violence pour entraîner une femme et abuser d'elle? Que l'on apporte un sac, s'écria le khalife. On le ferma solidement après avoir introduit l'émir. Le khalife fit ensuite apporter des bâtons à battre le plâtre et on en frappa l'émir jusqu'à ce qu'il fût anéanti. Puis, on dit au khalife : O prince des croyants, ses os sont réduits en miettes! L'ordre fut alors donné de jeter le sac dans le Tigre. Le khalife me dit ensuite : Sache, ô cheikh, que celui qui n'a pas la crainte de Dieu se conduit toujours de façon à être puni dans ce monde et dans l'autre. Cet homme, pour avoir commis une action dont il devait se garder, a été châtié comme il le méritait. Je t'enjoins, lorsque tu auras connaissance d'un acte arbitraire ou d'une injustice, ou bien d'une infraction à la loi religieuse, de faire un appel à la prière hors du temps prescrit; lorsque je l'entendrai, je t'appellerai et t'interrogerai sur ce qui sera survenu et je ferai subir au coupable, quand bien même il serait un de mes enfants ou un de mes frères, le châtiment que j'ai infligé à ce chien. Le khalife me congédia ensuite après m'avoir fait donner une gratification. Tous les dignitaires et tous les officiers savent ce qui s'est passé. Ce n'est pas par considération pour moi que cet émir t'a rendu ton argent, mais bien par crainte d'être roué de coups de bâton à battre le plâtre et jeté

6

dans le Tigre. Si j'avais appelé à la prière d'une manière intempestive, il aurait eu le sort de ce Turc dont je viens de parler. »

On compte un grand nombre de pareilles anecdotes ; je n'ai
rapporté celle-ci que pour faire connaître au roi du monde la
manière dont se sont comportés les souverains, comment ils
ont protégé la brebis contre le loup, comment ils ont su se garder des fauteurs d'intrigues et quelles forces ils ont données à
la religion, objet de leur respect et de leur vénération.

CHAPITRE VIII

*Des investigations qui doivent être faites, des renseignements qui
doivent être recueillis au sujet de l'exercice du culte, de l'application de la loi religieuse et des matières qui s'y rattachent.*

Le souverain est tenu de s'enquérir de tout ce qui a trait à la
religion, aux obligations qu'elle impose et à la tradition. Il doit
observer et exécuter les ordres du Dieu très haut et s'y conformer dans ses actions, témoigner du respect aux docteurs de la
loi et faire assurer, par le trésor public, leurs moyens de subsistance. Il est tenu, en outre, d'avoir de la considération pour
les gens qui se livrent aux pratiques de la dévotion et pour les
personnes vertueuses et il doit les honorer. Il est indispensable
qu'une ou deux fois par semaine, il admette auprès de lui les
docteurs de la loi ; il écoutera ce qu'ils lui expliqueront au sujet
des commandements de Dieu ; il sera attentif aux commentaires
du Qoran, aux traditions du Prophète et à l'histoire des princes
qui ont été guidés par l'esprit de justice. Alors il bannira de
son cœur toutes les affaires mondaines et ses oreilles et son
esprit seront tournés vers ces docteurs. Il leur ordonnera de se
séparer en deux partis et leur enjoindra d'entamer une discus-

sion religieuse. Le prince devra poser des questions sur les
sujets qu'il ignore et lorsqu'il aura été édifié par les réponses,
il les gardera dans sa mémoire. Au bout de quelque temps,
ces réunions deviendront une habitude régulière et il ne se
passera pas longtemps sans que le prince n'acquière la connaissance de la plus grande partie des prescriptions religieuses, des commentaires du Qoran et des traditions du Prophète et qu'il ne les fixe dans sa mémoire. La voie à suivre pour
l'expédition des affaires temporelles et spirituelles s'ouvrira devant lui : il saura les réponses qu'il devra faire et les mesures
qu'il devra prendre à leur sujet. Aucun hérésiarque, aucun no-
vateur ne pourra le détourner du droit chemin ; il jouira d'un
jugement solide et tous ses ordres auront pour bases la justice
et l'équité. Les mauvaises passions et les innovations religieuses
disparaîtront de son royaume, de grandes actions seront accomplies par lui et, sous son règne, les causes d'iniquité, d'intrigues et de discorde seront supprimées. L'autorité des gens de
bien sera affermie et on ne verra plus surgir de troubles. Le roi
jouira d'un bon renom dans ce monde : il sera, dans l'autre,
assuré de son salut; il y obtiendra un rang élevé et y recevra des
récompenses que l'on ne saurait énumérer. On verra sous son
règne un grand nombre de personnes avoir un goût plus vif
pour l'étude des sciences (religieuses).

Tradition.—Le fils d'Omar, que Dieu soit satisfait de lui! rapporte que le Prophète, sur qui soit la paix! a dit : Ceux qui
auront pratiqué la justice, auront dans le paradis des demeures
formées d'une lumière éclatante. Ils y seront avec leurs parents
et avec les personnes qui auront été placées sous leurs ordres.
La meilleure chose qu'il est indispensable au roi de posséder est
une saine doctrine religieuse, car le pouvoir royal et la religion
sont comme deux frères. Toutes les fois que des perturbations
éclatent dans l'État, la religion aussi est sujette à être troublée et
les impies et les gens de désordre se montrent au grand jour;

dans toutes les circonstances où la religion est attaquée, le gouvernement de l'État subit les mêmes atteintes : les intrigants prennent de la force et détruisent le prestige du prince dont ils déchirent le cœur, les innovations dangereuses se manifestent au grand jour et les hérétiques font appel à la violence. Soufian Thaury[1] affirme que le meilleur des princes est celui qui fréquente assidûment les gens de science, et que le plus mauvais des docteurs est celui qui vit dans la société des princes. Le sage Loqman a dit : Il n'y a pas dans ce monde de meilleur ami pour l'homme que la science; elle est préférable à un trésor, car tu dois veiller sur ton trésor et la science veille sur toi. Hassan Baçry[2] a dit : Le savant n'est pas celui qui possède le mieux l'arabe et connaît le plus grand nombre d'expressions élégantes et de mots de cette langue. Le savant est celui qui a étudié toutes les sciences, quelle que soit la langue qu'il parle. Si quelqu'un connaît toutes les prescriptions de la loi religieuse et les commentaires du Qoran, soit en turc, soit en persan, soit en grec, celui-là est un savant, bien qu'il ignore l'arabe. Il vaudrait mieux cependant qu'il le possédât, car Dieu nous a envoyé le Qoran rédigé en cette langue et elle était parlée par Mohammed Moustafa, sur qui soient les bénédictions et la paix de Dieu !

Mais lorsque le roi, qui est le reflet de la majesté céleste, exercera le pouvoir et qu'il aura pour lui l'aide de la science, il jouira

---

1. Abou Abdallah Sofian Eth-Thaury, un des docteurs les plus vénérés de l'islamisme, était surtout versé dans la science des traditions. Il naquit à Koufah en 95 (713-714) et mourut, sans postérité, à Basrah l'an 161 (777-778). Cf. Ibn Khallikan, trad. de M. de Slane, tome I, pp. 376-378, et les *Prairies d'or*, trad. de M. Barbier de Meynard, t. VI, p. 257-258.

2. Abou Saïd Hassan Baçry était le fils d'Aboul Hassan Yessar, esclave affranchi de Zeyd ibn Thabit el-Ansary ; sa mère avait été esclave de Oumm Selamèh, une des femmes du Prophète. Hassan Baçry, un des *tabis* les plus éminents, avait recueilli un grand nombre de traditions. Il connaissait à fond toutes les sciences et se faisait remarquer par sa dévotion et sa crainte de Dieu. Hassan Baçry naquit à Médine, deux ans avant la mort du khalife Omar et il mourut à Basrah le 1er redjeb 110 (octobre 728). Cf. Ibn Khallikan, tome I, pp. 370-372.

du bonheur, dans ce bas monde et dans l'autre, parce que toutes ses actions seront basées sur la connaissance des lois divines et qu'il ne fera aucune concession à l'ignorance. Voyez combien a été grande, dans ce monde, la réputation des princes qui ont cultivé la science et quelles grandes actions ils ont accomplies! Leurs noms seront bénis jusqu'au jour de la résurrection. Tels sont ceux de Féridoun, d'Iskender, d'Ardechir, de Nouchirevan le Juste, du prince des croyants Omar, que Dieu soit satisfait de lui! d'Omar fils d'Abd el-Aziz, que Dieu illumine son tombeau! de Haroun, de Mamoun, de Moutacim, d'Ismayl fils d'Ahmed le Samanide, de Sultan Mahmoud, que Dieu les reçoive tous dans sa miséricorde! Les faits et gestes de chacun d'eux sont devant les yeux de tous. Les chroniques et les livres que l'on a publiés à leur sujet sont lus par tout le monde; on entonne leurs louanges et on prie pour eux.

Anecdote. — On rapporte que, sous le règne d'Omar fils d'Abd el-Aziz, le peuple fut réduit à la dernière misère à la suite d'une disette. Une tribu d'Arabes vint trouver ce prince pour lui faire ses doléances. « O prince des croyants, lui dirent ces gens, pendant cette disette nous avons dévoré notre chair et bu notre sang, c'est-à-dire que notre maigreur est devenue extrême et que notre teint a jauni par suite de la privation de nourriture. Ce qui est nécessaire à notre soulagement se trouve dans ton trésor. Mais ce trésor est-il ta propriété ou appartient-il au Dieu très haut, ou aux serviteurs de Dieu? S'il appartient à ceux-ci, il est notre bien ; s'il est à Dieu, Dieu n'en a nul besoin ; s'il est à toi, fais-nous en l'aumône, car Dieu récompense ceux qui sont généreux dans leurs largesses et nous serons délivrés de cette calamité, car notre peau s'est desséchée sur notre corps ». Omar fils d'Abd el-Aziz fut profondément ému ; ses yeux se remplirent de larmes. « Je ferai, leur dit-il, ce que vous m'avez demandé » et il ordonna de leur remettre sur-le-champ ce qui pouvait les contenter et satisfaire leurs désirs. Lorsque ces Arabes se levèrent pour s'en aller, Omar fils d'Abd el-Aziz leur dit : « O hommes, où allez-vous? De même que vous m'avez parlé, parlez de moi à Dieu, c'est-à-dire priez-le pour moi ». Ces Arabes tournèrent leur visage vers le ciel et s'écrièrent : « Seigneur, nous t'adjurons par ta majesté, fais pour Omar fils d'Abd el-Aziz ce qu'il a fait pour nous! » A peine avaient-ils achevé de parler que des nuages s'amassèrent et la pluie se mit à tomber. Un grêlon tomba sur une tuile du palais d'Omar fils d'Abd el-Aziz et en fit sortir un papier. On l'examina et on y vit ces mots écrits : « Ceci est une patente (*bérat*) adressée par Dieu à Omar fils d'Abd el-Aziz : elle est destinée à le préserver du feu de l'enfer [1] ». Il y a sur ce sujet un grand nombre d'histoires : ce que je viens de rapporter est suffisant.

CHAPITRE IX

Des inspecteurs et de leurs moyens de subsistance.

On confiera les fonctions d'inspecteur à une personne inspirant une confiance absolue. L'inspecteur devra être au courant

---

1. Cette anecdote se trouve aussi dans le *Nassihat oul-Moulouk*, où elle est rapportée en ces termes :

وقع فى عهد عمر ابن عبد العزيز خط فوفد عليه وفد من العرب واختاروا رجلاً منهم لخطابه فقال الرجل يا امير المومنين انا اتيناك من ضرورة عظيمة وقد يبست جلودنا على اجسادنا لفقد الطعام وراحتنا فى بيت المال وهذا المال لا يخلو من ثلثة اقسام اما ان يكون لله تعالى او لعباده او لك فان كان لله فان الله غنى عنه وان كان لعباده فاعطهم اياهم وان كان لك فتصدق علينا ان الله يجزى المتصدقين فتغرغرت عينا عمر بالدموع وقال هو كما ذكرت وامر ان تقضى حوائجهم من بيت المال فيم الاعرابى بالخروج فقال له عمر ايها الانسان الحر كما اوصلت الى حوائج عباد الله واسمعنى كلامهم فاوصل كلامى وارفع حاجتى الى الله تعالى فحول الاعرابى وجهه الى السما' وقال آلهى بعزتك وجلالك اصنع مع عمر بن عبد العزيز كصنعه فى عبادك اذا انتم دعاوه حتى ارتفع غيم فامطر مطراً غزيراً وجاء' فى المطر بردة كبيرة فوقعت على آجرة وانكسرت فخرج منها كاغذ مكتوب هذه برآءة من الله العزيز الغفار لعمر بن عبد العزيز من النار

de tout ce qui se passe à la cour et il devra le faire savoir, au moment où il le voudra et lorsqu'il le jugera nécessaire. L'inspecteur enverra, de son autorité privée, dans chaque ville et dans chaque district, un délégué ayant un jugement solide et une parfaite intégrité ; celui-ci lui fera connaître tout ce qui se passe, quelle qu'en soit l'importance. Il ne faut pas que les appointements ou le salaire de ces fonctionnaires soient prélevés sur le peuple et qu'il en résulte une charge pour lui. Le trésor public devra subvenir à leurs besoins, afin qu'ils ne commettent aucun acte de concussion ou n'acceptent pas de présents corrupteurs. Les avantages que procurera la droiture de leur conduite dépasseront dix fois et cent fois la valeur des sommes qui leur seront justement attribuées.

CHAPITRE X

Des agents de police et des mesures à prendre pour le bien de l'État.

Prendre des informations sur ses sujets et sur ses soldats, sur ce qui se passe près ou loin de lui et connaître de toute affaire qui survient, petite ou grande, est chose indispensable au souverain. S'il ne le fait pas, ce sera pour lui une honte et une preuve de sa négligence et de son défaut de justice. On dira : « De deux choses l'une, ou le roi connaît, ou il ne connaît pas les désordres et les exactions qui ont lieu dans le royaume. S'il en a été informé et n'a tenté aucun effort pour les faire disparaître, il est semblable aux oppresseurs, et il approuve la tyrannie ; s'il ne sait pas ce qui se passe, il fait preuve d'incurie et d'ignorance. » Dans les deux cas, le jugement est également défavorable pour lui. Aussi la création d'un maître des postes est-elle absolument nécessaire. Au temps du paga-

nisme et pendant le règne de l'islamisme, les souverains recevaient de ce fonctionnaire des nouvelles fraîches, et ils étaient
ainsi renseignés sur les événements heureux ou malheureux qui
venaient à se produire. Si un individu s'emparait violemment
d'un sac de paille ou d'une poule, le souverain en était instruit,
même lorsqu'il se trouvait à la distance de cinq cents parasanges,
et il punissait le délinquant. Tout le monde savait ainsi que
le souverain veillait. Des gens au courant de toutes les nouvelles, tenant en respect les oppresseurs, étaient préposés
en tous lieux. Les sujets vivaient en paix et travaillaient, à
l'ombre de la justice du souverain, à gagner leur vie et à augmenter la prospérité générale. Toutefois, cette surveillance est
délicate et sujette à donner des embarras et des soucis. Elle
devra être remplie par des hommes d'expérience, éloquents et
versés dans l'art de la rédaction, sur le compte desquels il n'y
aura aucune mauvaise opinion, et qui laisseront de côté leurs
ressentiments personnels, car la tranquillité comme le désordre du pays dépendent d'eux. Ils ne relèveront que du souverain et de personne autre; leurs appointements et leur
salaire mensuel leur seront payés comptant par le trésor, afin que,
le cœur satisfait, ils fassent part au souverain de tous les événements et que celui-ci connaisse tous les faits nouveaux. Le roi devra leur faire parvenir sans retard les récompenses, les reproches
ou les félicitations; s'il agit de la sorte, les sujets s'empresseront
d'obéir et craindront sa colère. Qui donc, alors, aurait le courage de se révolter ou de nourrir de mauvaises pensées contre
son pouvoir? L'envoi d'agents de police et d'espions est, de la
part du prince, l'indice d'un esprit juste, vigilant et sagace; en
se conduisant comme je viens de l'indiquer, il rendra son
royaume florissant.

    Anecdote. — Lorsque le sultan Mahmoud s'empara de l'Iraq[1],

---

1. Sultan Mahmoud fit la conquête de l'Iraq en l'année 420 (1029).

il arriva qu'une femme, qui se trouvait avec une caravane au caravansérail de Deïr-Guetchin [1], se vit enlever tous ses effets par des brigands du pays des Koudjs et des Beloudjs, qui est voisin du Kerman [2]. Elle alla exposer sa plainte au sultan. « Des brigands, dit-elle, m'ont volé mes effets au caravansérail de Deïr-Guetchin, reprends-les, ou donne-m'en la valeur. — Où se trouve Deïr-Guetchin, demanda Mahmoud? — Ne conquiers de pays, répondit cette femme, qu'autant que tu en pourras retenir les noms, les administrer et y faire régner la justice. — Tu as raison, dit Mahmoud, mais sais-tu de quel pays étaient ces voleurs et d'où ils venaient? — Ils sont du pays des Koudjs et des Beloudjs, non loin du Kerman, dit la femme. — Cette contrée est

1. Deïr-Guetchin, appelé en arabe Deïr-el-Djess, était un caravansérail construit, comme son nom l'indique, en briques et en chaux. Il était situé dans le désert qui s'étend le long des districts de Kachan et de Qoum, sur la route de Rey à Ispahan. Il était occupé par un détachement de soldats du sultan, et servait de station pour les passants. Il n'y avait là ni plantes ni arbres, mais seulement un puits d'une eau saumâtre qui n'était pas potable. L'eau de pluie était recueillie dans deux bassins, en dehors du caravansérail entouré de tous côtés par le désert. Tous les géographes arabes parlent des brigands qui infestaient ces parages.

Istakhry, éd. de Goeje, pp. 230-231; Ibn Hauqal, pp. 290, 291; Mouqadessy, pp. 490-491-493.

2. Les Koudjs et les Beloudjs sont désignés par les géographes arabes sous le nom de Qoufs et Belous. « Les Koudjs étaient établis dans la contrée montagneuse bornée au sud par le golfe Persique, à l'est par El-Akhras et les pays qui séparent le pays des Koudjs du Mokran, à l'ouest par les montagnes des Beloudjs et le territoire d'Hormuz. Ces âpres montagnes, dit El-Bechary, abritent des tribus nommées Qoufs qui sortent d'une autre montagne, située dans le Kerman, leur patrie. Ce sont des hommes barbares, d'un extérieur farouche et d'une excessive cruauté. Ils ne reconnaissent pas de maître et vivent de rapines; non contents de piller les caravanes, ils tuent les voyageurs; ils posent la tête de leurs prisonniers sur une large dalle et l'écrasent à coups de pierre, comme on écrase les serpents... Les Beloudjs étaient autrefois les plus redoutables de ces brigands, mais Adhed-Eddaulèh les poursuivit vigoureusement et les détruisit. Il tua aussi un grand nombre de Qoufs et les dispersa... Ils se disent musulmans, mais ils sont plus acharnés contre les musulmans que les Grecs ou les Turcs... Un négociant m'a assuré que ces bandits regardent leur butin comme très légitime et qu'ils prétendent avoir des droits réels sur les marchandises, attendu qu'elles ne payent pas la dîme. » *Dictionnaire géographique de la Perse*, pp. 452-455.

loin d'ici, lui fit observer Mahmoud ; elle est hors de mes États,
je ne puis rien contre ces gens-là. — Comment songes-tu à
gouverner le monde, répliqua la femme, toi qui es incapable
d'administrer tes propres possessions ; quel berger es-tu, toi qui
ne peux défendre la brebis contre le loup ! Qu'allons-nous faire,
moi, qui suis faible et seule, et toi, qui es puissant et qui as une
armée ? » Les larmes vinrent aux yeux de Mahmoud. « Tu as
raison, lui dit-il, je m'efforcerai de te rendre ton bien, et je ferai
pour cela tout ce qui sera en mon pouvoir. » Il donna l'ordre au
trésor de lui donner une somme en or ; puis il écrivit à Abou
Elias ¹, gouverneur militaire du Kerman, la lettre suivante :
« Mon désir, en venant dans l'Iraq, n'était point de m'en emparer,
car j'étais toujours occupé de mes expéditions dans l'Indoustan ;
mais un nombre considérable de lettres me sont parvenues successivement ; elles m'ont appris que les Deïlemites se livrent
ouvertement dans l'Iraq à des actes d'oppression, de violence et
d'hérésie ; ils établissent des embuscades sur les routes et en-
traînent chez eux les femmes et les enfants des musulmans pour
en abuser ; ils les détiennent tant qu'il leur plaît et leur rendent·
la liberté selon leur bon plaisir. Ils flétrissent du nom d'adultère
la loyale Aïcha, que Dieu soit satisfait d'elle ! ils injurient les
compagnons du Prophète, que la paix soit avec lui ! les feudataires exigent des populations deux ou trois fois dans la même
année le paiement de l'impôt ; ils le leur extorquent et agissent
tyranniquement pour satisfaire tous leurs désirs ; il y a là un souverain, du nom de Medjd Eddaulèh, qui a consenti à ce qu'on l'ap-

---

1. Il faut lire, au lieu de Abou Elias, Abou Aly fils d'Elias. Il a été question,
p. 66, de ce personnage qui fut gouverneur du Kerman. La mention qu'en fait
ici Nizam oul-Moulk est inexacte, car Abou Aly fils d'Elias avait abandonné le
Kerman, soixante ans environ avant la conquête de l'Iraq par Sultan Mahmoud.
Trois personnages de la famille d'Elias ont gouverné héréditairement le Kerman
sous la suzeraineté des Samanides, depuis l'année 317 (930) jusqu'en l'année
359 (970) : ce sont Abou Aly Mohammed bin Elias, Elissa et Suleyman. Ce dernier
fit une expédition contre les Koudjs et massacra la plupart de ces brigands.

pelât Chahinchâh (roi des rois)[1]. Il a épousé neuf femmes en légitime mariage ; les habitants, dans les villes comme dans les campagnes, professent ouvertement les hérésies des Zendiques et des Bathiniens, tiennent des discours abominables sur Dieu et sur son Prophète, et contestent en public l'existence du Créateur. Ils nient qu'il soit nécessaire de prier, de jeûner, d'accomplir le pèlerinage et de payer la dîme. On m'a dit aussi que les feudataires ne sévissent pas contre eux, et personne n'ose leur dire : Pourquoi insultez-vous les compagnons du Prophète et pourquoi commettez-vous ces violences et ces iniquités? les deux sectes sont mutuellement complices l'une de l'autre. — Lorsque ces faits m'ont été connus dans toute leur vérité, j'ai préféré renoncer à une expédition dans l'Inde et m'occuper de cette importante affaire ; j'ai pris le chemin de l'Iraq et j'ai envoyé contre les

1. Medjd Eddaulèh Abou Thalib Rustem, fils de Fakhr Eddaulèh, succéda en 387 (997) à son père. Il était âgé de quatre ans et il demeura sous la tutelle de sa mère qui administra ses États, avec le concours du vizir Abou Tahir et d'Aboul Abbas Ezzaby. Cette princesse, mécontente de la conduite de Medjd Eddaulèh, fit venir de Hamadan son frère Chems Eddaulèh auquel elle confia le pouvoir. Au bout d'un an, elle rappela Medjd Eddaulèh et gouverna jusqu'à sa mort. Des désordres ayant éclaté dans l'Iraq, le sultan Mahmoud en profita pour pénétrer dans cette province et s'emparer de Qazbin, de Savèh, d'Abèh et de Rey. Il trouva dans cette dernière ville, capitale des Bouides, un million en argent monnayé, des pierreries pour la valeur de cinq cent mille dinars et six mille pièces d'étoffes pour faire des vêtements. Sultan Mahmoud informa le khalife Qadir billah de la prise de Rey, par une lettre dans laquelle il lui disait qu'il avait trouvé, dans le harem de Medjd Eddaulèh, cinquante femmes de condition libre dont il avait eu plus de trente-deux enfants. Interrogé sur ce fait il répondit : Cette coutume est celle de ceux qui m'ont précédé. Ce prince s'adonnait à la lecture et se plaisait à transcrire des livres ; mais il avait des mœurs dissolues. Son règne avait duré trente-deux ans. Sultan Mahmoud auquel il s'était rendu l'envoya à Ghaznah. Le sultan Mahmoud fit mettre en croix un grand nombre de partisans de Medjd Eddaulèh qui professaient les doctrines des Bathiniens. Il exila les Motazelites dans le Khorassan et fit brûler les livres contenant les doctrines de la libre pensée, celles des différentes sectes des Motazelites et les ouvrages d'astrologie. Il s'empara de plus de cent charges de livres. Medjd Eddaulèh est le dernier prince de la dynastie des Bouides qui ait régné sur l'Iraq. Son fils Abou Kalindjar Fena Khosrau disparut, après avoir tenté, à la tête de quelques aventuriers, des coups de main malheureux.
Ibn el-Athir, *Kamil fittarikh*, t. IX, *passim*.

Zendiques, les Deïlemites et les Bathiniens une armée de Turcs
hanéfites, sincères musulmans, afin d'extirper l'hérésie jusqu'à
la racine. Les hérétiques ont été, ou passés au fil de l'épée, ou
chargés de chaînes et emprisonnés, le reste a été dispersé; j'ai
investi des charges et des emplois civils des gens du Khorassan,
ayant une croyance pure, et appartenant aux sectes hanéfite ou
chafiïte, ennemies des Kharedjys et des Bathiniens. Je n'ai pas
souffert qu'un seul commis, natif de l'Iraq, fît courir le qalem sur
le papier : je sais, en effet, qu'ils sont, pour la plupart, partisans
des fausses croyances et qu'ils embrouillent les affaires des
Turcs. Enfin, avec l'aide de Dieu, qu'il soit exalté et glorifié! j'ai
purifié le sol de l'Iraq des sectes impies. C'est Dieu, qu'il soit
honoré! qui m'a créé pour accomplir cette tâche et il m'a préposé
sur le peuple pour débarrasser la surface de la terre des pertur-
bateurs, protéger les gens de bien et assurer la prospérité du
monde par l'équité et la justice. Or, on m'apprend maintenant
qu'une bande de brigands des Koudjs et des Beloudjs a attaqué
le caravansérail de Deïr-Guetchin et pillé une grande quantité de
richesses. Je veux que tu t'empares de ces gens, que tu reprennes
leur butin, et que tu les pendes, ou les envoies les mains liées à
Rey, avec le produit de leurs rapines, afin qu'ils n'aient plus
l'audace de venir du Kerman dans mes États, pour tendre des
embuscades sur les routes. Si tu ne te conformes pas à mes
ordres, Soumnât n'est pas loin du Kerman, j'y enverrai une
armée et je ferai disparaître ces brigands du pays. »

Lorsque le courrier remit la lettre du sultan à Abou Elias,
celui-ci éprouva une frayeur extrême. Il combla le messager de
bons traitements, et envoya en présent à Mahmoud des pierres
précieuses de toutes sortes, des objets variés, produits de la
mer, et une bourse remplie d'or et d'argent; il écrivit au sultan
pour lui donner l'assurance de sa fidélité et de son obéissance;
mais il ajouta :

« Le sultan ne connaît ni la situation de son esclave, ni celle du Kerman, car je n'y tolère aucun désordre et les habitants sont des sunnites vertueux et ont une foi pure. Quant aux pays des Koudjs et des Beloudjs, ils sont séparés de nous par des fleuves et par des montagnes inaccessibles, les routes sont difficiles, et leurs gens m'ont causé les plus mortels soucis, car ce sont des voleurs et des fauteurs de désordres. Ils possèdent un espace de pays de deux cents parasanges de chemin sur lequel il n'y a aucune sécurité; ils y exercent le brigandage, et leur grand nombre me met dans l'impossibilité de leur résister. Le sultan seul est assez puissant pour porter remède aux maux dont ils sont la cause. Pour moi, j'ai ceint mes reins pour exécuter tout ce qu'il me commandera. »

Lorsque la réponse et les présents d'Abou Elias Aly parvinrent à Mahmoud, celui-ci reconnut l'exactitude de tout ce qui lui était mandé. Il donna un vêtement d'honneur à son messager et le renvoya avec ces paroles à l'adresse de l'émir :

« Rassemble l'armée du Kerman, parcours avec elle le pays, et rends-toi, au commencement de tel mois, à la frontière, du côté des Koudjs et des Beloudjs : tu t'y arrêteras; puis, lorsque mon envoyé te fera parvenir un signe convenu, lève le camp, pénètre dans leur pays, tue tous les jeunes gens qui tomberont entre tes mains, n'accorde aucune grâce, enlève aux femmes et aux vieillards tout ce qu'ils possèdent et envoie ici ce butin dont je ferai le partage entre ceux qu'ils ont dépouillés. Enfin, exige d'eux un traité et des engagements, et reviens sur tes pas. »

En même temps qu'il renvoyait le messager, le sultan fit faire un cri public, par lequel il engageait les commerçants ayant le projet de se rendre à Yezd et au Kerman, à terminer leurs affaires et à lier leurs ballots, car il était dans l'intention de leur fournir une escorte : il s'engageait, en outre, à rendre l'équivalent de leur perte à ceux que les brigands Koudjs auraient dévalisés.

Lorsque cette nouvelle se répandit, une foule innombrable de

marchands se rendirent à Rey. Mahmoud les fit partir, un jour déterminé, avec une escorte de cent cinquante cavaliers commandés par un émir, et il les rassura en leur disant qu'il envoyait des
troupes derrière eux. Avant de donner congé à l'escorte, il fit
appeler en particulier l'émir qui la commandait, et lui remit un
flacon d'un poison mortel en lui disant : « Quand tu seras arrivé
à Ispahan, tu y demeureras pendant dix jours, pour laisser aux
négociants qui se trouvent dans cette ville et qui voudront se
joindre à toi, le temps de terminer leurs affaires. Profite de ce
délai pour acheter dix charges de pommes d'Ispahan ; tu en
chargeras dix chameaux que tu placeras, au moment du départ,
parmi ceux des négociants ; puis, tu iras jusqu'à la station qui
n'est qu'à une journée de marche du lieu où se rencontrent les
voleurs. Pendant la nuit, tu feras porter dans ta tente les charges
de pommes, tu les répandras sur le sol et tu feras un trou dans
chacune d'elles, avec une grosse aiguille ; puis tu tailleras un
petit morceau de bois plus mince qu'une aiguille, tu le plongeras
dans la fiole de poison, et tu l'introduiras dans le trou fait à la
pomme. Elles seront, de la sorte, toutes empoisonnées. Tu les placeras ensuite dans des paniers à claire voie, entourées de coton,
et tu disperseras ensuite les chameaux qui les porteront au milieu
des autres. Tu lèveras ensuite le camp. Lorsque les brigands se
montreront et fondront sur la caravane, ne songe point à les
combattre, car ils seront nombreux, tandis que vous serez peu
de monde. Recule en arrière du convoi, jusqu'à la distance d'une
demi-parasange, attends-là un bon moment, puis reviens à l'attaque des voleurs. Je suis certain que la plupart d'entre eux aura
péri après avoir mangé les pommes ; sabre les autres et massacre
tous ceux que tu pourras atteindre. Quand tu en auras fini avec
eux, envoie à Abou Ali, avec chacun deux chevaux, dix cavaliers
qui lui porteront mon anneau, lui apprendront ce que vous aurez
fait des brigands et lui diront : Envahis avec ton armée tel pays,
maintenant qu'il ne s'y trouve plus d'hommes valides et que les

bandits et leurs chefs en ont disparu. En agissant de la sorte, tu accompliras l'ordre que je t'ai donné, et tu conduiras la caravane saine et sauve dans le Kerman; si tu opères alors la jonction avec Abou Ali, ce sera bien. » L'émir répondit : « Je suivrai vos ordres, et mon cœur me rend témoignage que l'affaire, grâce au bonheur attaché à la personne du prince, aura une heureuse issue et que cette route restera ouverte aux musulmans jusqu'au jour de la résurrection. » Puis il prit congé de Mahmoud, mit la caravane en route et la conduisit à Ispahan; il acheta là dix charges de pommes et se dirigea vers le Kerman.

Les voleurs avaient envoyé à Ispahan des espions qui leur avaient appris qu'une caravane comptant tant de bêtes de somme, tant de marchandises et tant de richesses que Dieu seul en connaissait le nombre, était en marche; que depuis mille ans on n'en avait vu de semblable, et qu'elle était accompagnée par une escorte de cent cinquante cavaliers turcs.

Transportés de joie à cette nouvelle, ils firent prévenir tous les brigands jeunes et pourvus d'armes, et les appelèrent auprès d'eux. Ils s'avancèrent sur la route, au nombre de quatre mille hommes bien armés, et s'y établirent pour attendre la caravane. Lorsque l'émir arriva avec elle à l'une des stations, les gardiens lui dirent : Il y a là-bas tant de milliers de bandits qui interceptent le passage, et qui vous guettent depuis tant de jours. Le chef demanda combien il y avait de parasanges entre la station et le lieu où ils se trouvaient. Cinq, lui répondit-on. A ces paroles, les gens de la caravane furent très émus. On campa en cet endroit. Au moment de la prière de l'après-midi, l'émir fit appeler tous les chefs des gardiens de bagages et des conducteurs, remonta leur courage et leur demanda : « Quelle est la chose la plus précieuse, de la vie ou de la richesse? — Tous répondirent : Que valent les richesses? la vie est bien plus précieuse. — Vous possédez les richesses, répliqua l'émir ; nous, nous sacrifierons pour vous notre vie sans regret; pourquoi prenez-vous tant de soucis

de biens qui vous seront remboursés en cas de perte? Du reste,
Mahmoud m'a confié le soin de toute cette affaire. Il n'est irrité
ni contre vous, ni contre moi; pourquoi donc nous enverrait-il à
la mort? Il songe à reprendre aux voleurs, pour le rendre à cette
femme ce qu'ils lui ont enlevé à Deïr-Guetchin. Pensez-vous
abandonner votre fortune à ces gens? Calmez les appréhensions
de votre cœur. Mahmoud ne vous oublie pas et m'a entretenu
de quelque chose à ce sujet. Demain, au lever du soleil, des gens
viendront nous rejoindre, et, s'il plaît à Dieu, l'affaire se terminera au gré de nos désirs. Mais il faut que vous exécutiez tout
ce que j'ordonnerai; votre salut est à cette condition. »

Tous s'écrièrent : Nous ferons ce que tu commanderas. L'é-
mir reprit : « Que tous ceux qui, parmi vous, possèdent des armes
et peuvent combattre, se présentent. Ils répondirent à cet
appel; le chef les compta, et, y compris sa cavalerie, il se trouva
à la tête de trois cent soixante-dix hommes, cavaliers et fantassins. Il leur dit : Cette nuit, quand nous nous mettrons en
marche; vous, cavaliers, vous formerez l'avant-garde, sous mon
commandement, et vous, fantassins, vous vous tiendrez à l'ar-
rière-garde. Ces voleurs ont, en effet, pour coutume de se jeter
sur le butin et de ne tuer que ceux qui leur résistent. Nous
arriverons à eux demain, au lever du soleil; quand ils attaque-
ront, je prendrai la fuite; à cette vue, vous battrez en retraite,
et pendant que je reviendrai les charger, vous mettrez entre
eux et vous la distance d'un demi-parasange. Je vous rejoindrai
alors, et nous demeurerons là quelque temps; puis nous revien-
drons en masse sur eux, et à ce moment vous verrez une chose
étonnante; car j'ai des ordres à ce sujet et je connais des secrets
que vous ignorez et qui demain vous seront dévoilés. Vous
reconnaîtrez alors, avec la véracité de mon dire, la sollicitude de
Mahmoud pour vous. » Tous répondirent : Nous agirons ainsi, et
ils se séparèrent.

La nuit venue, l'émir ouvrit les charges de pommes; il les

empoisonna, puis les replaça dans des paniers à claire-voie et pré-posa à la garde des chameaux dix hommes auxquels il dit : Lorsque je m'enfuirai, et que les voleurs, après nous avoir attaqués, pille-ront les ballots, vous ouvrirez les charges de pommes, vous déchi-rerez les sacs et les renverserez, ensuite vous vous sauverez. » Vers le milieu de la nuit, l'émir donna le signal du départ et tout le monde se mit en marche dans l'ordre qu'il avait indiqué. Le jour avait paru et le soleil était déjà haut sur l'horizon, quand les brigands surgirent de trois côtés à la fois et s'élancèrent sur la caravane, l'épée haute. L'émir fit deux ou trois charges, lança quelques flèches, puis tourna bride. A la vue des voleurs, les gens de pied s'étaient retirés en arrière ; il les rejoignit à une demi-parasange, et tous firent halte. Quand les pillards virent que l'escorte, d'ailleurs peu nombreuse, et les gens de la cara-vane avaient pris la fuite, ils ouvrirent les ballots et tout joyeux et pleins de sécurité, ils s'occupèrent de leur contenu. Arrivés aux charges de pommes, ils se jetèrent sur elles, les pillèrent complètement, et, dominés par leurs désirs et leur gourmandise, ils les emportèrent et les mangèrent après en avoir donné à ceux qui n'en avaient pas trouvé, si bien qu'il y eut peu de gens qui n'y goûtèrent pas. Au bout d'une heure, ils tombèrent morts, l'un après l'autre. Lorsque le jour fut encore plus avancé de deux heures, l'émir monta seul au sommet d'une éminence et jeta un coup d'œil sur la caravane : il vit la plaine couverte de gens qui semblaient endormis. Il redescendit et s'écria : Camarades, bonne nouvelle ! le secours du sultan est arrivé ; tous les brigands sont morts, pas un seul n'a survécu. Levez-vous, hommes au cœur de lion, hâtons-nous de tuer le reste ! Et, à la tête de sa cavalerie, il s'élança dans la direction de la caravane, tandis que l'infante-rie le suivait en courant. Arrivés à la caravane, ils virent la plaine couverte de cadavres, de boucliers, de sabres, de flèches, d'arcs et de javelots épars. Les bandits survivants s'enfuyaient. L'émir et les cavaliers les poursuivirent et les tuèrent jusqu'au

dernier, puis ils revinrent sur leurs pas. Il ne survécut pas un seul brigand qui pût aller porter dans son pays la nouvelle du désastre. L'émir ordonna de réunir les armes des morts et de les emporter; puis il conduisit la caravane à la station. Personne n'avait souffert le moindre dommage et tous éclataient de joie dans leur peau.

Il y avait dix parasanges du lieu où ils se trouvaient jusqu'au camp d'Abou Aly Elias. L'émir lui envoya en toute hâte dix ghoulams avec l'anneau du sultan et lui fit annoncer ce qui venait de se passer. Au reçu de l'anneau, Abou Aly Elias envahit le pays des Koudjs et des Beloudjs avec des troupes fraîches et bien équipées. L'émir fit sa jonction avec lui; ils tuèrent plus de dix mille hommes, prirent aux habitants des milliers de dinars, et firent main basse sur des quantités innombrables de meubles, de richesses, d'armes et de bêtes de somme qui furent envoyés au sultan par Abou Elias, sous la conduite de l'émir. Mahmoud fit alors une proclamation dont voici la teneur : « Que tous ceux, disait-il, auxquels les brigands de Koudj et de Beloudj ont volé quelque chose, jusqu'au jour où je suis venu dans l'Iraq, viennent me trouver : ils recevront de moi une indemnité. » Les réclamants se présentèrent et s'en retournèrent satisfaits. On ne cita plus un seul acte de brigandage commis par les Beloudjs dans les cinquante années qui suivirent[1]. Plus tard, Mahmoud préposa en tous lieux des agents de police, de sorte que, si dans le royaume quelqu'un s'appropriait injustement une poule ou donnait un coup de poing, la nouvelle en parvenait au souverain qui ordonnait une réparation.

Depuis les temps anciens tous les souverains ont observé cette règle, sauf ceux de la dynastie des Seldjoukides qui n'en ont pas tenu compte et ont fait peu de chose dans ce sens.

---

1. D'Herbelot a inséré dans sa *Bibliothèque orientale* (éd. de Paris, 1776, p. 546), dans l'article qu'il a consacré à Sultan Mahmoud, le récit du stratagème employé par ce prince pour détruire les Koudjs et les Beloudjs. Il l'avait emprunté au *Nigaristan* dont l'auteur l'avait, sans doute, tiré du *Siasset-Naméh*.

Anecdote. — « Pourquoi n'as-tu pas d'informateurs? demanda un jour Aboul Fadhl Seguezy [1] au sultan Alp Arslan, mort en confessant la foi? — Veux-tu donc jeter ma puissance au vent, lui répondit Alp Arslan, et détourner de moi mes partisans? — Comment cela? répartit Seguezy. — Quand j'aurai établi des informateurs, répliqua le sultan, aucun de ceux qui sont mes amis, qui possèdent mon affection, ma confiance et jouissent de mon intimité, n'auront pour eux aucune considération et ne leur feront pas de cadeaux [2]. Mes adversaires et mes ennemis se lieront d'amitié avec eux et leur feront des largesses : une fois qu'il en sera ainsi, l'agent me fera nécessairement parvenir des rapports défavorables sur mes amis et favorables pour mes ennemis. Il en est des bonnes et des mauvaises paroles comme des flèches; si tu en décoches un certain nombre, il y en aura une qui atteindra le but : mon cœur se fermera chaque jour davantage pour mes amis et deviendra plus agréable à mes ennemis, si bien qu'au bout de peu de temps, je me serai éloigné de mes fidèles pour me rapprocher de mes adversaires et que ceux-ci auront pris la place de ceux-là. Il en naîtra alors une confusion que nul ne peut s'imaginer. »

Il est préférable d'avoir des informateurs. C'est là une des bases du gouvernement. Il n'y aura plus de sujets d'inquiétude, lorsque la règle en sera établie, de la façon que nous venons d'indiquer.

CHAPITRE XI

Du respect dû aux ordres royaux (que Dieu élève le souverain!) et aux injonctions émanant de la cour.

Les lettres que l'on expédie de la cour sont nombreuses, et

---

1. Il s'agit dans ce passage de l'émir Aboul Fadhl Naçr ibn Khalef qui était gouverneur du Sedjestan.

2. Le texte persan porte page 65, ligne 17, ادرا رشوتی بدهد و ابرا au lieu de بدهد, il faut lire ندهد.

plus elles le seront, plus le respect qui leur est dû s'affaiblira.
En conséquence, il ne faut rien écrire de la part du souverain,
à moins qu'une affaire importante ne l'exige, et, quand on écrit
une lettre, son caractère doit être tellement respectable que
personne n'ait l'audace d'en récuser la teneur et de ne pas se
conformer à l'ordre qu'elle contient. Si l'on vient à apprendre
que quelqu'un a montré du dédain pour un firman, et a apporté
de la lenteur à obéir aux ordres qu'il contient, il faut qu'il reçoive une vigoureuse semonce, quand bien même il serait au
nombre des personnes qui approchent le prince. Telle est la
différence qui distingue les lettres du sultan de celles des sim-
ples particuliers.

Anecdote. — On raconte qu'une femme se rendit de Nichapour à Ghazna pour se plaindre d'une injustice ; elle exposa ses
griefs à Mahmoud et lui dit : « L'agent des finances de Nichapour m'a enlevé un domaine qu'il s'est approprié. » On donna à
cette femme une lettre intimant au percepteur l'ordre de rendre
cette propriété à cette femme. Mais, comme il possédait un titre
légal qui lui assurait la possession de ce bien, il répondit :
« Cette terre n'est point à elle ; j'établirai sa situation devant le
sultan. » La femme renouvela sa plainte : on envoya un ghoulam,
et on fit amener le percepteur de Nichapour à Ghazna. Quand il
fut en présence du sultan, celui-ci ordonna qu'on lui appliquât
mille coups de bâton devant la porte du palais. Le condamné
présenta son titre de propriété, fit agir cinq cents intercesseurs,
et offrit de se racheter des mille coups de bâton au prix de mille
dinars de Nichapour. Tout fut inutile et il dut subir son supplice.
« Puisque ce domaine était à toi, lui dit-on ensuite, pourquoi
ne t'es-tu pas conformé d'abord à l'ordre du sultan ? tu aurais
ensuite prouvé le bien fondé de ton allégation et l'on eût donné
des ordres en conséquence. »

On agissait ainsi pour l'exemple, et pour que les autres fonctionnaires n'eussent pas l'audace de désobéir aux ordres donnés

ou de les outrepasser et de les transgresser. Si quelqu'un commet, sans un ordre du souverain, un acte qui rentre dans les prérogatives de celui-ci, soit qu'il l'exécute lui-même, soit qu'il l'ordonne, comme infliger un blâme, trancher la tête, faire couper les pieds et les mains, émasculer et faire subir d'autres punitions semblables, il faut qu'on ne tienne pas compte de la complicité de l'un de ses serviteurs ou de l'un de ses esclaves, et qu'on le punisse. Cet exemple servira de leçon aux autres fonctionnaires qui rentreront en eux-mêmes et se le tiendront pour dit.

Anecdote. — On raconte que Perviz, roi de Roum, avait un vizir, nommé Behram Tchoubin, auquel il témoigna d'abord une si grande faveur que celui-ci ne le quittait pas d'un instant; il le gardait dans sa compagnie à la chasse, à sa table, et l'admettait dans son intimité la plus stricte[1]. Ce Behram Tchoubin était un cavalier incomparable et un guerrier sans égal. Un jour, les agents des finances de Hérat et de Serakhs amenèrent au roi Perviz trois cents chameaux au poil roux, porteurs chacun d'une charge d'objets et d'ustensiles : il ordonna de les porter tous au palais de Behram pour en garnir sa cuisine. Le lendemain, on apprit à Perviz que, la veille au soir, Behram avait fait jeter à terre un de ses pages et lui avait donné vingt coups de bâton. La colère s'empara du roi; il ordonna qu'on lui amenât Behram. Lorsque celui-ci fut en sa présence, le roi fit apporter de l'arsenal cinq cents sabres : « Mets de côté, dit-il à son ministre, les meilleurs de ces sabres. » Behram en choisit cent cinquante. « Mets à part, dit alors Perviz, les dix sabres les plus parfaits parmi ceux que tu viens de

1. Khosrau Perviz, vingt-troisième prince de la dynastie des Sassanides, était le fils de Hormouz et le petit-fils de Kesra Nouchirevan. Il n'était point empereur de Roum, mais il se réfugia à Byzance à la cour de l'empereur Maurice, à la suite de la révolte de Behram Tchoubin. Khosrau Perviz rentra dans ses États avec l'aide d'une puissante armée grecque et battit Behram Tchoubin qui se réfugia dans le Turkestan où il mourut, empoisonné par ordre du khaqan. Behram Tchoubin, qui descendait d'une famille dont les membres avaient possédé en toute souveraineté la ville de Rey, était, sous Hormouz, gouverneur de l'Azerbaidjan.

choisir. » Behram les sépara des autres. « Parmi ces dix sabres choisis en deux », dit Perviz. Behram en choisit deux. « Ordonne maintenant, ajouta le roi, que l'on mette ces deux sabres dans le même fourreau. — O roi! fit observer Behram, deux sabres n'entreront pas bien dans un même fourreau ! — Comment veux-tu donc alors que deux chefs puissent commander dans un même royaume! » s'écria Perviz. A peine eut-il entendu ces mots que Behram se prosterna et reconnut qu'il avait commis une faute. — « Si tu n'avais pas acquis des droits à ma reconnaissance par tes services, lui dit le roi, si tu n'étais pas celui que j'ai élevé et que je ne veux point abaisser, je ne laisserais pas ta faute impunie. Laisse-moi le soin de faire justice. C'est à moi que Dieu a confié cette mission sur la terre, et non à toi. Que tout homme qui élève une plainte m'expose son cas et j'ordonnerai, en toute équité, ce qu'il convient de faire à son égard. Désormais, si l'un de tes subordonnés ou de tes esclaves se rend coupable d'une faute, porte la cause devant moi ; je lui infligerai la punition que je jugerai convenable, afin qu'il ne soit pas châtié sans raison. Pour cette fois, je t'ai pardonné. » Behram Tchoubin était le généralissime du roi : c'est lui qui reçut cette admonestation.

CHAPITRE XII

Des ghoulams que l'on envoie de la cour pour les affaires
importantes.

On expédie de la cour un grand nombre de ghoulams, les uns ne sont point porteurs de firmans, les autres en sont munis : tous causent aux gens bien des tracas et leur extorquent des sommes d'argent. Pour un litige dont la valeur est de deux cents dinars, le messager que l'on envoie en exige cinq cents : les gens sont de la sorte ruinés et réduits à la misère. Il faut donc ne charger un ghoulam d'une mission que lorsqu'une affaire importante l'exige, et ne le laisser partir que muni d'un firman royal, en lui disant d'une façon absolue : « La valeur du litige est de tant ; tu n'exigeras rien de plus. » De cette façon, les ghoulams connaîtront leur devoir.

CHAPITRE XIII

Des espions et des mesures propres à assurer le bien du gouvernement et du peuple.

Des espions devront sillonner constamment les routes des différentes provinces, déguisés en marchands, en voyageurs, en soufys, en charlatans ou en derviches, et faire des rapports sur ce qu'ils entendront dire, afin que rien de ce qui se passe ne reste en aucune façon ignoré et, si quelque événement vient à se produire, il faut que des mesures soient immédiatement prises en conséquence, car bien souvent des gouverneurs, des feudataires, des fonctionnaires, des chefs militaires, se sont montrés enclins à l'opposition et à la révolte et ont nourri de mauvais desseins à l'égard du souverain. Lorsque l'espion arrivait à la cour et en informait le prince, celui-ci montait à cheval, mettait ses troupes en marche, attaquait les rebelles à l'improviste, s'emparait de leurs personnes et réduisait leurs projets à néant. Si un roi tentait une attaque contre le royaume à la tête d'une armée étrangère, le souverain, qui avait pris ses mesures, le repoussait. Les espions faisaient connaître également les faits heureux ou malheureux concernant les sujets, et le roi y portait remède. C'est ainsi qu'en une certaine circonstance, agit Azhed ed-Daulèh [1].

1. Abou Choudja Fena Khosrau ibn Roukn ed-Daulèh Abou Aly Hassan Azhed ed-Daulèh, ou Tadj el-Millèh Chahinchâh, prit en main les rênes du gouvernement du Fars et du Kerman, aux termes du testament de son oncle Imad ed-Daulèh en 338 (949). Il ajouta à ses possessions le Sedjistan, le Djourdjan, le Ta-

Anecdote. — Aucun prince, de la famille des Deïlemites ou de toute autre dynastie, ne montra plus de vigilance, de sagacité et de prévoyance qu'Azhed ed-Daulèh. Il aimait à élever des édifices et était doué des plus nobles qualités ; il avait un esprit cultivé, et il était, en même temps, excellent administrateur. — Un jour, un de ses informateurs lui écrivit : « Je m'étais mis en route pour m'occuper de l'affaire importante qui m'avait été confiée, et j'avais à peine fait deux cents pas hors de la grande porte de la ville, quand je vis un jeune homme debout sur le bord de la route ; il avait le teint pâle et son visage et son cou étaient couverts de cicatrices. Lorsqu'il me vit, il me salua ; je lui rendis son salut et lui dis : Que fais-tu là tout debout? — J'attends un compagnon de route, me répondit-il, pour gagner une ville où se trouvent un prince juste et un juge équitable.— Sais-tu bien ce que tu dis? lui fis-je observer : Tu cherches un roi plus juste qu'A-zed ed-Daulèh et un cadi plus savant que celui de la capitale?

barestan, Rey, Ispahan, Hamadan, l'Azerbaïdjan, l'Oman, l'Iraq, Mossoul, le Diar-Bekr, le Diar-Moudhar et le Djezirèh. Azhed ed-Daulèh fit construire le sanctuaire de Nedjef, entourer de murailles la ville de Médine, réparer tous les puits situés sur la route de Bagdad à la Mekke. Il construisit un hôpital à Chiraz et en éleva, sur la rive occidentale du Tigre, à Bagdad dans le quartier de Khould, un autre qui fut achevé en 371 (982). On cite, parmi les travaux qu'il fit exécuter dans la province du Fars, le bassin creusé dans le château d'Istakhr, le barrage connu sous le nom de Bend-Emir établi sur la rivière de Kour, à dix parasanges de Chiraz et qui capte les eaux des montagnes voisines, la ville de Guirdi-Fena-Khosrau, à une parasange de Chiraz. Azhed ed-Daulèh accorda des pensions aux jurisconsultes, aux traditionnistes, aux commentateurs du Qoran, aux grammairiens, aux poètes, aux médecins, aux mathématiciens et aux ingénieurs. Il permit à son vizir Naçr ibn Haroun qui était chrétien de réparer les églises et les chapelles. On cite parmi les ouvrages qui lui ont été dédiés : le traité de syntaxe intitulé الايضاح فى النحو, l'Éclaircissement de la syntaxe, الحجة فى القراءة, la preuve décisive pour la lecture du Qoran ; le traité de médecine portant le titre de الملكى فى الطب, le livre royal traitant de la médecine ; et enfin le كتاب تاجى ou Livre couronné (histoire de la dynastie des Bouides), composé par Abou Ishaq Ibrahim ibn Hilal Essaby (le Sabéen). Azhed ed-Daulèh mourut à Bagdad, à l'âge de quarante-sept ans, après un règne de trente-quatre ans, au mois de chewwal de l'année 372 (mars-avril 983), à la suite d'une attaque d'épilepsie. Il eut pour successeur son fils Abou Kalidjar Merzban Samsam ed-Daulèh.

— Si le prince eût été juste, répliqua ce jeune homme, et se fût occupé des affaires, le juge eût marché droit ; il ne l'a pas fait, donc le roi, loin d'être équitable, est négligent. — En quoi as-tu à te plaindre de la négligence du roi et de l'injustice du cadi ? lui demandai-je. — Mon histoire est longue, me répondit-il, mais puisque je suis sorti de cette ville, elle est devenue courte. — Il faut certainement me la raconter, lui dis-je. — Marchons, répondit-il ; mon récit abrégera pour nous le chemin. Quand nous fûmes en route, il prit la parole en ces termes :

« — Apprends, me dit-il, que je suis le fils de tel commerçant, dont la maison se trouve dans cette ville, dans tel quartier ; tout le monde sait qui était mon père et combien il était riche. Après sa mort, je vécus pendant plusieurs années, livré aux plaisirs et à la bonne chère, mais je fus atteint par une cruelle maladie et j'avais perdu tout espoir de guérison, lorsque je fis vœu, si je recouvrais la santé, de m'acquitter du pèlerinage et de faire la guerre sainte. Dieu (qu'il soit exalté et glorifié !) m'exauça et je revins à la santé. Je me mis aussitôt en mesure d'accomplir mon vœu : j'affranchis tous mes esclaves, hommes et femmes ; je donnai à chacun d'eux de l'or, des terres, des maisons, et je les fiançai les uns aux autres. Je vendis ensuite tous mes biens meubles et immeubles et je réalisai ainsi cinquante mille dinars. — Je réfléchis alors que les deux voyages que j'allais entreprendre étaient pleins de dangers et qu'il n'était pas prudent d'emporter avec moi une somme aussi forte. Je résolus donc de prendre trente mille dinars et de laisser le reste. Je fis emplette de deux aiguières de laiton dans chacune desquelles je mis dix mille dinars. Maintenant, me dis-je, il faut les confier à quelqu'un. Entre tous les gens de la ville, le choix de mon cœur se porta sur le juge suprême. — C'est, pensai-je, un magistrat et un savant, auquel on a remis le soin de veiller sur la vie et les biens des musulmans et aucun de ceux qui se sont confiés à lui ne sera trahi dans ses intérêts. J'allai donc le trouver, et je lui fis part tout doucement de mon projet; il l'agréa. Tout joyeux, je retournai chez lui à la tombée de la nuit et je remis mon avoir en dépôt entre ses mains. J'entrepris ensuite mon voyage. Après avoir accompli le pèlerinage prescrit par l'Islam et avoir été de la Mekke à Médine, je me dirigeai vers l'Asie Mineure où je me joignis à ceux qui combattaient les infidèles. Pendant plusieurs années, je fis les campagnes de la guerre sainte, jusqu'au jour où, au milieu d'un combat, je fus fait prisonnier par les Grecs après avoir reçu plusieurs blessures au visage et sur le corps. Je restai quatre ans enchaîné dans un cachot, jusqu'au moment où l'empereur de Roum, tombé malade, ordonna de rendre la liberté à tous les prisonniers. Je profitai, moi aussi, de cet élargissement, et me mis pour gagner ma vie, au service des égoutiers. Au milieu de ces épreuves, mon cœur était raffermi par la pensée des vingt mille dinars confiés au cadi de Bagdad. Je me mis en route espérant les retrouver. Au bout de dix ans, dénué de ressources, couvert de haillons, amaigri par les souffrances et les privations, je me présentai devant le cadi. Je le saluai et m'assis; puis, au bout d'un instant, je me levai et je partis. Je fis de même deux jours de suite; comme il ne m'adressait pas la parole, je revins le troisième jour encore et je me rapprochai afin de me placer devant lui; quand il fut seul, je l'abordai et lui dis bien doucement : Je suis un tel, fils d'un tel; j'ai fait le pèlerinage et la guerre sainte ; le malheur a fondu sur moi, j'ai perdu tout ce que j'avais emporté et je suis réduit à l'état où tu me vois, je ne possède pas un grain d'or ; j'ai besoin du dépôt que je t'ai confié. » Le cadi ne me répondit ni peu ni prou et, sans même s'informer de ce que je lui disais, il se leva et se renferma dans ses appartements privés. Je me retirai, le cœur navré·

« Dans ma triste situation et dans mon état de nudité, je ne voulus pas aller dans ma demeure ni demander asile à mes parents ou à mes amis; je dormais la nuit dans une mosquée et me tenais durant le jour dans quelque coin. A quoi bon un si long récit !

J'interpellai encore le cadi deux ou trois fois au sujet de mon dépôt; il ne me répondit pas. Le septième jour, je pris un ton plus rude. — Tu es atteint de démence, me dit-il, la poussière de la route et les souffrances ont desséché ton cerveau; tu m'entretiens de futilités. Je ne te connais pas et n'ai aucun souvenir de tout ce que tu me racontes. Celui dont tu me parles était un beau jeune homme, de bonne mine et bien vêtu. — O cadi, m'écriai-je, c'est moi qui suis ce jeune homme; les blessures et la misère m'ont rendu chétif comme je suis et m'ont défiguré. — Lève-toi, répliqua-t-il, ne me donne pas mal à la tête, et vas en paix. — N'agis pas ainsi, lui dis-je, crains le courroux de Dieu; après ce monde, il en est un autre où chaque action reçoit son châtiment ou sa récompense. Sur ces vingt mille dinars, cinq mille sont à toi. Il n'y eut pas de réponse. — De ces deux aiguières, ajoutai-je, je t'en abandonne une en pleine et légitime propriété, car je suis tout à fait sans ressources. Je te donnerai décharge du tout dans une déclaration reçue devant témoins par des notaires, et je n'élèverai désormais aucune prétention sur ta part. — Tu es fou, répondit-il, et tu vas si bien faire que je rendrai contre toi une sentence et te déclarerai en état de démence : on t'enfermera à l'hôpital, on te chargera de chaînes et tu resteras là jusqu'à la fin de tes jours. A ces mots, j'eus peur et je compris qu'il s'était mis en tête de ne me rien donner et que, quelle que fût sa sentence, elle serait exécutée. Je me levai tout doucement et je sortis de sa présence, me rappelant cette parole des sages : Quand la viande se gâte, on la couvre de sel, mais que faire quand le sel lui-même se corrompt? Les procès doivent être soumis au cadi, mais si celui-ci se montre injuste, qui pourra exiger de lui d'être équitable? Si Azhed ed-Daulèh eût été un justicier, mes vingt mille dinars ne seraient pas entre les mains du cadi et je ne me verrais pas obligé, misérable et affamé, de renoncer à ma fortune, à mes biens, à ma ville natale et à ma patrie! Telle est la cause de mon voyage. » Le cœur de l'informateur fut enflammé de pitié : « O homme libre, dit-il, après le plus profond désespoir on peut tout espérer, place ta confiance en Dieu (qu'il soit exalté et glorifié!) car il prend soin de ses serviteurs. » Puis il ajouta : « J'ai dans ce village un ami, homme honnête et de bon accueil; je vais lui demander l'hospitalité; ta rencontre ne pouvait mieux tomber; fais-moi la grâce de m'accompagner : nous passerons sous son toit cette journée et la nuit, et demain, nous verrons ce qui adviendra. »

Sur ces mots, l'informateur le conduisit dans la maison de son ami. On leur présenta les mets qui se trouvaient préparés; ils mangèrent et se retirèrent ensuite dans leurs chambres. Pendant ce temps, l'informateur écrivit un rapport qu'il confia à un paysan en lui disant : « Va à la porte du palais d'Azhed ed-Daulèh et fais appeler tel eunuque ; tu lui donneras cette lettre en lui recommandant de la remettre immédiatement au prince. » Quand celui-ci en eut pris connaissance, il fut stupéfait, puis il envoya en hâte un messager à son agent, lui commandant d'une manière formelle d'amener, dans la nuit même, devant lui, l'homme dont il lui parlait. L'informateur, après avoir reçu cet ordre, dit à son compagnon : Prépare-toi à partir, pour aller à la capitale : Azhed ed-Daulèh nous fait appeler tous deux par ce messager qu'il vient d'envoyer. — Tant mieux, dit le jeune homme. — Il ne peut en résulter que du bien, ajouta l'agent. Peut-être a-t-on fait connaître à l'émir ce que tu m'as raconté pendant la route; aussi ai-je bon espoir que tu arriveras au but de tes désirs et que tu verras la fin de tes maux. Il se mit en route, et conduisit l'homme devant Azhed ed-Daulèh. A leur arrivée, celui-ci fit évacuer la salle d'audience, puis il ordonna au plaignant d'exposer ce qui lui était arrivé, depuis le commencement jusqu'à la fin, comme il l'avait déjà raconté. Le jeune homme répéta son récit. En l'écoutant, le prince sentit son cœur s'enflammer de pitié. « Tranquillise-toi, lui dit-il ensuite, ton affaire ne te regarde plus, c'est moi qu'elle regarde. Celui que tu vois là est mon agent. C'est à moi de prendre les mesures nécessitées par cette affaire. Dieu m'a créé pour cette tâche ; il est de mon devoir de prendre soin du peuple, et je ne puis permettre qu'il soit opprimé, surtout par le cadi préposé par moi à la garde des biens et des propriétés des musulmans. Je lui donne un salaire et des appointements mensuels pour qu'il s'acquitte de cette tâche avec une parfaite intégrité, qu'il ne montre aucune partialité en rendant les sentences basées sur la loi religieuse, et qu'il ne se laisse pas corrompre. Si un vieillard aussi savant agit de la sorte dans ma propre capitale, vois quels excès doivent commettre des cadis jeunes et audacieux ! Dans l'origine, ce cadi était pauvre et chargé de famille ; je lui avais donné un traitement suffisant pour subvenir à tous ses besoins ; aujourd'hui, il possède à Bagdad ou dans les environs tant de domaines, d'immeubles, de jardins, de vergers, de maisons, de propriétés de rapport et de meubles de luxe qu'il est impossible d'en faire le compte. Ce n'est pas avec ses appointements qu'il a pu acquérir tout cela, mais bien avec la fortune des musulmans. » Azhed ed-Daulèh se tourna ensuite vers le jeune homme et lui dit : « Je ne goûterai aucun plaisir ni aucun repos tant que je ne t'aurai pas rétabli dans tes droits. On va te donner de quoi vivre ; sors de cette ville et rends-toi à Ispahan ; tu demeureras chez un tel ; il aura soin de toi jusqu'à ce que nous t'écrivions et que nous te fassions demander. » On lui donna deux cents dinars d'or et cinq vêtements et on le fit partir dans la nuit même pour Ispahan.

Pendant cette même nuit jusqu'au jour, l'émir réfléchit à l'expédient qu'il pourrait employer pour arracher cet argent au cadi. « Si j'agis brutalement, se dit-il, et si je me prévaux de mes droits souverains pour arrêter le juge et lui faire subir la torture, jamais il n'avouera sa félonie ; cet argent sera en péril, le peuple me blâmera d'avoir fait subir des tourments à un vieillard, à un savant, et on me fera partout un détestable renom de cupidité. Il me faut trouver un expédient qui rende éclatante la mauvaise foi du cadi et grâce auquel cet homme puisse ressaisir son bien. »

Un ou deux mois se passèrent sur cette affaire. Le cadi, qui n'avait plus entendu parler du propriétaire de l'or, se dit : « J'ai les vingt mille dinars, mais je vais attendre une année, jusqu'à ce que l'on m'apprenne la mort de leur propriétaire. Dans l'état où je l'ai vu, il ne peut tarder à succomber. » Au bout des deux mois, par un jour de grande chaleur, au moment de la sieste, Azhed ed-Daulèh fit appeler le cadi et l'ayant pris à part : « Sais-tu pourquoi je t'ai dérangé? lui dit-il. — Le prince le sait mieux que moi, répondit le cadi. — Je songe à la mort, continua l'émir, et cette pensée trouble mon sommeil. J'ignore combien de temps j'ai encore à vivre et à régner ici-bas. Nul ne peut compter sur une longue existence. De deux choses l'une, ou bien un compétiteur au trône s'élèvera de son obscurité et m'enlèvera cet empire que j'ai moi-même arraché à ceux qui le possédaient avant moi ; tu sais et tu vois au prix de quels efforts et de quelles peines j'ai pu me maintenir; ou bien l'ordre de Dieu viendra m'atteindre et me séparera du pouvoir malgré moi, car nul ne peut se soustraire à la mort. Si, pendant le temps qui nous reste à passer sur la terre, nous sommes bons, et si nous agissons bien envers les serviteurs de Dieu, de manière à satisfaire le monde et les peuples, ceux-ci garderont de nous un bon souvenir ; nous serons sauvés au jour de la résurrection et nous serons admis dans le paradis. Si nous sommes méchants, si nous agissons mal envers nos sujets, ils ne parleront éternellement de nous qu'avec mépris et ils ne se souviendront de nous que pour nous maudire ; nous serons saisis au jour de la résurrection et précipités dans l'enfer. Faisons donc, tant qu'il nous sera possible, tendre tous nos efforts vers le bien, soyons justes et bienfaisants pour le peuple. Mais, voici quel est mon but en parlant ainsi : j'ai dans mon palais un certain

nombre de femmes et d'enfants ; la situation des garçons est
la moins difficile, car, semblables à des oiseaux, ils peuvent
s'envoler et aller de pays en pays; quant aux filles, leur condition est plus mauvaise ; elles sont faibles et sans appui. Aussi
j'ai songé à m'occuper d'elles pendant que cela m'est possible.
Il ne faut pas que je me laisse surprendre demain par la mort
ou par un changement de fortune; je veux auparavant leur faire
du bien. Or, j'ai réfléchi que dans tout mon royaume il n'y a
point aujourd'hui d'homme plus pieux, plus dévot, plus désin-
téressé et plus digne de confiance que toi. C'est donc à toi que
je vais confier une valeur de deux millions de dinars en or, en
monnaie et en pierreries. Toi, moi et Dieu serons seuls dans
le secret. Si quelque malheur vient à me frapper et si mes filles
se trouvent réduites à cette extrémité d'être en peine de trouver
leur pain quotidien, réunis-les si secrètement que personne
n'en soit avisé; partage-leur cette fortune et donne à chacune
d'elles un mari, afin que leur chasteté ne coure aucun danger,
et qu'elles ne soient point à la charge du peuple.Voici comment
nous procéderons : tu vas choisir dans ta propre maison des
chambres du gynécée sous lesquelles tu feras pratiquer un souterrain solidement construit en briques. Quand il sera terminé,
tu m'en donneras avis. Je ferai tirer des prisons vingt assassins
condamnés à mort; on chargera cet or sur leur dos; ils le
porteront chez toi, et le placeront dans le souterrain. Je
donnerai ensuite l'ordre de les exécuter afin que rien de
tout cela ne soit divulgué. — J'obéirai, dit le cadi, et je me
conformerai dans la mesure du possible à tes instructions. »
L'émir dit alors à un eunuque : « Lève-toi tout doucement et
va au trésor; tu m'apporteras deux cents dinars maghrébis que
tu auras mis dans une bourse. » L'eunuque revint apportant
l'or que Azhed ed-Daulèh prit et remit au cadi en lui disant :
« Emploie cet argent à la construction du souterrain ; s'il ne suffit
pas, je t'en ferai donner d'autre. — O Dieu, ô Dieu, s'écria le

cadi, j'exécuterais plutôt le travail de mes propres deniers. — Je
te défends, répliqua Azhed ed-Daulèh, d'employer ton argent pour
mes affaires particulières ; il est légitimement gagné et ne doit
point être dépensé pour de pareils objets ; mets seulement tous
tes soins à te montrer digne de la confiance que je t'accorde.
— C'est à l'émir qu'il convient de donner des ordres », répondit
le cadi, et, plaçant les deux cents dinars dans sa manche, il
sortit rempli de joie en se disant en lui-même : « Ma vieillesse va
être embellie par la prospérité et la fortune et ma maison va se
remplir d'or. Si l'émir est victime de quelque accident, personne ne pourra revendiquer ces richesses, faute de reçu juridique et de preuve, et elles nous resteront à moi et à mes enfants.
Le propriétaire, encore vivant, de l'or et des deux aiguières ne
tire pas de moi un denier, comment l'émir, une fois mort,
pourra-t-il me réclamer quoi que ce soit? » Sur ce, le cadi
rentra chez lui et fit toute diligence pour creuser le souterrain
qui fut terminé et solidement construit en un mois. Le cadi alla
trouver Azhed ed-Daulèh à l'heure de la prière du coucher.
L'émir le fit appeler dans sa chambre réservée et lui demanda
ce qui l'amenait en pareil moment. « J'ai voulu faire savoir au
prince, répondit-il, que le souterrain a été achevé, selon ses
ordres. — Très bien ! dit Azhed ed-Daulèh, je vois par là que
tu mets tout ton zèle à l'occuper de mes affaires. Grâce à Dieu,
tu n'as pas démenti la bonne opinion que j'avais de toi et tu as
déchargé mon cœur d'une grave préoccupation. J'ai préparé,
comme je te l'ai dit, un million cinq cent mille dinars en or
et en pierreries. Quant aux cinq cent mille autres, j'ai mis de
côté des vêtements, du bois d'aloès, de l'ambre, du musc et du
camphre dont je ferai réaliser la valeur, de temps en temps, par
des commerçants. C'est dans le cours de cette semaine que l'on
apportera, en une seule fois, tout ce qui doit être déposé dans ta demeure ; demain au soir, je me rendrai chez toi pour jeter un coup
d'œil sur le souterrain et m'assurer par moi-même de son état.

Je ne veux pas que tu fasses de préparatifs d'aucune sorte, sous quelque prétexte que ce soit, car je me retirerai sans m'attarder.» Il congédia le cadi sur ses mots, et envoya un messager à Ispahan pour faire revenir l'homme aux vingt mille dinars.

Le lendemain soir, Azhed ed-Daulèh se rendit chez le cadi, visita le souterrain, en approuva la construction et dit au juge : « Viens mardi prochain, tu verras ce que j'ai préparé. — J'obéirai », répondit celui-ci.

Revenu dans son palais, l'émir ordonna à son trésorier de préparer dans le trésor cent quarante aiguières pleines d'or, trois sacs de perles et d'ajouter une coupe d'or remplie de rubis, une autre, pleine de grenats et une troisième, pleine de turquoises. Le trésorier exécuta cet ordre. Lorsque le mardi arriva, Azhed ed-Daulèh fit appeler le cadi et le conduisit lui-même dans la salle où ces richesses avaient été disposées. A la vue d'un tel trésor, celui-ci resta stupéfait. « Tiens-toi prêt, lui dit l'émir, à faire emporter tout cela un jour de cette semaine, vers minuit. » Ils sortirent et le cadi retourna chez lui; la joie faisait battre avec force son cœur dans sa poitrine.

Mais, le lendemain, le propriétaire des deux aiguières arriva : « Tu vas aller dès maintenant chez le cadi, lui dit l'émir, et tu lui parleras en ces termes : J'ai patienté pendant longtemps par considération pour toi, mais je ne veux pas attendre davantage. Toute la vil'e sait quelle était la fortune possédée par mon père et quels biens j'avais moi-même ; tout le monde témoignera en ma faveur ; si tu me rends mon or, tant mieux; si tu ne me le rends pas, je vais, de ce pas, me plaindre de tes procédés à Azhed ed-Daulèh; tu seras déshonoré et tu serviras d'exemple pour les autres. Fais attention à sa réponse! S'il te rend ton argent, ce sera fort bien ; sinon, viens me rendre compte de ce qui se sera passé. » Le jeune homme se rendit chez le cadi, prit place à côté de lui et lui tint ce même langage. Le juge réfléchit. « Si cet individu m'attire une mauvaise affaire et s'il va trouver Azhed ed-Daulèh,

8

pensa-t-il, celui-ci concevra des soupçons à mon égard et n'enverra pas le trésor chez moi. Mieux vaut lui rendre son bien. Au fait, que sont ces deux aiguières auprès des cent cinquante autres remplies d'or et d'une masse de pierreries. — Patiente un moment, dit-il, je t'ai cherché dans le monde entier. » Il se leva et se rendit dans une chambre intérieure où il appela le jeune homme et le serrant sur son cœur : « Tu es mon ami, lui dit-il, tu es un fils pour moi et c'est par pure précaution que j'ai agi comme tu sais ; depuis longtemps, je ne cessais de te réclamer. Dieu soit loué ! je t'ai revu, et je puis être déchargé de ma responsabilité. Ton or est toujours à sa place. » Il se leva et lui présenta les deux aiguières, en disant : « Voici ton bien, prends-le, et va où bon te semblera. » Le jeune homme alla chercher deux portefaix qu'il amena chez le cadi ; il les chargea de ses deux vases et les fit transporter au palais de l'émir. Celui-ci se prit à rire en les voyant. « Grâce à Dieu, dit-il, tu es rentré dans ton bien légitime et la félonie du cadi se trouve dévoilée ! Sais-tu quelles ruses j'ai mises en œuvre pour te faire rendre ton bien ? » Sur la demande qu'en firent les grands de la cour, Azhed ed-Daulèh leur raconta ce qui s'était passé et ceux-ci en furent singulièrement étonnés. Puis il ordonna au grand chambellan d'aller chez le cadi : « Amène-le moi, lui dit-il, la tête et les pieds nus et l'étoffe de son turban roulée autour du cou. » Le chambellan s'éloigna et amena le cadi dans l'état qui lui avait été prescrit. Celui-ci jeta un regard sur l'assemblée, et vit le jeune homme debout, ses deux aiguières à la main. « Je suis brûlé, se dit-il ; tout ce que l'émir m'a dit ou m'a montré n'avait pour but que la restitution de ces deux aiguières. » — « C'est toi, s'écria à sa vue Azhed ed-Daulèh, c'est toi, un vieillard, un savant, un juge arrivé au bord du tombeau, qui te rends coupable de tels méfaits et qui abuses des dépôts remis entre tes mains. Que faut-il donc attendre des autres ? Il est prouvé maintenant que tout ce que tu possèdes provient de la fortune des

musulmans et de dons corrupteurs. Je me charge de ta punition en ce monde, sans compter le châtiment qui t'attend aussi
dans l'autre. Par égard pour ta vieillesse et pour ta science, je te
laisse la vie, mais ta fortune et tes biens seront confisqués au
profit du trésor. » On mit la main sur tout ce que le cadi possédait; l'émir ne lui confia plus aucun emploi et rendit à l'autre
honnête homme les deux aiguières qui lui appartenaient.

Anecdote. — Semblable histoire arriva au sultan Mahmoud
fils de Seboukteguin : un homme vint lui présenter une requête
en lui disant . « J'avais remis en dépôt au cadi de la ville une
bourse bien fermée contenant deux mille dinars et j'étais parti
en voyage. Sur la route de l'Inde, des voleurs m'ayant ravi tout
ce que j'avais emporté, je me fis restituer par le cadi ce
que je lui avais confié. De retour chez moi, j'ouvris la bourse;
elle était pleine de monnaie de cuivre. Je retournai chez le cadi :
Je t'ai confié, lui dis-je, une bourse remplie d'or, maintenant
je n'y trouve plus que du cuivre, comment cela se fait-il? —
Ne me l'as-tu pas montrée en me l'apportant? répondit-il, et
ce qu'il y a de mieux, la bourse n'était-elle pas bien fermée et
scellée? Je te l'ai rendue dans le même état en te demandant si
c'était bien la tienne; tu m'as répondu affirmativement. Maintenant voilà que tu viens me tourmenter ! — Allah ! Allah !
Seigneur! lui dis-je, prête l'oreille à la plainte de ton esclave,
car il n'a pas de quoi s'acheter un seul morceau de pain. » La
situation de cet homme affecta le sultan. — « Ne te préoccupe
pas, lui dit-il, c'est à moi qu'incombe le soin de te faire rendre
ton or: apporte-moi la bourse. » L'individu s'éloigna et revint
l'apporter. Mahmoud la considéra sur toutes ses faces; il n'y vit
pas la moindre trace d'ouverture. « Laisse-la moi, dit-il à son
propriétaire. Tu recevras chaque jour de mon intendant trois
men de pain et un men de viande, et chaque mois, on te donnera
un dinar, jusqu'à ce que j'aie éclairci ton affaire. » Vers midi, à
l'heure de la sieste, le sultan plaça la bourse devant lui et se mit à

réfléchir comment avait bien pu se faire ce dont cet homme se plaignait. Il acquit enfin la conviction qu'on avait dû fendre la bourse pour en extraire l'or et qu'on y avait fait ensuite une reprise. Mahmoud possédait une fort belle housse brodée d'or qui recouvrait un coussin. Il se leva au milieu de la nuit, tira son couteau, fendit cette housse sur la longueur d'une aune, et revint à sa place. Le lendemain, dès la première blancheur de l'aube, il partit pour la chasse et y resta trois jours.

Quand le valet attaché à son service particulier vint de bon matin pour épousseter le coussin, il vit la housse toute déchirée ; saisi d'une extrême frayeur, il éprouva une telle angoisse qu'il se mit à pleurer. Un vieux valet, qui était attaché au garde-meuble, le vit et lui dit : « Que t'est-il arrivé ?—Je n'ose pas te le dire, répondit l'autre.—Ne crains rien, répliqua le vieillard, dis-moi ce qui t'est arrivé. — Une personne ayant à mon égard des sentiments de haine, dit le valet, est entrée dans l'appartement particulier du sultan et a fendu la housse sur la longueur d'une aune ; si le sultan s'en aperçoit, il me fera mourir. — Quelqu'un autre que toi l'a-t-il vu ? demanda le valet. — Non. — Eh bien alors, sois tranquille, je connais un remède à ton malheur et je te l'enseignerai. Le sultan est allé à la chasse et il sera absent pendant trois jours ; il y a dans la ville un habile repriseur dont la boutique se trouve dans tel quartier ; il s'appelle Ahmed ; c'est un maître accompli dans son métier, et tous les autres repriseurs sont ses élèves. Porte-lui la housse et donne-lui le salaire qu'il te demandera. L'artisan le plus habile ne pourrait montrer la place où il a fait une reprise. » Le valet prit aussitôt la housse et alla trouver Ahmed dans sa boutique : « Maître, lui dit-il, combien me prendras-tu pour faire à cette housse une reprise dont personne ne puisse s'apercevoir ? — Un demi-dinar, dit Ahmed. — Reçois un dinar tout entier, répondit le valet, et déploie toute l'habileté dont tu es capable. — Je te remercie, dit Ahmed, sois tranquille. » Le ferrach lui donna un dinar et lui

recommanda de travailler vite. — Viens demain à l'heure de la
prière de l'après-midi, tu auras mon travail », lui dit le maître.
Quand il revint le lendemain, Ahmed plaça la housse devant le
ferrach qui ne put désigner l'endroit où la reprise avait été faite.
Celui-ci l'emporta tout joyeux au palais et la remit à sa place
sur le coussin. Le sultan, à son retour de la chasse, se rendit
vers midi, dans sa chambre réservée pour faire la sieste. Il jeta
les yeux autour de lui et vit la housse en bon état. « Appelez le
ferrach », s'écria-t-il. Quand celui-ci se présenta. « Cette housse
était déchirée, qui donc l'a raccommodée? demanda Sultan
Mahmoud — O seigneur! répondit le ferrach, elle n'a jamais été
déchirée, on a menti (en le prétendant). — Ne crains rien,
sot que tu es, lui dit le sultan, c'est moi qui l'ai coupée, et j'a-
vais un but en le faisant. Dis-moi, quel est le repriseur qui
l'a remise en cet état, car il a fait un excellent ouvrage. — Seigneur, répondit le valet, c'est un tel. Quand j'ai vu la housse
endommagée, j'ai été saisi de crainte, mais un ferrach m'a indiqué ce qu'il me fallait faire. — Amène-moi ce repriseur à l'instant, dit Mahmoud, tu lui diras que le sultan veut le voir. » Le
valet partit et revint bientôt avec Ahmed. Quand celui-ci vit le
sultan seul, il fut saisi d'effroi. « Ne crains rien, maître, lui dit
Mahmoud, approche: est-ce toi qui as fait une reprise à cette
housse? — Oui, répondit-il. — Tu as montré beaucoup d'habileté. — J'ai réussi, grâce au bonheur qui accompagne le sultan, dit Ahmed. — N'y a-t-il en fait d'artisans dans cette ville
personne autre que toi? — Non. — Je m'en vais te poser une
question, réponds-moi franchement. — Peut-on être autrement
que sincère devant le souverain? s'écria l'homme. — N'as-tu pas,
cette année-ci, raccommodé une bourse de satin vert pour un
grand personnage? — Oui, vraiment. — Pour qui était-ce? —
Pour le cadi de la ville. Il m'a donné deux dinars pour ma
peine. — Si tu voyais cette bourse, la reconnaîtrais-tu? — Certainement. » Mahmoud glissa sa main sous un coussin, atteignit

la bourse et la tendit au repriseur en lui disant : « Est-ce celle-
ci? — C'est elle, répondit-il. — Où l'as-tu reprisée? — Là, »
et il indiqua la place du doigt. Le sultan demeura stupéfait
de son habileté. « S'il en était besoin, pourrais-tu en porter
témoignage en présence du cadi? ajouta-t-il. — Pourquoi ne le
pourrais-je pas? » répondit le maître. Aussitôt Mahmoud envoya
chercher le cadi et le propriétaire de la bourse. Le juge se présenta, dit les paroles du salut et, suivant l'usage, il s'assit. Le sultan se tourna vers lui : « Tu es un homme âgé et plein de science,
lui dit-il. Je t'ai investi de la dignité de cadi, je t'ai confié la vie et
les biens des musulmans et je me suis reposé pour cela sur toi,
alors qu'il y a dans cette ville et dans ce royaume deux mille
personnes plus instruites que toi qui sont sans emploi. Est-il
permis que tu agisses avec mauvaise foi, que tu ne suives pas les
règles de l'honnêteté, que tu dérobes le bien d'un musulman et
que tu le prives de son avoir? — Seigneur, répondit le cadi, que
voulez-vous dire? qu'ai-je donc fait? — Ce que tu as fait, chien
hypocrite, s'écria Mahmoud en lui présentant la bourse, le voilà!
Cette bourse qui t'avait été confiée en dépôt, tu l'as fendue, tu
en as retiré les pièces d'or pour mettre de la monnaie de cuivre
à la place, tu l'as ensuite donnée pour être reprisée, puis tu l'as
remise à son propriétaire, fermée et scellée. Est-ce ainsi que
tu te conduis et que tu observes les lois de la religion? — Je n'ai
jamais vu cette bourse, répliqua le cadi, et je n'ai aucune connaissance de tout cela. — Amenez les deux hommes! » commanda Mahmoud. Un eunuque fit approcher le propriétaire de
la bourse et le repriseur. « Tiens, menteur! dit alors le sultan,
voici celui que tu as dépouillé et celui qui a réparé la bourse.
C'est à cet endroit qu'il a fait la reprise. » Le cadi fut accablé
de honte; la peur le faisait trembler à tel point qu'il était incapable de prononcer une parole. « Arrêtez ce chien, s'écria le
sultan, et gardez-le de près afin qu'il rende sur l'heure à cet
homme ce qui lui appartient, sinon je lui fais trancher la tête! »

On entraîna le juge, à moitié mort, hors de la présence de Mahmoud, on l'enferma dans le corps de garde et on lui réclama la somme en or. « Faites venir mon intendant », dit-il. L'intendant fut amené et son maître lui donna certaines indications. Il s'en alla après les avoir reçues et revint peu après, avec deux mille dinars d'or de Nichapour au poids légal, que l'on remit au plaignant. Le lendemain, Mahmoud siégea à son tribunal et rendit publique la déloyauté du cadi ; puis il le fit comparaître et ordonna qu'on le pendît, la tête en bas, aux créneaux de la porte du palais ; mais les grands personnages de l'État intercédèrent en disant que c'était un vieillard et un docteur, et lui-même se racheta du supplice moyennant la somme de cinquante mille dinars, qui fut acceptée, et puis après on le destitua [1].

On pourrait citer une foule d'histoires du même genre : nous avons mentionné celles-ci pour faire connaître au maître du monde les efforts faits par les différents souverains pour assurer le cours de la justice et de l'équité, et les moyens mis en œuvre par eux pour faire disparaître les méchants de la surface de la terre. Un jugement solide est, pour un roi, préférable à une puissante armée. Grâce à Dieu, notre maître possède l'une et l'autre. Ce chapitre avait trait aux espions et aux informateurs. C'est ainsi qu'ils doivent être, et il faudra les envoyer en tous lieux.

CHAPITRE XIV

De la nécessité d'expédier sans cesse des courriers et des gens voltigeant (de tous côtés).

Il faut établir, à poste fixe, sur les principales routes, des

---

1. Cette anecdote se trouve rapportée dans *Djami oul-hikaiat* de Djemal Eddin Mohammed Oufy, et elle a été aussi insérée par M. Francis Gladwin dans son *Persian Monshee*, Calcutta, 1801, IIᵉ partie, p. 7.

courriers auxquels on assignera des appointements mensuels et
des gratifications, de sorte que tous les incidents qui surgiront et tous les événements qui se produiront dans un rayon de
cinquante parasanges viendront à leur connaissance. Selon l'ancienne coutume, ils auront à leur tête des officiers qui s'occupe-
ront de leur entretien, de façon qu'ils ne soient point au-dessous de leurs fonctions.

CHAPITRE XV

*Des précautions à prendre en toutes circonstances pour le
paiement des assignations.*

Des assignations parviennent au divan et au trésor ; elles sont
relatives à des affaires importantes concernant l'administration,
ou elles ont trait à des fiefs et à des gratifications.

Quelques-uns des ordres transmis exigent une exécution
immédiate. Cette tâche est délicate et demande les plus grandes
précautions, car on pourrait venir taxer l'assignation d'inexactitude ou prétexter que l'on a pas bien entendu ce que l'on voulait dire [1].

Il faut, si les ordres sont donnés verbalement, qu'une seule
personne soit constamment chargée de les transmettre, qu'elle
s'acquitte elle-même de cette commission et qu'elle ne la confie
pas à un mandataire.

Il sera de règle que ces ordres, lorsqu'ils auront été signifiés
au divan, ne soient pas soumis une seconde fois à la haute appréciation du prince et que leur exécution ne soit point entravée,
s'il plaît au Dieu très haut.

---

1. On peut consulter, au sujet du paiement de gratifications fait sur un ordre
verbal du souverain, l'anecdote rapportée par Aly Safy au sujet d'une libéralité
faite par Mirza Bayqara au poète Bouroundouq. Ce passage du *Lethaïf oul-
Thewaïf* a été inséré dans la *Chrestomathie persane*, tome I, p. 118 du texte.

CHAPITRE XVI

De l'intendant du domaine privé et de l'éclat de sa charge.

La situation de l'intendant du domaine privé a été fort rabaissée à notre époque. Autrefois on confiait toujours cette fonction à un confident du souverain et à un personnage de considération. Celui duquel dépendent les cuisines, l'échansonnerie, les écuries, les palais, les enfants et tout le train royal doit avoir accès auprès du souverain, non pas une fois par mois, mais tous les jours. Il doit pouvoir s'adresser directement au prince et venir le trouver à toute heure. Il lui rendra compte de l'état de toutes choses, lui demandera ses avis, lui dira ce qui se passe, ce qu'il a reçu, et ce qu'il a dépensé, soumettant toute sa gestion à son jugement élevé. On lui témoignera une grande déférence et de grands égards, afin qu'il puisse remplir sa charge avec succès et s'acquitter de sa fonction.

CHAPITRE XVII

Des courtisans et commensaux du souverain et de la conduite qu'ils doivent observer.

Le monarque ne peut se passer de commensaux dignes de lui, avec lesquels, laissant de côté toute étiquette, il vivra dans la plus complète intimité. La société continue'le des grands, des émirs et des généraux, en les rendant trop familiers, porte atteinte à la majesté du prince et diminue le respect qui lui est dû; aussi, en règle générale, il ne doit pas faire ses familiers de ceux qu'il investit d'un emploi ou d'une charge de l'État, de même qu'il ne doit pas non plus employer au maniement des affaires

ceux auxquels il permet d'être ses commensaux, car la liberté
dont ils jouissent auprès de lui les rendrait rapaces et en ferait
des oppresseurs du peuple. Le fonctionnaire doit être toujours
maintenu dans la crainte du souverain, tandis qu'il faut accorder aux courtisans leur franc parler, afin que le prince prenne
plaisir à leur société et que leurs saillies le divertissent. Le moment où les commensaux du prince doivent l'approcher est fixé :
c'est celui où les grands se retirent après que le prince a tenu sa
cour. Le tour des courtisans vient alors; voici quelques-uns des
avantages que procure le courtisan : il tient compagnie au roi
et, comme il se trouve avec lui jour et nuit, il est son garde du
corps; si quelque danger (Dieu puisse-t-il l'écarter!) vient à le
menacer, sacrifiant sa propre vie, il fera de son corps un bouclier pour couvrir le prince et le préserver de tout danger.
Quatrièmement : le prince peut s'entretenir avec le courtisan
de mille choses différentes, plutôt qu'avec ses fonctionnaires et
ses agents. En cinquième lieu, le courtisan, comme un véritable
espion, l'informera de la conduite des gouverneurs. De quelque
sujet qu'il l'entretienne, que le prince ait sa lucidité d'esprit ou
soit dans l'ivresse, il doit parler en toute liberté de ce qui est
bien et de ce qui est mal; cela est de la plus grande importance.

Le courtisan doit posséder une nature parfaite, de bonnes
manières, une physionomie ouverte, une foi pure, de la dis-
crétion et une conduite irréprochable. Il doit savoir raconter
des historiettes, des anecdotes, des propos joyeux et grivois,
et connaître un grand nombre de traditions. Il sera beau par-
leur et messager de bonnes nouvelles, habile aux jeux de
dés et d'échecs. S'il joue du luth et sait manier les armes, c'est
pour le mieux. Son caractère doit être en parfait accord avec
celui du souverain. A tout ce que ce dernier dira, il répondra :
« Bravo! vous avez raison. » Qu'il se garde bien de dire au
roi : « Faites ceci! Ne faites pas cela! Pourquoi avez-vous
fait ceci? Il ne faut pas faire cela ! » S'il agit ainsi, le prince

le supportera difficilement et le prendra en aversion. Pour tout ce qui a trait au vin, aux festins, aux promenades, aux réunions intimes, à la chasse, aux parties de mail ou autres choses du même genre, il est juste que cela rentre dans les attributions des courtisans. Il faut qu'ils aient soin de tenir ces divertissements toujours préparés. Au contraire, pour tout ce qui touche au gouvernement, à la guerre, aux incursions en pays ennemi, à l'administration, aux approvisionnements, aux gratifications, au pied de guerre et au pied de paix, à l'armée et à la population, il vaut mieux que cela soit traité par le roi avec les vizirs, les hauts fonctionnaires que ces choses concernent et avec les vieillards expérimentés, de façon que les affaires suivent leur cours. Quelques princes ont fait leurs commensaux de médecins et d'astrologues, afin de connaître la manière dont ils doivent se gouverner, ce qui doit leur arriver, ce qu'ils devront faire, et ils ont chargé chacun d'eux de veiller l'un sur son caractère, l'autre sur sa santé. L'astrologue observe le temps et les heures, il en donne avis au prince pour toutes les affaires qu'il veut entreprendre et il choisit le moment où les astres sont favorables. Mais d'autres souverains refusent leurs services : Le médecin, disent-ils, nous défend les plats savoureux et les mets délicats, il nous fait prendre médecine quand nous sommes sains et bien portants et il ne cherche qu'à nous rendre malades. L'astrologue, d'un autre côté, met obstacle à l'expédition de chaque affaire, empêche de régler les questions importantes et trouble l'existence. Il vaut mieux ne les appeler que lorsqu'on a besoin d'eux.

On appréciera bien plus un courtisan qui aura vu le monde, parcouru la terre et servi de grands personnages. Lorsque l'on veut connaître le caractère du souverain, on le juge d'après celui de son commensal. Si ce dernier est d'un caractère enjoué et agréable, s'il est instruit, modeste et généreux, on en concluera que le souverain n'est ni revêche, ni débauché, ni avare. Il faut donner à chaque courtisan un grade et un rang : les uns pourront s'asseoir, les autres devront rester debout, selon la règle suivie autrefois dans les cours des rois et des khalifes et actuellement encore par l'antique dynastie des Abbasides. Le khalife a toujours dans sa compagnie un certain nombre de courtisans, selon la coutume de ses ancêtres. Auprès du sultan Ghaznévide, il y avait constamment vingt familiers, dont dix pouvaient s'asseoir en sa présence et dix devaient rester debout. Ce prince avait emprunté cette étiquette aux Samanides. Le monarque doit donner à ses commensaux de quoi vivre et leur faire avoir une grande considération parmi les gens de sa maison ; en revanche ils devront s'observer, avoir une bonne conduite, et témoigner de l'affection pour le souverain.

CHAPITRE XVIII

Le souverain doit, dans les affaires, demander conseil aux gens instruits et aux sages.

Solliciter des conseils est l'indice d'un esprit solide et d'une intelligence parfaite et prévoyante. Chaque homme, en effet, possède une dose plus ou moins grande de connaissances. L'un est instruit, mais il n'a jamais pratiqué les affaires, et sa science n'a jamais été éprouvée ; cet autre, au contraire, a mis ses connaissances à profit et en a fait l'épreuve. *Exemple* : Le premier ressemble à un homme qui a lu dans un livre de médecine le traitement de telle infirmité ou de telle maladie, et s'est contenté de garder dans sa mémoire le nom des médicaments, tandis qu'un autre, non content de connaître les remèdes, les a administrés et expérimentés plusieurs fois. On ne peut certes pas mettre ces deux hommes sur la même ligne. De même, celui qui a voyagé, parcouru le monde, connu les vicissitudes de la fortune et qui a été mêlé aux affaires est bien supérieur à l'homme qui n'est jamais sorti de chez lui.

Aussi recommande-t-on de prendre à ce sujet conseil des savants et des vieillards qui ont l'expérience de la vie. L'esprit devient alors plus aiguisé et plus prompt dans l'expédition des affaires. Les gens avisés ont dit : « Le conseil d'un sage étant comme la vigueur physique d'un homme, le conseil de dix sages est comme la force de dix hommes. » Toutes les créatures humaines sont unanimes à reconnaître qu'aucun mortel n'a eu un jugement plus sûr que le Prophète (que le salut soit sur lui !). Grâce à la science profonde qu'il possédait, ce chef suprême discernait aussi bien l'avenir qu'il voyait le passé. On lui a montré les cieux et la terre, le paradis et l'enfer, la tablette et le qalem, le trône et le siège et tout ce qui se trouve placé au milieu. Gabriel (que sur lui soit le salut !) venait à toute heure lui annoncer des nouvelles, lui apporter la joie, lui faire connaître tout ce qui s'était passé et lui dévoiler ce qui n'était point encore arrivé. Malgré toute la perfection qu'il possédait, malgré tous ses miracles, Dieu (qu'il soit exalté !) lui a fait cette recommandation : « Consulte-les dans l'affaire, ô Mohammed[1] ! » ; c'est-à-dire : quand une affaire se présentera à toi, confères-en avec tes amis. Dieu lui ordonna de demander des conseils, bien qu'il n'eût besoin ni d'avis ni de conseil, et il est manifeste que personne, mieux que le Prophète, ne pouvait s'en passer. En conséquence, le souverain, lorsqu'il veut entreprendre une affaire ou qu'il s'en présente une devant lui, doit en conférer avec les vieillards et les gens qui lui sont dévoués, de façon que chacun d'eux fasse connaître son sentiment. Le souverain contrôlera leurs opinions et les comparera, et, quand chacun aura écouté l'avis de ses voisins et émis le sien, la solution juste de l'affaire se dégagera : ce sera celle sur laquelle tous les esprits seront tombés d'accord. — Ne pas recourir à demander conseil dans les affaires dénote un esprit étroit. On donne à ceux qui agissent de la sorte le nom de présomptueux. On ne

---

1. *Qoran*, ch. III, v. 153.

peut s'engager dans aucune affaire sans en avoir fait d'abord
l'objet de ses désirs, de même aucune entreprise ne réussira si,
auparavant, on ne l'a pas discutée. Grâce à Dieu, le maître du
monde est doué d'un esprit juste et il est servi par des gens
d'action et de bon conseil. Je me suis imposé l'obligation de rapporter ceci dans mon livre.

CHAPITRE XIX

Des moufred (soldats d'élite), de leur solde et de leur service.

Il faut qu'il y ait continuellement à la cour deux cents hommes
appelés moufred, choisis avec soin, ayant tous une belle mine et
une grande taille, et doués d'un courage et d'une vaillance à
toute épreuve. Cent d'entre eux seront Khorassaniens et cent
Deïlemites. Ils ne s'absenteront jamais de la cour, soit en
temps de paix, soit en temps de guerre ; ils y seront à demeure
fixe. On leur donnera de beaux vêtements ; leurs armes seront
toujours toutes tenues en bon état ; on les leur remettra quand
il en sera besoin et on les leur reprendra ensuite. Parmi ces
armes il y aura vingt baudriers et boucliers garnis d'ornements
en or, cent quatre-vings baudriers et boucliers ornés d'argent,
et des lances de Khatt. On fournira à ces hommes des rations
quotidiennes et on leur paiera intégralement leurs appointements. Il y aura, par cinquante hommes, un officier qui les
connaîtra bien et les commandera dans le service. Il faut qu'ils
soient bons cavaliers, qu'ils soient munis de tout ce qui leur
est nécessaire, afin que, quand les circonstances l'exigeront,
ils ne restent point au-dessous de la tâche qui leur est imposée.
— On entretiendra de même continuellement quatre mille
gens de pied de toutes races, dont les noms seront inscrits
sur les registres de l'administration. Mille d'entre eux seront
choisis pour être affectés à la garde particulière du souverain ;

les trois mille autres seront attachés au service des émirs et des généraux, jusqu'au moment où ils seront employés pour une affaire importante.

CHAPITRE XX

Il faut tenir en réserve à la cour des armes incrustées de pierres précieuses.

Il faut avoir toujours prêts vingt sabres appartenant en propre au souverain; ils seront tous incrustés de pierreries et enrichis d'autres ornements et on les gardera dans le trésor. Toutes les fois que des ambassadeurs arriveront des pays étrangers, vingt esclaves, magnifiquement vêtus, porteront ces armes et se tiendront debout autour du trône. Notre souverain, grâce à Dieu (qu'il soit exalté!), est parvenu à un tel degré de puissance qu'il peut négliger ces objets de luxe; mais la splendeur et l'organisation du gouvernement doivent être en rapport avec la grandeur du monarque. Aujourd'hui, il n'y a pas sur toute la terre de roi plus puissant que le maître du monde (que Dieu éternise son règne!) et il n'y a pas de royaume plus vaste que le sien. Il est donc nécessaire que ce que les autres princes possèdent par unité, il l'ait dix fois, et que ce qu'ils ont dix fois, il le possède cent fois, qu'il s'agisse d'armes offensives ou défensives, de qualités du cœur, de grandeur d'âme, de puissance dominatrice ou de fermeté de jugement; enfin il a à sa disposition tout ce qui lui est nécessaire.

CHAPITRE XXI

Des ambassadeurs et de la manière de se conduire à leur égard.

Quand des ambassadeurs viennent des pays étrangers, il n'en

faut donner avis à personne, jusqu'à ce qu'ils soient arrivés à la
cour. A l'aller comme au retour, nul ne les fréquentera ni ne
leur fournira de renseignements. On attribuera cette manière
d'agir à l'inadvertance et à la négligence apportées dans cette
conjoncture. Il faut recommander aux fonctionnaires placés aux
frontières, lorsque quelqu'un se présentera à eux, d'envoyer un
cavalier et de faire connaître à la cour le nom de la personne, le
lieu d'où elle vient, le nombre des cavaliers et des gens de pied
qui forment sa suite, la nature de ses bagages, l'importance de
son train et le but de son voyage. Ils désigneront un homme
de confiance pour accompagner ces gens et les conduire dans
telle ville désignée d'avance, où cet agent les confiera à un de
ses collègues qui recevra l'ordre de les conduire dans une
autre ville ; on agira successivement ainsi dans chaque ville et
dans chaque district, jusqu'à leur arrivée à la cour. On leur
fournira des vivres à chaque étape, on les traitera avec égards
et on les fera partir satisfaits. Ils voyageront de la même manière à leur retour. Si l'on se conduit bien ou mal à leur égard,
il en sera comme si on avait traité bien ou mal leur souverain.

Les princes se sont témoigné, de tout temps, beaucoup d'é-
gards les uns aux autres et ils ont traité leurs envoyés avec
honneur, pour rehausser ainsi leur dignité et leur gloire. Si
parfois la division a éclaté entre des souverains et si des ambassadeurs ont été envoyés, eu égard aux nécessités du moment,
ils ont toujours pu s'acquitter de leur mission suivant leurs
instructions; jamais ils n'ont été molestés et jamais on n'a
manqué à l'habitude de les bien traiter, ce qui serait désap-
prouvé par tout le monde. C'est ainsi que nous voyons qu'il
est dit : « Et l'Envoyé ne peut ne recevoir qu'un bon traitement
évident [1]. »

1. *Qoran*, ch. xxiv, v. 53.

Suite du chapitre XXI.

Il est nécessaire de savoir que les souverains, en s'envoyant les uns aux autres des ambassadeurs, n'ont pas seulement pour but de remettre une lettre ou de transmettre un message qu'ils font connaître au public, mais ils ont en vue la connaissance de cent menus détails et la réalisation de cent désirs divers. Ils veulent, en effet, se renseigner sur l'état des routes et des défilés, sur les lieux où se trouvent des cours d'eau, des puits et des abreuvoirs; savoir si les routes sont praticables ou non pour une armée, où l'on trouvera des fourrages, et où on n'en trouvera pas, quels sont les agents que l'on rencontrera exerçant l'autorité, quelle est la force des troupes du prince, quelle est la quantité de ses approvisionnements en armes offensives et défensives. Ils veulent être instruits de la manière de vivre du prince, avoir des informations sur sa table, sur ses réunions intimes, sur l'organisation de sa cour et sur ses habitudes. Ils désirent savoir s'il joue au mail et s'il va à la chasse ; ils souhaitent être renseignés sur son caractère, sur sa manière d'être, sur ses largesses, sa mine, sa générosité, sa tyrannie ou son équité ; savoir s'il est vieux ou jeune, instruit ou ignorant, si son royaume est ruiné ou florissant, son armée satisfaite ou non, ses sujets riches ou pauvres, s'il est actif ou négligent en affaires, avare ou généreux, si son vizir est capable ou non, s'il est religieux et d'une bonne conduite, si ses généraux sont expérimentés, si ses courtisans sont savants, intelligents ou non. Les souverains désirent connaître ce qu'il déteste et ce qu'il aime, savoir s'il est expansif et gai quand il s'est livré au plaisir du vin, s'il est accessible à la pitié, ou s'il reste indifférent, si son penchant l'entraîne plus vers l'amour et les propos lestes, ou vers les mignons ou les femmes. De sorte que, s'ils

veulent, à un moment donné, l'attaquer, s'opposer à ses projets
ou critiquer ses défauts, comme ils sont fixés sur tout ce qui
le concerne, ils peuvent réfléchir aux mesures à prendre
dans ces circonstances. Ils connaissent les qualités et les vices
du prince et agissent en conséquence.

C'est ainsi qu'il m'arriva une aventure sous le règne du sultan qui jouit maintenant du bonheur éternel, Alp Arslan (que
son âme soit sanctifiée!). Il y a, dans le monde, deux sectes également bonnes, celle d'Abou Hanifa et celle de Chafiy. Or feu le
sultan (que la miséricorde d'Allah soit sur lui!) était tellement
ferme et sincère dans sa croyance qu'à plusieurs reprises il laissa
échapper ces mots : « Quel malheur! si mon vizir n'appartenait
pas à la secte de Chafiy, combien plus grands seraient son autorité
et son prestige! » Aussi, comme il était très fanatique et abhor-
rait les chafiys, je l'avais en grande crainte et ne lui obéissais qu'en
tremblant. Or, il arriva que le sultan, mort en confessant la foi,
attaqua le Mâ-vera-oun-nehr dont le souverain Chems oul-Moulk
lui avait désobéi et avait refusé de lui rendre hommage[1]. Il mit son
armée sur pied et envoya à Chems oul-Moulk, Naçr ben Ibrahim
en qualité d'ambassadeur[2]. Je dépêchai, de ma part, avec ce dernier, le légiste Echter, qui devait se tenir au courant de tout ce
qui se passerait. L'envoyé du sultan, à son arrivée, présenta ses
lettres de créance et fit part du message dont il était chargé.
Le khan le renvoya ici, accompagné d'un ambassadeur.
Les ambassadeurs ont l'habitude de venir, à tout propos,
chez le vizir pour lui faire part de leurs demandes, afin qu'il

1. Naçr-Khan Chems oul-Moulk était le fils de Thoumghadj-Khan. Il succéda
à son père dans le gouvernement de la Transoxiane en l'année 460 (1068); il mourut à la fin du mois de zilqaadèh 472 (mai 1080). Il eut pour successeur son frère
Khizr-Khan. Chems oul-Moulkh était un prince remarquable par ses connaissances littéraires, son éloquence et sa valeur. Il possédait un remarquable
talent de calligraphie.

2. Il s'agit probablement ici du cheikh Aboul Feth Naçr ibn Ibrahim el-
Mouqadessy qui fut, avec le cheikh Abou Ishaq de Chiraz, le maître d'Aboul Hous-
sein Idris, mort à Samarqand en 504 (1110).

en confère avec le souverain, et ils conservent cette coutume jusqu'au moment où ils s'en retournent dans leur pays. Un jour, j'étais assis dans ma chambre, en compagnie de quelques-uns de mes amis; je jouais aux échecs: j'avais gagné une partie et j'avais pris comme gage, à mon partenaire, un anneau que je passai au doigt de ma main droite, car il était trop large pour celui de ma main gauche. On m'annonça que l'ambassadeur du khan de Samarqand se trouvait à la porte ; je donnai l'ordre de le faire entrer et d'enlever le jeu d'échecs qui se trouvait devant moi. L'envoyé se présenta, s'assit, et, tandis qu'il exposait ce qu'il avait à dire, je faisais tourner la bague autour de mon doigt. Les yeux de l'ambassadeur se fixèrent sur mes mains. Quand il eut achevé sa communication, il se retira. Le sultan donna ensuite l'ordre de le congédier et désigna un nouvel envoyé pour porter sa réponse. Je fis partir de nouveau avec lui le légiste Echter, qui était un homme ferme et sincère. Quand les ambassadeurs arrivèrent à Samarqand, ils se présentèrent devant Chems oul-Moulk. Celui-ci interrogea son envoyé : Comment as-tu trouvé le jugement, le gouvernement et l'aspect du sultan? lui demanda-t-il, quelle est la force de son armée? comment est-elle équipée? comment la cour et l'administration sont-elles organisées? quelles sont les règles qui régissent son royaume? — Seigneur, répondit-il, rien ne manque à l'aspect, à la mine, au courage, à l'administration, à la majesté, à l'autorité du sultan. Dieu seul connaît le nombre de ses soldats, et nul ne peut fixer le chiffre de leurs armes, de leurs effets d'équipement, ni décrire leur luxe. L'organisation du divan, de la justice, du conseil et de la cour est de tout point parfaite et, dans tout le gouvernement, on ne pourrait citer une chose défectueuse : il y a cependant un défaut. Si ce dernier n'existait pas, aucun rebelle ne pourrait s'élever contre lui. — Quel est cet unique défaut? demanda Chems oul-Moulk. — Le vizir du sultan est hérétique. — Comment le sais-tu? dit l'émir. — Un jour, au moment de la prière du matin, je me rendis à la porte de sa chambre pour lui parler d'une affaire. Il avait à la main droite un anneau qu'il ne cessa de faire tourner pendant qu'il me parlait. » Le savant Echter m'écrivit aussitôt, en m'avertissant des propos que l'on tenait sur moi à la cour de Chems oul-Moulk. Je fus saisi d'effroi, en songeant à la colère du sultan. Il déteste la secte de Chafiy, me dis-je, et il me reproche sans cesse ma croyance. Si, par quelque hasard, il apprend que les Djeulky du Mâ-vera-oun-nehr[1] me tiennent pour hérétique et me représentent comme tel au khan de Samarquand, il ne me fera pas grâce. Je dépensai, de mon propre mouvement, trente mille dinars d'or, j'accueillis toutes les demandes, j'accordai des grâces et je fis des largesses de toutes sortes pour que ce propos ne parvînt pas aux oreilles du prince.

Je rappelle ces faits parce que la plupart des ambassadeurs cherchent à voir ce qui est défectueux, font attention à tout, observent ce qui dans le gouvernement et le royaume est imparfait ou bien organisé, et ensuite, ils déversent le blâme sur les souverains. Aussi ceux-ci, quand ils sont intelligents et avisés, amendent leur caractère, adoptent une conduite sage, choisissent des hommes éprouvés et loyaux pour leur confier la conduite des affaires, et mettent tous leurs soins à ce que personne ne puisse leur adresser de critiques.

On confiera la charge d'ambassadeur à un homme ayant l'ha-

---

1. Le mot *djeulky* est emprunté au dialecte turc oriental جلك ou جولكه que l'on retrouve dans le turc osmanly sous la forme اولكه et désigne une province. *Djeulky* a donc la signification de provinciaux ; Ibn el-Athir et Nowairy nous apprennent que l'on appelait ainsi les habitants de la province de Samarqand. Ce dernier dit au commencement du chapitre qu'il a consacré à la révolte de Samarqand et à sa conquête par Melikchâh : لما ابعد السلطان عن سمرقند

تفق اهلها وعسكرها المعروفون بالجلكيه (بالجلكيه) مع المعميد ابى طاهر نايب السلاطان عندهم

« Lorsque le sultan se fut éloigné de Samarqand, la population et les soldats que l'on connaît sous le nom de Djeulky furent en dissentiment avec l'amid Abou Tahir placé chez eux en qualité de lieutenant du sultan. » (Nowairy, ms. de la Bibliothèque de l'Université de Leyde, tome XXIV, f° 84, et Ibn el-Athir, tome X, p. 114.)

bitude de servir les princes, hardi, sachant retenir sa langue,
ayant parcouru le monde, possédant des connaissances dans
toutes les sciences, sachant le Qoran par cœur, prévoyant et
ayant une bonne tournure et une heureuse physionomie. Il sera
préférable qu'il soit âgé et instruit. Si le prince confie une mission à un de ses familiers, cela ne pourra qu'augmenter la
confiance que l'on accordera à celui-ci, et s'il envoie un
homme brave, courageux, bon cavalier et guerrier renommé,
cela sera parfait. Le roi semblera montrer par là que tous ses
sujets ressemblent à ce hardi champion. Il vaut encore
mieux qu'il soit d'une noble race, car sa noblesse lui fera attribuer un rang plus élevé et augmentera sa considération. De tout
temps, les souverains ont envoyé des ambassadeurs, chargés
de présents, d'objets curieux, d'armes et de choses précieuses.
Ils ont affecté de paraître faibles et animés d'un esprit de
soumission. Après avoir donné cette illusion, ils ont, à la
suite d'une mission confiée à un ambassadeur, levé des troupes
et, à la tête d'hommes éprouvés, ils ont fait des incursions sur
le territoire de leur ennemi et l'ont mis en fuite. On se rend
compte, d'après l'envoyé, de la manière de se conduire et de
l'intelligence du souverain par qui il est accrédité.

CHAPITRE XXII

Il faut avoir, dans les relais, des provisions de fourrage.

Quand le souverain se met en route, on ne trouve pas (toujours),
dans toutes les stations où il fait halte, du fourrage et des provisions préparés. Il faut alors se procurer, à n'importe quel prix et
avec beaucoup de peine, les rations du jour, ou les prendre chez
les paysans en les taxant. Ceci est un mauvais procédé. On s'ap-
provisionnera donc de fourrage, sur toutes les routes par où le

prince doit passer, dans tous les villages qui sont en même temps
des lieux de halte et dans leurs environs, que ce soient des fiefs
ou des biens de la couronne. S'il n'y a ni caravansérail, ni village,
on prendra du fourrage dans la localité la plus proche. Les officiers réuniront dans un dépôt tout ce qu'ils recueilleront et ils
utiliseront ce fourrage, s'il en est besoin; sinon, ils le vendront
et en verseront le produit au trésor comme ils font des autres
taxes. De la sorte, les sujets ne seront pas molestés et on trouvera du fourrage en quantité suffisante, quand les circonstances
l'exigeront.

CHAPITRE XXIII

De la nécessité d'avoir toujours disponible la solde de l'armée.

Les sommes destinées à l'entretien des troupes devront toujours être liquides. Les feudataires devront avoir toujours
ces sommes prêtes, libres de toute obligation et ayant cet emploi bien déterminé.

Quant aux ghoulams qui n'ont pas de fiefs, les sommes destinées à leur solde devront être disponibles à tout moment. Il faut
toujours se dire : Les dépenses de l'armée s'élèvent à tant; il faut
que cette somme soit prête et distribuée aux soldats à l'é-
chéance, afin qu'on ne fasse pas de délégation sur le trésor
ou qu'on n'en retire pas des fonds à l'insu du souverain. Il est
bien préférable que le prince leur remette leur solde de ses
propres mains; cela ne peut qu'augmenter leur attachement et
leur fidélité à son égard. Ils lui seront plus dévoués, plus ardents
et plus fermes dans les combats. Le système des souverains d'autrefois était différent ; ils n'accordaient jamais de fiefs, mais
donnaient, en argent comptant, à chaque combattant une
solde variable suivant son mérite et distribuée chaque année en

quatre termes. Les soldats étaient aussi constamment approvisionnés en vivres et en munitions. Les agents des finances recueillaient les impôts et les versaient au trésor ; ils les en tiraient tous les trois mois pour payer les traitements que l'on appelait *pichègany*. Cette méthode est encore suivie de nos jours par les princes Ghaznévides, et les gens qui reçoivent ce salaire s'appellent *Iqta'dar*. Grâce à ce système, si un homme d'un corps quelconque disparaît, par suite de décès ou pour toute autre cause, on en est aussitôt averti et on en prévient le chef, quand les hommes viennent toucher leur solde. On les réunit si une circonstance importante l'exige. Si l'un d'eux a une excuse à faire valoir, il doit la faire connaître sur-le-champ, car on exige de leur part la plus entière obéissance aux ordres donnés. Si l'un d'eux vient à s'y dérober, il est puni et sa solde lui est supprimée.

CHAPITRE XXIV

Il est nécessaire d'avoir des troupes de races différentes.

Il est très dangereux d'avoir une armée composée d'hommes ayant tous la même origine ; ils n'auront aucune émulation pour bien servir et susciteront des désordres. Il faudra donc que toutes les races de l'empire fournissent des soldats. On aura ainsi deux mille Deïlemites et deux mille Khorassaniens qui résideront à la cour. On conservera ceux qui existent et on lèvera pour les avoir sous la main ceux qui devront compléter les vides. Si on entretient aussi quelques Géorgiens et quelques Chobankarèh du Fars[1], cela n'en vaudra que mieux, car ce sont de braves gens.

---

1. Le Chobankarèh est une vaste province qui s'étend depuis les frontières du Kerman jusqu'au golfe Persique. Elle versait au trésor, à l'époque des sultans Seldjoukides, une somme de deux cents toumans, puis ensuite six toumans, soit eux cent mille dinars. L'auteur du *Heft Iqlim* nous apprend que la province de Fars

Voici quel était à ce sujet le système de Sultan Mahmoud. Il avait dans son armée des soldats de plusieurs races différentes : des Turcs, des Khorassaniens, des Arabes, des Indiens, des Deïlemites et des gens de Ghour [1]. Lorsqu'on était en campagne, on désignait dans chaque troupe les hommes qui chaque nuit devaient se livrer au repos. L'emplacement occupé par chaque nation était bien en vue et aucun détachement n'osait bouger jusqu'au jour, par crainte de celui qui l'avoisinait.

Lorsque le combat était engagé, chaque race faisait preuve de vaillance et combattait avec plus de vigueur pour conserver intacts son honneur et sa bonne renommée, afin que l'on ne vînt à dire : « Pendant la bataille, telle race s'est comportée avec mollesse. » Toutes les troupes faisaient tous leurs efforts pour l'emporter en courage l'une sur l'autre. Lorsque ces principes seront ceux des gens de guerre, ils feront preuve de plus d'intrépidité et ils se montreront plus avides d'acquérir un glorieux renom; quand ils mettront l'épée à la main, ils ne reculeront point d'un pas qu'ils n'aient fait subir une défaite à l'ennemi. Or, quand des troupes ont été deux ou trois fois victorieuses, cent cavaliers pris parmi elles ne tiennent aucun compte de mille cavaliers ennemis.

(était divisée autrefois en cinq kourèh (districts) et de son temps en six boulouks cantons) dont le plus grand est celui qui avait pour capitale Darabdjerd. Cette ville est située dans une plaine unie ; elle est entourée d'un mur fortifié et défendue par un château bâti au milieu de la ville, au sommet d'une éminence qui a la forme d'un dôme. L'enceinte de ce château est circulaire, comme celle de la ville qui semble avoir été tracée au compas : quatre portes s'ouvrent dans l'enceinte du château entouré par un fossé rempli d'eau qui a été dégradé, puis ensuite réparé. Sa circonférence est d'environ une parasange. La ville est fermée, par deux portes; elle possède un bezestan. Le climat du Chobankarèh est chaud on y récolte du blé, des fruits et des dattes. Les environs de la ville sont boisés et arrosés par différents cours d'eau. Dans les montagnes du Chobankarèh, on trouve du sel de sept couleurs différentes, de la moumia et des mines de vif argent. (Hadji Khalfa, *Djihan Numa*, Constantinople, pp. 267-268.)

1. On désigne sous le nom de Ghour un pays de montagnes sauvage et froid qui s'étend entre Hérat et Ghaznah. On n'y trouve point de ville digne d'être citée. La localité la plus importante est un château appelé Firouzkouh qui est la résidence des rois. (Yaqout, *Moudjem oul-bouldan*, tome III, p. 823.)

Personne aussi ne saurait résister à cette armée assistée par Dieu, et qui est celle de notre souverain : toutes les troupes des contrées limitrophes redoutent celles de notre roi et lui obéissent.

CHAPITRE XXV

Il faut entretenir près de la cour et y faire résider des troupes composées de soldats de toutes races.

Il faut dire aux émirs arabes, kurdes, deïlemites, grecs ou autres, qui ont récemment souscrit des engagements stipulant leur soumission, de faire résider à la cour soit un fils, soit un frère, de façon que le nombre de ces ôtages ne soit jamais inférieur à cinq cents. Ces émirs en enverront d'autres au bout d'une année, pour les remplacer et pour les faire rentrer chez eux, mais ceux-ci ne pourront partir avant l'arrivée de leurs remplaçants ; de la sorte, personne ne pourra se révolter contre le souverain sous prétexte de ne pas recevoir les subsides qui doivent lui être assurés.

Les Deïlemites, les Kouhistany, les gens du Tabarestan, du Chobankarèh et autres recevront des fiefs et des pensions. Cinq cents d'entre eux seront ainsi attachés à la cour, afin qu'au moment où le besoin s'en fera sentir, elle ne soit, en aucune façon, privée du secours d'hommes énergiques.

CHAPITRE XXVI

De la nécessité d'entretenir des Turkomans au service au même titre que les ghoulams, les Turks et autres gens.

Les Turkomans, bien qu'ayant causé de sérieux ennuis et étant en nombre considérable, ont cependant acquis des droits à la bienveillance de la dynastie actuelle, car ils lui ont rendu, au commencement de son établissement, de nombreux services; ils ont beaucoup souffert pour elle, et lui sont attachés par les liens de la parenté.

Il faudra inscrire sur les registres de l'administration le nom de mille de leurs enfants, auxquels on attribuera, comme on le fait pour les ghoulams, une résidence particulière. Comme ils devront rester continuellement attachés au service, ils apprendront le maniement des armes et les détails du service de la cour. Ils se trouveront au milieu des gens de bien, deviendront dévoués, ils serviront comme les ghoulams et on verra disparaître de leurs cœurs l'antipathie qu'ils témoignaient à la dynastie. Quand il en sera besoin, cinq ou dix mille hommes, désignés pour le service qui leur sera demandé, monteront à cheval à la mode des ghoulams dont ils auront l'équipement. Ils participeront de la sorte aux faveurs de la famille régnante; le souverain acquerra de la gloire et quant à eux ils seront satisfaits et contents.

CHAPITRE XXVII

De l'organisation des esclaves du prince et des mesures à prendre pour ne pas les fatiguer quand ils sont de service.

Il ne faut point harasser sans nécessité les esclaves qui se tiennent debout, prêts à exécuter les ordres qu'on leur donne.

On ne devra pas non plus les exercer sans cesse à tirer de l'arc, mais il faudra leur apprendre à se rallier rapidement quand ils sont dispersés et à se mettre avec la même promptitude en ordre dispersé. On leur enseignera également la façon dont ils auront à se conduire et il ne devra y avoir aucune confusion dans les ordres qu'ils recevront quand on désignera, chaque jour, celui qui sera chargé de porter l'eau ou les armes (du prince), le sommelier ou celui qui sera préposé à la garde-robe, ou autres détails du service de la cour. On préviendra également ceux qui devront être aux ordres du grand chambellan ou du grand émir, afin que, tous les jours, il se présente de chaque chambrée le nombre de serviteurs qui sera indiqué. On agira de même, afin de prévenir tout embarras, avec ceux qui seront chargés du service particulier du prince.

Autrefois les esclaves étaient, depuis le moment où ils avaient été achetés jusqu'aux jours de leur vieillesse, soumis, pour leur éducation et leur avancement, à un règlement universellement accepté, mais qui est tombé en désuétude à l'époque actuelle. Je mentionne ici le peu de détails que comporte ce livre.

Organisation des esclaves du palais. — Voici quelle était la règle suivie à la cour des Samanides.

On donnait graduellement de l'avancement aux esclaves, en tenant compte de leurs services, de leur courage et de leur mérite. Ainsi, l'esclave qui venait d'être acheté faisait pendant un an son service à pied. Il marchait, vêtu d'une tunique de *zendènèdjy* [1], à côté de l'étrier de son chef; on ne le faisait monter à cheval ni en public, ni en particulier, et il était puni si l'on venait à apprendre qu'il l'eût fait. Sa première année de service terminée, le chef de chambrée en prévenait le chambellan, et celui-ci lui faisait donner un cheval turc ayant seulement un filet

---

1. Le *zendènèdjy* est une étoffe de coton fabriquée dans le village de Zendenèh, aux environs de Boukhara. Cf. *Chrestomathie persane*, t. Iᵉʳ, p. 35 du texte persan

dans la bouche, une bride et une têtière unies. Quand il avait servi une année à cheval et le fouet en main, on lui accordait un ceinturon de cuir pour en ceindre sa taille. La cinquième année, on lui donnait une meilleure selle, une bride ornée d'étoiles (en métal), une tunique en *daray* [1] et une masse d'armes qu'il suspendait par un anneau à l'arçon de sa selle. Dans la sixième année, il recevait un vêtement de couleur plus luxueux et dans la septième, on lui accordait une tente soutenue par un mât et fixée à l'aide de seize piquets; il avait trois esclaves à sa suite et il était décoré du titre de chef de chambrée. Il avait pour coiffure un bonnet de feutre noir brodé d'argent et il était vêtu d'une robe de Guendjèh [2]. Chaque année, il se voyait élevé en grade et en dignité; son train et son escouade étaient augmentés jusqu'au moment où il parvenait au rang de chef d'un escadron et enfin à celui de chambellan. Si sa capacité et son mérite étaient généralement reconnus, s'il avait fait quelque action d'éclat et s'était acquis l'estime universelle et l'affection de son souverain, il n'en devait pas moins attendre jusqu'à l'âge de trente-cinq ans pour obtenir le titre d'émir et un gouvernement.

C'est à cet âge qu'Alpteguin, l'esclave nourri et élevé par les Samanides, fut investi du gouvernement militaire du Khorassan. C'était un homme d'une fidélité éprouvée, d'une extrême loyauté, d'un grand courage, d'un sens rassis et de bon conseil; il savait s'attacher les gens et il aimait les soldats. Il était, de plus, généreux, hospitalier et craignant Dieu : en un mot, il était doué de toutes les qualités qui distinguaient les Samanides. Il gouverna pendant longtemps le Khorassan. Il possédait deux mille sept cents ghoulams et esclaves d'origine turque. Il en acheta, une fois, trente parmi lesquels se trouvait Seboukteguin, le père de Sultan

1. Le *daray* est une étoffe de coton mélangée de soie.
2. Guendjèh, dans le Chirvan, était renommée au moyen âge pour la beauté des étoffes de soie que l'on y fabriquait.

Mahmoud[1]. Trois jours après, Seboukteguin se tenait debout devant Alpteguin au milieu des autres esclaves, lorsque se présenta un chambellan qui annonça à l'émir la mort d'un chef de chambrée; il lui demanda à quel esclave il fallait donner cette chambrée avec l'équipement, l'escouade et l'héritage du défunt. Les regards d'Alpteguin tombèrent sur Seboukteguin. « C'est à celui-ci, dit-il, que je fais don de tout cela. — Seigneur, fit observer le chambellan, il n'y a pas trois jours que ce jeune esclave a été acheté, il n'a donc pas accompli une année de service, et il en faut sept pour obtenir le grade que tu viens de lui conférer, comment peux-tu agir ainsi? — J'ai dit, » répliqua Alpteguin. En entendant ces mots, le jeune esclave se prosterna en signe de remerciement. « Je ne reprends pas ce que j'ai donné », ajouta l'émir. On remit donc à Seboukteguin l'équipement du chef de chambrée et on lui en conféra le titre. Alpteguin se prit alors à réfléchir : « Comment se peut-il que ce jeune captif tout récemment acheté obtienne, tout nouvellement arrivé ici, un grade que d'autres mettent sept ans à acquérir. Il faut qu'il soit d'une noble origine dans le Turkestan ou bien il sera comblé des faveurs de la fortune; certainement il s'élèvera haut[2]. »

Pour le mettre à l'épreuve, Alpteguin se mit donc à le charger de messages pour tout le monde. Il lui demandait : « Que t'ai-je dit, répète-le moi. » Seboukteguin le répétait sans la moindre inexactitude. Alpteguin lui disait alors : « Va et rapporte-moi la réponse. » Seboukteguin partait et rapportait immédiatement une réponse plus topique que les termes du message qui lui avait été donné.

1. Quelques historiens orientaux rapportent que Seboukteguin avait été acheté dans le Turkestan, sous le règne d'Abd el-Melik Mançour, par un marchand appelé Naçr el-Kharidjy qui le conduisit à Boukhara avec plusieurs autres esclaves turcs.

2. Seboukteguin, d'après l'auteur du *Nigaristan*, aurait été l'un des descendants de Yezdedjird dont la famille se réfugia dans le Turkestan, après sa mort. Les descendants de Yezdedjird se seraient établis ensuite dans le Sedjestan, après s'être alliés aux Turcs et ils y auraient fondé une colonie qui devint considérable.

Les épreuves auxquelles il le soumettait inspirèrent, chaque jour, à Alpteguin une plus vive affection pour lui. Il lui confia les fonctions d'*âbdar*[1] et celles de *pich-khidmet* (valet de chambre), et il lui accorda une escouade de dix cavaliers et, chaque jour, il lui conférait un nouveau grade. Seboukteguin, parvenu à l'âge de dix-huit ans, commandait une troupe de deux cents ghoulams d'élite. Il s'était assimilé toutes les qualités d'Alpteguin. Un jour, celui ci désigna deux cents ghoulams pour aller percevoir chez les Khouloudjs[2] et chez les Turkomans les impôts qui devaient être prélevés. Seboukteguin se trouvait dans la compagnie de ces ghoulams. Lorsqu'ils furent arrivés au milieu des Khouloudjs et des Turkomans, ceux-ci ne donnèrent pas la totalité de ce dont ils étaient redevables. Les ghoulams, furieux, tirèrent l'épée et voulurent en venir aux mains avec eux. « Je ne me battrai point aujourd'hui, s'écria Seboukteguin, et je ne vous prêterai point assistance dans cette affaire. — Pourquoi? demandèrent ses camarades. — Notre maître, répondit-il, ne nous a point donné l'ordre de recourir à la force. Il nous a seulement commandé de partir et de rapporter le montant de l'impôt. Si nous combattons et si nous éprouvons un échec, ce sera pour nous un déshonneur et une grande honte et le prestige de notre maître en souffrira une grave atteinte. Il nous dira : Pourquoi vous êtes-vous battus sans en avoir reçu l'ordre? Cette honte nous suivra jusqu'à notre dernière heure et nous ne pourrons jamais nous laver d'un pareil reproche — Ce que vient de dire Seboukteguin, s'écrièrent la plupart des ghoulams, est ce qu'il y a de plus raisonnable », et ils se rangèrent à son avis, mais le désaccord s'était mis dans la troupe. Finalement, on ne recourut point à la force et on battit en retraite. Les ghoulams se présentèrent devant Alpteguin et lui dirent : « Les Khouloudjs et les Turkomans ont fait acte de rébellion et n'ont

1. L'*âbdar* est l'officier qui est chargé de donner au prince l'eau pour boire ou pour servir à ses ablutions.
2. Les Kholoudjs étaient une tribu d'origine arabe établie dans la partie du

point voulu acquitter les impôts. — Pourquoi, leur demanda l'émir, n'avez-vous pas mis l'épée à la main et ne leur avez vous pas enlevé violemment ce qu'ils doivent? — Nous voulions faire appel à la force, répondirent-ils, mais Seboukteguin ne nous a pas laissé faire et a été d'un avis contraire : deux partis s'étant formés parmi nous, nous sommes revenus. — Pourquoi, dit Alpteguin à Seboukteguin, n'as-tu pas livré bataille et pourquoi as-tu empêché les ghoulams de le faire ? — Parce que notre maître ne nous en avait pas donné l'ordre, répondit Seboukteguin ; si nous avions engagé la lutte, chacun de nous eût été un chef au lieu d'être un esclave. Se borner à exécuter l'ordre donné par son maître, c'est ce qui doit caractériser l'esclave. Si nous avions essuyé une défaite, l'émir nous aurait certainement demandé en vertu de quels ordres nous avions agi et nous n'aurions pu supporter ses reproches. Commandez-nous maintenant d'aller combattre, nous engagerons l'action et nous rapporterons l'argent qui est dû ou bien nous aurons fait le sacrifice de notre vie. » Ces paroles plurent à Alpteguin ; il approuva la conduite de son esclave et lui accorda un grade élevé en même temps que le commandement d'une troupe de trois cents ghoulams.

L'émir du Khorassan Nouh ibn Naçr vint à mourir[1] ; Alpteguin se trouvait alors à Nichabour. Les grands dignitaires de la cour de Boukhara lui écrivirent : « Voici quelle est la situation présente : l'émir du Khorassan a quitté ce monde, laissant

Zaoulistan qui confine à l'Inde. Ils se mélangèrent par la suite avec les Turkomans et fournirent aux dynasties de l'Asie centrale, des généraux habiles. L'un d'eux, Mohammed ibn Bakhtiar, se rendit indépendant en 602 (1205) et fonda une dynastie qui prit fin en 801 (1393).

1. L'émir Nouh fils de Naçr eut pour successeur en 343 (954), son fils Abd el-Melik qui mourut d'une chute de cheval en 350 (961). L'émir Mançour, fils cadet de l'émir Nouh, fut reconnu par les émirs et les grands personnages de l'État, à l'exclusion de son oncle paternel.

Il faut donc lire, dans le texte de Nizam oul-Moulk, au lieu de Nouh fils de Naçr, Abd el-Melik fils de Nouh, fils de Naçr. Nizam oul-Moulk ou plutôt les copistes oublient que l'émir Abd el-Melik succéda à son père et régua pendant six ans.

après lui un frère âgé de trente ans et un fils âgé de seize ans[1]. Nous mettrons sur le trône celui que tu jugeras bon d'y faire asseoir, car tu es le pivot de l'État. » Alpteguin fit partir, en toute hâte, un courrier porteur d'une lettre conçue en ces termes : « Les deux héritiers de l'émir Nouh sont dignes d'exercer le pouvoir, car ils sont, tous les deux, les descendants de nos princes ; toutefois, le frère de l'émir défunt (de l'émir Nouh) est un prince accompli, ayant l'expérience de toutes choses, connaissant chacun de nous, sa valeur, son rang, et tenant compte de la considération à laquelle il a droit. L'autre. le fils de Nouh, au contraire, est un enfant sans expérience ; je crains qu'il n'inspire pas au peuple le désir de le conserver et qu'il ne sache pas donner les ordres comme cela est nécessaire. Si vous le jugez bon, placez sur le trône le frère de l'émir défunt. »

Il expédia, par un autre courrier, une seconde lettre conçue dans les mêmes termes. Au bout de cinq jours, arriva un messager apportant l'heureuse nouvelle que l'on avait investi du pouvoir suprême le fils de l'émir Nouh. Alpteguin fut fort embarrassé d'avoir écrit ces deux lettres. « Ces braves gens, dit-il. ont agi d'après leur propre initiative ; pourquoi donc ont-ils demandé mon avis ? Les deux princes me sont aussi chers que la lumière de mes yeux ; maintenant, je suis en proie à l'inquiétude, car j'ai désigné le frère de l'émir Nouh comme digne de monter sur le trône ; quand ma lettre parviendra à Boukhara, elle ne sera point agréable au fils de l'émir qui croira que je favorisais son oncle ; il sera indisposé contre moi et je serai l'objet de sa haine ; les gens mal intentionnés tiendront des propos impossibles et le porteront à se venger de moi. » Il fit partir sur-le-champ cinq courriers montés sur des dromadaires et leur recommanda de rejoindre les deux messagers avant qu'ils eussent franchi le Djihoun et de les ramener. Ces courriers se

1. L'émir Abou Salih Mançour régna pendant quinze ans (350-365 = 961-975).

lancèrent sur leurs traces : ils rejoignirent l'un d'entre eux dans le désert d'Amouïèh [1], mais l'autre avait déjà traversé le fleuve. Quand la lettre d'Alpteguin arriva à Boukhara, elle produisit une mauvaise impression sur les partisans du jeune prince. Alpteguin, disaient-ils, n'a pas bien agi en désignant, pour occuper le trône, le frère de l'émir défunt. C'est, en effet, le fils et non le frère qui doit recueillir l'héritage du père. Ils tinrent de tels propos sur ce sujet que, chaque jour, le cœur du fils de Nouh s'aigrissait davantage à l'égard d'Alpteguin. Celui-ci chercha à s'excuser de mille manières et envoya de nombreux présents. La poussière qui s'était fixée sur le cœur du prince ne put disparaître et les intrigues des mal intentionnés ne cessèrent de donner plus de force au ressentiment et à la haine qu'il avait conçus pour Alpteguin. Celui-ci avait été acheté par Ahmed fils d'Ismaýl. Il avait été, pendant quelque temps, au service de Naçr fils d'Ahmed et il avait obtenu, sous le règne de Nouh, le gouvernement militaire du Khorassan. A la mort de Nouh, on fit monter sur le trône son fils Mançour dont il est question ici [2]. Pendant les six premières années du règne de ce prince, Alpteguin distribua des sommes considérables, fit tous les efforts possibles et dépensa des richesses énormes pour se concilier ses bonnes grâces; les menées de ses ennemis l'empêchèrent de réussir. Il avait placé à la cour de Boukhara un homme chargé du soin de ses affaires, qui le tenait au courant de tout ce qui s'y passait. Les courtisans disaient à l'émir Mançour : « Tant que tu n'auras pas fait périr Alpteguin, tu ne sera pas

---

1. Amouïèh était une ville célèbre située à un mille de la rive occidentale du Djihoun. Elle se trouvait sur la route qui conduit de Merv à Boukhara. Elle portait aussi les noms de Amol Zemm, Amol du Djihoun, Amol Echchatt (du grand fleuve) et Amol du désert pour la distinguer de la ville d'Amol, capitale du Tabarestan. Un désert sablonneux dont la traversée est fort périlleuse s'étend entre Merv et Amouïèh. Cette dernière ville se trouvait à quatre étapes de Zemm, à trente-six fersakhs de Merv et à dix-sept de Boukhara. (Yaqout, *Moudjem oul-bouldan*, tome Ier, p. 69.)

2. Je dois faire remarquer encore que Mançour succéda à son frère Abd el-Melik et non à son père Nouh.

souverain et tu ne pourras pas faire exécuter tes ordres. Voici cinquante ans qu'il gouverne le Khorassan et l'armée lui obéit. Quand tu te seras rendu maître de sa personne, ses richesses rempliront ton trésor et ton cœur sera délivré d'un gros souci. Use de l'expédient suivant : appelle-le à ta cour, en lui faisant dire : Depuis notre avènement au trône, tu n'as pas renouvelé ton serment de fidélité. Nous désirons donc vivement te voir, car tu es pour nous comme un père vénéré. C'est toi qui es la base du gouvernement, la splendeur de notre dynastie et le pivot de l'administration. Les propos peu nombreux qui courent sur ton compte ne peuvent être attribués qu'à ton absence. Viens donc à la cour le plus tôt qu'il te sera possible, pour y remettre en vigueur, de même que dans l'administration, les règles tombées en désuétude; tu augmenteras ainsi la confiance que j'ai en toi et tu feras taire les médisants. A son arrivée, fais-le entrer dans ton appartement réservé et fais lui trancher la tête. » L'émir Mançour fit ce qui lui était suggéré; il appela Alpteguin à sa cour. Les gens qui lui transmettaient les informations lui écrivirent qu'on le faisait venir dans le dessein dont je viens de parler.

Alpteguin fit prescrire par un cri public les préparatifs du départ et annoncer qu'on se rendrait à Boukhara. Il partit de Nichabour et arriva à Serakhs, accompagné par trente mille cavaliers et par tous les émirs du Khorassan. Après avoir passé quelques jours à Serakhs, il fit appeler les officiers de l'armée et leur parla en ces termes : « Je vais vous entretenir d'une affaire importante et la mettre sous vos yeux; vous me direz ensuite ce qui vous semble bon, afin que nous sachions quel est, dans cette conjoncture, le meilleur parti à adopter et pour vous et pour moi. — Nous agirons en conséquence, répondirent les émirs. — Savez-vous, reprit alors Alpteguin, pourquoi l'émir Mançour me fait appeler? — Pour te voir et recevoir de toi un nouveau serment, lui répondirent les émirs,

car tu as été un père pour lui et pour ses aïeux. — Non, il n'en
est point ainsi que vous le supposez, répartit alors Alpteguin. Si le
prince veut me voir, c'est pour me faire trancher la tête; c'est
un enfant et il ne sait point apprécier les hommes à leur valeur.
Vous devez tous savoir que, depuis soixante ans, je protège
les États des Samanides; j'ai vaincu les khans du Turkestan
qui les attaquaient, j'ai écrasé partout les hérétiques, et je
n'ai pas manifesté, un seul instant, la moindre velléité de rébellion. J'ai veillé sur la sécurité du royaume pendant le règne du
père et de l'aïeul de l'émir actuel. Pour me récompenser, il
songe maintenant à me mettre à mort. Il ignore que son gouvernement est un corps dont je suis la tête. Enlevez la tête, que
deviendra le corps? Quel parti me conseillez-vous de prendre
maintenant? quelle mesure faut-il adopter pour éloigner cette
calamité? quel remède y a-t-il? — Le remède, s'écrièrent les
émirs, est dans le fourreau de nos sabres. Puisque Mançour nourrit de tels projets contre toi, que nous reste-t-il à espérer de lui?
Il y a cinquante ans que tout autre que toi se serait attribué le
pouvoir. C'est toi que nous reconnaissons et nous ne reconnaissons ni lui ni son père; c'est de toi que nous tenons notre subsistance, notre rang, nos biens, nos grades et nos emplois.
Personne n'est plus digne (du pouvoir) que toi et nous tous nous
sommes soumis à tes ordres. Le Kharezm, le Khorassan, le Nimrouz reconnaissent ton autorité. Dis à Mançour d'abdiquer et
monte sur le trône. Abandonne-lui, si tu le veux, Samarqand
et Boukhara ou empare-toi aussi de ces villes, si cela te plaît. »
Les émirs parlèrent ainsi. « Que Dieu me pardonne ! s'écria
Alpteguin, j'ai voulu vous soumettre à une épreuve. Je sais que
tout ce que vous avez dit vous a été dicté par la plus grande sincérité. J'espère que vous me donnerez les preuves d'une entière
confiance. Que Dieu vous accorde une bonne récompense !
Retournez aujourd'hui chez vous. Que surviendra-t-il de nouveau
demain? » Alpteguin avait alors avec lui trente mille cavaliers

aguerris; s'il l'eût voulu, il eût pu en lever et en faire monter à cheval cent mille.

Le lendemain, les émirs se présentèrent à son audience; Alpteguin sortit de sa tente, s'assit et se tournant vers eux, il leur tint ce langage : « J'ai voulu par les discours que je vous ai tenus hier, vous faire subir une épreuve et savoir si vous étiez oui ou non unis de cœur avec moi et si, en cas de besoin, je pourrais compter sur vous. Vous m'avez fait savoir que vous étiez fidèles à votre parole et pleins de reconnaissance; j'en ai ressenti la joie la plus vive, mais sachez que désormais, en raison de la haine qui m'est vouée, l'épée seule peut détourner de moi le danger qui me menace. Le prince est un enfant qui ne sait pas reconnaître le mérite; il prête l'oreille aux [propos d'hommes ne cherchant que le mal, incapables de rien faire, et il ne sait pas distinguer ce qui est utile de ce qui est pernicieux. Comment ! ne veut-il pas se débarrasser de moi qui suis le soutien de sa dynastie? Il écoute une poignée d'intrigants dont les discours n'ont d'autre but que d'éveiller la discorde et d'amener la ruine de l'État; que le moindre danger menace celui-ci, il sera incapable de le conjurer. Il accorde son amitié à ces gens dont je viens de parler et il veut attenter à mes jours. Je pourrais le dépouiller du pouvoir, le jeter en prison et mettre son oncle à sa place, mais je songe aux propos que l'on tiendra sur mon compte. Les habitants de ce monde diront qu'Alpteguin a, pendant soixante ans, préservé de tout malheur la dynastie des princes Samanides, ses maîtres. A la fin, arrivé à l'âge de quatre-vingts ans, il s'est révolté contre les fils de ces princes, s'est emparé de leurs États et s'est substitué à eux; il a fait éclater ainsi son ingratitude. Jusqu'à présent, j'ai pendant tout le cours de ma vie, joui d'une bonne réputation; aujourd'hui, j'ai un pied dans la tombe et ne veux pas me déshonorer. Tout le monde ne sait pas que tous les torts sont du côté du prince. Les uns diront :

C'est l'émir qui est coupable, les autres diront : La faute en est à Alpteguin. Bien que je ne convoite, en aucune façon, le royaume de Mançour et que je ne cherche point à lui causer des dégoûts, les propos perfides ne prendront point fin tant que je serai dans le Khorassan et, chaque jour, le prince me témoignera plus de malveillance. Quand j'aurai abandonné le Khorassan et quitté le royaume, les malveillants ne pourront plus parler. Il me faudra alors tirer l'épée pour me procurer les moyens de vivre et je passerai le reste de ma vie à combattre. Il faut au moins que je dirige mes coups contre les infidèles pour mériter les récompenses éternelles. Sachez maintenant, soldats, que le Khorassan, le Kharezm, le Nimrouz et le Mâ-vera-oun-nehr appartiennent à l'émir Mançour. Vous tous, vous lui devez obéissance et c'est pour le servir que je veillais à votre entretien. Levez-vous donc, rendez-vous à sa cour, demandez-lui de vous recevoir, faites renouveler les diplômes qui sont entre vos mains et servez-le loyalement. Pour moi, je vais gagner l'Hindoustan où je ferai la guerre sainte. Si je suis tué, je gagnerai le titre de martyr de la foi ; si Dieu m'accorde son aide, je changerai les villes des infidèles en cités soumises à l'islamisme, avec l'espérance d'obtenir le paradis promis par Dieu et par son envoyé. Si le cœur de l'émir du Khorassan s'amollit à mon égard, si les propos tenus sur mon compte viennent à cesser, alors il appréciera mieux l'armée et le peuple du Khorassan. » Alpteguin se leva alors et, s'adressant aux officiers, il leur dit : « Présentez-vous un à un devant moi, afin que je vous fasse mes adieux. » Tout ce que les émirs purent lui dire fut inutile ; ils se mirent à fondre en larmes et, s'avançant tout en pleurs pour prendre congé de lui, ils s'éloignèrent pendant qu'Alpteguin entrait dans sa tente.

Néanmoins, personne n'ajoutait foi à ce qu'il venait de dire et ne croyait au projet qu'il avait formé de s'éloigner du Khorassan pour aller dans l'Hindoustan, car il possédait en biens

fonds cinq cents villages situés dans le Khorassan et le Mâ-vera-
oun-nehr et il n'y avait point une ville où il ne fût propriétaire
de maisons, de jardins, de caravansérails et de bains. Il avait
aussi beaucoup de propriétés de rapport, un million de moutons et cent mille chevaux, mulets et chameaux. Tous ces biens
se trouvaient dans les États des Samanides.

Un jour, on entendit résonner les tambours et l'on vit partir
Alpteguin, accompagné par ses esclaves et les gens de sa maison ; il abandonnait tout ce qu'il possédait. Quant aux émirs du
Khorassan, ils se rendirent à Boukhara. Arrivé à Balkh, Alpteguin se proposa d'y séjourner un ou deux mois pour laisser le
temps de venir se joindre à lui à tous ceux qui arriveraient
du Mâ-vera-oun-nehr et des pays voisins pour prendre part à
la guerre sainte. Ses ennemis et ses envieux dirent à l'émir
Mançour : « Alpteguin est un vieux loup ; tu ne seras en sûreté
que lorsque tu te seras défait de lui. Il faut le faire poursuivre
par une armée qui te l'amènera après l'avoir fait prisonnier. »
Mançour envoya de Boukhara à Balkh un émir à la tête de seize
mille hommes pour s'emparer de la personne d'Alpteguin. Celui-
ci, quand les troupes de l'émir eurent atteint Termiz[1] et franchi
le Djihoun, leva son camp et se dirigea sur Khoulm[2].

Entre cette ville et Balkh s'étend une vallée étroite, longue de
cinq parasanges, que l'on appelle la vallée de Khoulm. Alpteguin

---

1. Termiz est une ville célèbre et une des plus anciennes cités du monde.
Elle est située sur la rive occidentale du Djihoun et elle est rattachée administrati-
vement à la province de Saghanian Elle est entourée d'une muraille fortifiée et
elle possède une citadelle et des caravansérails. Le sol de ses marchés est pavé
de briques cuites. L'eau des irrigations lui vient de la province de Saghanian,
car le Djihoun ne peut lui fournir celle qui doit arroser ses villages. (Yaqout,
Moudjem oul-bouldan, tome I, p. 843.)

2. Khoulm est le nom d'un district aux environs de Balkh, à dix parasanges
de cette ville. Il fut occupé au temps de la conquête par les Arabes des tribus
d'Assad, de Temim et de Qaïs. Khoulm est une petite ville entourée de villages
et de jardins. On voit dans ses environs des vallons resserrés entre les montagnes. Les céréales sont abondantes et pendant l'été la brise ne cesse de souffler
jour et nuit. (*Moudjem oul-bouldan*, tome II, p. 465.)

y établit son camp ; il avait avec lui deux cents cavaliers, ses esclaves, tous guerriers éprouvés, et huit cents hommes qui s'étaient
joints à lui pour prendre part à la guerre sainte. L'armée de l'émir
Mançour à son arrivée, établit son camp dans la plaine et empêcha
le corps d'Alpteguin de sortir de cette vallée. Pendant deux mois,
les deux armées ne firent aucun mouvement; au bout de ce temps,
le tour de garde échut à Seboukteguin. Arrivé au débouché de la
vallée, il vit toute la plaine transformée en un camp et les avant-
postes de l'ennemi se tenant sur leurs gardes. « O mon seigneur,
s'écria-t-il, tu as abandonné à l'émir du Khorassan tes biens et
tes richesses et tu es parti pour la guerre sainte, mais tes ennemis veulent attenter à ta vie. Mon maître, dans sa loyauté, ménage leur honneur, mais je crains bien qu'il ne se précipite à sa
perte et ne nous entraîne avec lui. Cette situation ne peut être
tranchée que par l'épée, car ils n'abandonneront pas notre poursuite, tant que nous resterons inactifs. Mais Dieu très-haut aime et
soutient les opprimés! » Puis se tournant vers les ghoulams qui
l'accompagnaient : « Voici, leur dit-il, la situation qui nous est
faite : si l'ennemi réussit à nous vaincre, pas un seul de nous ne
conservera la vie. Aujourd'hui, je vais en venir aux mains avec
lui pour voir ce qui adviendra et, si notre maître m'approuve
ou me désapprouve, arrive que pourra! » Il s'élança avec ses trois
cents cavaliers sur les avant-postes des ennemis, les mit en déroute, fondit sur leur camp et coucha par terre plus de mille
hommes avant que ceux-ci aient pu s'armer et monter à cheval.
Lorsqu'ils revinrent en force, Seboukteguin battit rapidement
en retraite jusqu'à l'entrée du défilé. On fit connaître à Alpteguin la conduite de son esclave et les pertes qu'il avait fait subir
à l'ennemi. Alpteguin le fit appeler. « Pourquoi, lui dit-il, t'es-tu
hâté de combattre, il fallait temporiser. — Seigneur, répondit Seboukteguin, j'ai temporisé si longtemps que j'étais à bout de force,
il nous faut combattre pour défendre notre vie. Ce n'est pas la
longanimité, c'est le sabre qui tranchera la question. Tant que

nous aurons un souffle de vie, nous combattrons pour notre maître et nous verrons ce qui arrivera. — Maintenant, répondit
Alpteguin, que tu as porté le trouble dans la situation, il n'y a pas
de meilleur parti à prendre que celui-ci : donne l'ordre que
l'on abatte les tentes, qu'on lie les bagages, qu'au moment de la
prière du coucher, on se mette en marche, après les avoir chargés et les avoir fait sortir du défilé. Il faudra que Toghan se
rende avec mille hommes revêtus de leurs armes dans tel
vallon, à main droite, et toi avec mille ghoulams tu iras dans
telle autre vallée sur la gauche. Quant à moi, je sortirai du défilé avec mille hommes et les bagages et je me tiendrai dans la
plaine. Le lendemain, quand les ennemis se présenteront à l'entrée du défilé et ne verront personne, ils se diront : Alpteguin a
fui. Ils monteront immédiatement à cheval, se mettront à notre
poursuite et s'engageront dans le défilé. Lorsque plus de la moitié d'entre eux en aura débouché et m'aura vu immobile dans la
plaine, élancez-vous hors de votre embuscade à droite et à gauche. Au cri qui s'élèvera en ce moment, une partie de la troupe
sortie du défilé tournera bride, pour savoir ce qui vient de
se passer ; alors ceux qui se seront engagés dans le défilé prendront la fuite pendant que le reste succombera sous nos coups.
Lorsque je les chargerai de front, élancez-vous hors des vallons ;
nous envelopperons ainsi ceux qui seront dans le défilé et nous
massacrerons tous ceux qui nous résisteront. La nuit venue,
nous laisserons la route libre aux survivants qui tous pourront
s'échapper. Nous sortirons alors du défilé et nous nous jetterons sur leur camp que nous pillerons. » La troupe d'Alpteguin
exécuta cet ordre et évacua sa position. L'armée de l'émir du
Khorassan prit les armes le lendemain matin, se prépara au
combat et marcha vers l'entrée du défilé. En ne voyant personne
devant elle, elle crut que l'ennemi se dérobait. On cria aux soldats : « Allons en avant, poursuivons-les : une fois sortis du défilé,
nous les culbuterons dans la plaine et, au bout d'une heure, nous

aurons mis la main sur Alpteguin.» Les soldats se précipitèrent avec impétuosité ; les plus braves marchèrent en avant :
parvenus à l'extrémité du défilé, ils aperçurent dans la plaine
Alpteguin à la tête de mille cavaliers et de quelques gens de pied.
La moitié des troupes de l'émir du Khorassan avait débouché dans
la plaine quand Toghan, sortant du vallon de gauche, tomba sur
eux, l'épée à la main avec ses mille cavaliers et repoussa dans
le défilé les troupes qui s'avançaient. Il jeta le désordre au milieu
d'elles, les mit en fuite et leur tua du monde, tandis que Seboukteguin agissant de même sur leur droite vint faire sa jonction avec
lui. Tous deux réunis sortirent du défilé, chassant devant eux les
soldats de l'émir Mançour qu'Alpteguin attaqua de front. Dans
l'espace d'une heure, ils en couchèrent par terre un nombre
considérable. Leur chef fut frappé au ventre d'un coup de lance
si violent que le fer sortit par le dos. Il tomba, et ses soldats pre-
nant la fuite s'échappèrent rapidement par tous les passages qui
s'offrirent à eux. Ceux d'Alpteguin rentrèrent alors dans le défilé et, après l'avoir traversé, se jetèrent sur le camp ennemi et
firent main basse sur tout ce qu'ils y trouvèrent en fait de chevaux, de mulets, de chameaux, d'objets d'or et d'argent, d'espèces monnayées et d'esclaves. Quant aux tentes, aux tapis et autres objets du même genre, ils les laissèrent sur place en s'en
allant, et pendant l'espace d'un mois, les habitants de la banlieue
de Balkh vinrent chercher dans le camp ce qui pouvait servir à
l'ameublement de leurs maisons.

On fit le compte des morts ; leur nombre s'éleva à quatre mille
sept cent cinquante sans parler des blessés. Alpteguin se dirigea alors sur Bamian[1]. L'émir qui commandait dans cette ville
voulut se mesurer avec lui : il fut fait prisonnier, son vainqueur

---

1. Bamian est le nom d'une ville et d'un district considérable entre Balkh et
Ghaznah, dans les montagnes; elle a une citadelle. Cette ville est petite, mais
elle est le chef-lieu d'un territoire étendu. Dix jours de marche la séparent de
Balkh et huit de Ghaznah. (*Dictionnaire géographique de la Perse*, p. 80.)

lui fit grâce, le fit revêtir d'une robe d'honneur et, en lui parlant,
l'appela « mon enfant ». Cet émir portait le nom de Chir Barik.
Alpteguin marcha ensuite sur Kaboul : l'émir qui en était le
gouverneur fut battu et son fils fut fait prisonnier. Alpteguin le
traita bien et le renvoya à son père. Ce jeune homme était le
gendre de Louik[1]. Alpteguin marcha ensuite sur Ghaznah dont
l'émir s'enfuit à Serakhs. Quand Alpteguin se présenta devant la
ville, Louik en sortit et lui livra bataille. Le fils de l'émir de
Kaboul fut fait prisonnier, pour la seconde fois. Quant à l'émir
de Ghaznah, il subit une rude défaite.

Alpteguin mit alors le siège devant la ville : il inspirait aux
habitants du Zaoulistan[2] une profonde terreur, aussi fit-il proclamer que personne ne prît quoi que ce fût sinon en le payant.
Si une infraction à cet ordre vient à être commise, disait-il,
je sévirai contre son auteur. Or, un jour, Alpteguin aperçut
un de ses esclaves turcs portant attachés sur son dos un sac de
paille et une volaille. Il ordonna de l'amener devant lui; quand
il fut en sa présence : «De qui tiens-tu cette poule? lui dit-il.
— Je l'ai prise à un paysan, répondit le ghoulam. — Ne reçois-tu
pas de moi, tous les mois, vingt pièces d'argent pour ta solde?
lui dit Alpteguin. — C'est vrai, répondit le ghoulam. — Eh bien,
ajouta Alpteguin, pourquoi n'as-tu point acheté cette volaille au
lieu de la prendre de force?» et il donna l'ordre de lui couper
immédiatement le corps en deux. On suspendit ses restes avec
le sac de paille à un endroit élevé de la route et on fit, au nom
de l'émir, pendant trois jours, la proclamation suivante : « Je
ferai subir à tout individu qui s'emparera du bien des musulmans

---

1. Ce personnage est appelé Koumik ‏كوملك‎ par quelques historiens orientaux.

2. Le Zaboulistan ou Zaoulistan est un grand district qui forme un gouvernement distinct au sud de Balkh et du Thokharistan; la capitale est Ghaznah.
On fait remonter son origine à Zaboul, aïeul de Roustem, fils de Dasetan... Le
mot *Zaboul* pris dans le sens de Zaboulistan, se trouve dans les Chroniques de
la conquête, où il est dit qu'Abderrahman ibn Somrat ibn Djendeb conquit le
Zaboul par capitulation. (*Dictionnaire géographique de la Perse*, p. 280.)

le châtiment que j'ai infligé à mon propre esclave. » Ses soldats furent remplis d'une crainte salutaire et les habitants du pays reprirent confiance. Chaque jour, les paysans apportaient au camp une énorme quantité de vivres, mais Alpteguin ne leur permettait pas de rien introduire dans la ville, fût-ce même une pomme. Les habitants de Ghaznah, témoins de sa bienveillance et de son esprit de justice, se dirent entre eux : « Il nous faut un souverain équitable, sous l'autorité duquel nous puissions vivre en toute sécurité, nous, nos femmes et nos enfants, et pour que nous soyons assurés de la possession de nos biens. Qu'il soit turc ou persan, peu nous importe » En conséquence, ils ouvrirent les portes de la ville et se rendirent à Alpteguin. A cette vue, Louik s'enfuit et s'enferma dans la citadelle ; il capitula au bout de vingt jours. Alpteguin lui accorda une pension ; il n'inquiéta personne et fit de Ghaznah sa résidence : il dirigea de là contre l'Hindoustan des expéditions qui lui rapportèrent un immense butin. Il y a douze jours de route (de Ghaznah) jusqu'au pays des Indiens infidèles.

On apprit dans le Khorassan, dans le Mâ-vera-oun-nehr et le Nimrouz[1] qu'Alpteguin avait forcé les défilés de l'Hindoustan, conquis des territoires d'une grande étendue, recueilli de l'or et qu'il s'était emparé de bêtes de somme ; qu'il avait réduit des Indiens en captivité et fait un butin considérable. On accourut de toutes parts pour se joindre à lui et six mille cavaliers se rangèrent sous ses ordres. Il envahit bien des contrées en chassa ceux qui lui résistèrent et soumit tout le pays jusqu'à Bidjapour[2]. Le roi de l'Hindoustan se présenta alors à la tête d'une armée comptant cent vingt mille cavaliers et fantassins

---

1. Nimrouz, c'est-à-dire en persan le milieu du jour, est le nom donné à la ville et au pays de Sedjestan. Le mot *nimrouz* ou pays du midi paraît désigner non seulement le Sedjestan, mais toute la vallée inférieure de l'Indus. Cf. *Dictionnaire géographique de la Perse*, p. 583.

2. Bidjapour est située dans le district de Thouval qui fait partie de la province du Gudjerat.

et cinq cents éléphants. Il avait le dessein de chasser Alpteguin
hors de l'Inde ou de l'exterminer lui et ses troupes.

D'autre part, l'émir du Khorassan, furieux de la défaite qu'Alpteguin avait infligée à son armée en vue de Balkh et à Khoulm
et du massacre qu'il en avait fait, fit marcher contre lui un certain Abou Djafer. Alpteguin le laissa s'approcher de Ghaznah jusqu'à la distance d'une parasange ; puis, à la tête de six mille hommes, il sortit de la ville et fondit sur ses ennemis et, après une
heure de combat, il fit éprouver à ces vingt-cinq mille cavaliers
une défaite mille fois plus désastreuse que celle qu'il avait infligée
près de Balkh à la première armée. Abou Djafer fut reconnu dans
sa fuite par des paysans qui l'arrêtèrent, se saisirent de son
cheval et lui enlevèrent ses effets. Il regagna Balkh à pied et
sans être reconnu.

L'émir du Khorassan fut impuissant à tenter une nouvelle expédition contre Alpteguin. La défection de celui-ci eut pour résultat le complet affaiblissement de la dynastie et du gouvernement des Samanides qui, attaqués par les khans du Turkestan,
perdirent plusieurs provinces.

Quant à Alpteguin, après en avoir fini avec Abou Djafer, il se
tourna du côté du souverain de l'Hindoustan. Il expédia des lettres
pour que, de chaque district du Khorassan, on lui envoyât des
secours. Attirés par l'espoir du butin, un nombre infini de gens
répondirent à son appel. Quand il passa son armée en revue, son
effectif s'élevait à quinze mille cavaliers et cinq mille fantassins,
tous jeunes et bien armés. Il marcha alors contre le roi de l'Hindoustan, attaqua son avant-garde à l'improviste et lui tua un grand
nombre de soldats ; il battit ensuite en retraite sans s'attarder à piller. L'armée indienne se lança à sa poursuite sans pouvoir l'atteindre. Il y avait là une chaîne de hautes montagnes et, entre deux
de ces montagnes, s'étendait une vallée, à travers laquelle passait
la route que devait suivre le roi de l'Hindoustan. Alpteguin occupa l'entrée de cette vallée et quand le roi se présenta, il lui fut

impossible de la franchir. Il établit là son camp et y demeura pendant l'espace de deux mois. Chaque fois que l'émir Alpteguin attaquait les Indiens, il en tuait un grand nombre. Seboukteguin combattit vaillament et donna des preuves d'une grande valeur et se signala par plusieurs actions d'éclat. Le roi, impuissant à aller plus avant et ne pouvant battre en retraite, dut renoncer à ses projets et à voir ses désirs accomplis.

Il s'arrêta enfin au parti de faire dire à ceux qui arrêtaient sa marche: « Vous êtes venus du Khorassan pour chercher fortune; je vous fournirai les moyens de vivre et vous livrerai quelques places fortes. Vous ferez partie de mon armée; on vous fournira des subsistances et vous vivrez au gré de vos désirs. »

Les Turcs acceptèrent ces propositions, mais le roi fit dire secrètement aux gouverneurs des places fortes : « Quand je me serai retiré, ne leur en faites pas la remise. » Le roi s'étant éloigné, Alpteguin se présenta devant ces forteresses, mais les portes ne lui en furent point ouvertes. Il considéra dès lors comme rompu le pacte qui avait été conclu. Il rouvrit les hostilités, s'empara de quelques villes et mit le siège devant les places fortes. Il mourut sur ces entrefaites. Ce coup étourdit son armée et ses esclaves qui se virent entourés par les idolâtres. Les principaux chefs se réunirent et tinrent conseil, car Alpteguin ne laissait pas de fils que l'on pût mettre à sa place. « Nous avons acquis, dirent-ils, beaucoup d'honneur et de gloire dans l'Hindoustan et nous avons inspiré aux Hindous la terreur la plus grande. Si nous donnons cours à des sentiments d'envie en disant, l'un : Je suis le plus connu, l'autre répondant : Je suis le plus ancien, notre gloire se ternira et l'ennemi deviendra plus entreprenant. Si la division éclate parmi nous, ce sabre avec lequel nous avons frappé les idolâtres servira à nous entr'égorger et ces pays que nous avons conquis échapperont à notre domination. Voici ce qu'il nous convient de faire : choisissons parmi nous le plus digne et constituons-le notre chef. Nous obéirons à toutes ses injonctions et nous nous figurerons qu'il est Alpteguin. » Ces paroles furent unanimement approuvées. On fit successivement l'appel des noms de tous les esclaves les plus considérables, mais on trouvait à chacun d'eux un défaut ou on invoquait un prétexte jusqu'à ce que l'on arriva au nom de Seboukteguin. Toutes les personnes de l'assistance restèrent muettes; alors du milieu de l'assemblée, s'éleva une voix disant : Y a-t-il un esclave qui ait été acheté plus anciennement que Seboukteguin et qui se soit acquitté plus fidèlement de son service? Un autre assistant ajouta : « Seboukteguin par son intelligence, son courage, sa générosité, son excellent caractère, sa piété, sa loyauté et ses bons procédés à l'égard de ses camarades, est le premier parmi ses pairs. Notre maître l'a élevé et a donné son approbation à toutes ses actions. Il a les mêmes mœurs et les mêmes habitudes qu'Alpteguin. Il connaît parfaitement le mérite et la valeur de chacun de nous. J'ai dit tout ce dont j'avais connaissance, mais, du reste, vous le savez mieux que moi. » Pendant quelque temps, on parla sur tous les tons. Enfin, on tomba d'accord pour élever Seboukteguin à la dignité d'émir. Il refusa tout d'abord, mais, sur les instances qui lui furent faites, il dit : « Je m'acquitterai de cette charge, puisqu'il n'y a pas moyen d'agir différemment : je l'accepte à la condition que tout ce que je ferai ou dirai ne rencontrera pas d'opposition parmi vous. Si l'un de vous me désobéit, se révolte contre moi ou met de la lenteur à exécuter mes ordres, d'accord avec moi, vous le mettrez à mort. » Tous le jurèrent et lui prêtèrent serment : puis ils l'enlevèrent triomphalement, le firent asseoir sur le siège d'Alpteguin, le saluèrent comme leur émir et répandirent devant lui des pièces d'or et d'argent [1].

---

1. Le récit de Nizam oul-moulk relatif à la mort et au successeur d'Alpteguin ne concorde pas avec celui de la plupart des historiens orientaux. Le cadi Ahmed ibn Mohammed El-Ghaffary affirme, dans l'ouvrage historique qu'il dédia à Chah Tahmasp et intitula *Djihan Aray*, qu'Alpteguin, après avoir désobéi aux ordres de l'émir Mançour et battu ses troupes, s'était réconcilié avec lui.

L^e succès couronna toutes les entreprises de Seboukteguin.
Il épousa la fille du gouverneur du Zaoulistan. Cette circonstance valut à (Sultan) Mahmoud le surnom de Zaouly. Quand
il fut arrivé à l'âge d'homme, il prit part à des expéditions avec
son père qui, après avoir accompli de nombreuses actions d'éclat
et remporté de grandes victoires dans l'Inde, reçut du khalife
de Bagdad le titre honorifique de Nacir Eddin (celui qui prête
son aide à la religion).

Quand Seboukteguin mourut, son fils Mahmoud lui succéda.
Il avait appris l'art de gouverner et se faisait lire continuellement
l'histoire des rois; il aima le bien et la droiture de sa conduite
lui attira des louanges universelles. Il fit la conquête du Nimrouz
et du Khorassan; dans l'Hindoustan, il s'avança jusqu'à la ville
de Soumnat¹ dont il se rendit maître et d'où il enleva l'idole. Il

L'émir aurait alors donné le gouvernement du Khorassan au fils d'Alpteguin
Abou Ishaq et celui-ci se serait rendu dans cette province après avoir paru à la
cour de Boukhara. Quant à Alpteguin, il se serait établi à Ghaznah et jusqu'à
sa mort arrivée, selon les uns, en 352 (963) et, selon les autres, en 354 (965), il
n'aurait cessé de faire des incursions dans l'Inde. Abou Aly Goumik, ou Louik,
dont le père, seigneur de Ghaznah, avait été mis à mort par Alpteguin, avait
réussi à fuir et à se cacher : il profita de l'émotion que produisit la mort d'Alpteguin pour rassembler quelques troupes, battre les partisans d'Alpteguin et
se rendre maître des localités les plus importantes de la province de Ghaznah.
Abou Ishaq, instruit de ces événements, sollicita et obtint de l'émir Mançour la
permission de marcher contre Abou Aly qu'il réduisit à l'impuissance (355-966).
Abou Ishaq succéda à son père dans la possession de Ghaznah, mais il n'en jouit
pas longtemps, car il mourut le 25 du mois de zilhidjèh de cette même année
(13 décembre). Il eut pour successeur Belkateguin, grand chambellan d'Alpteguin.
qui fut choisi par les émirs et les troupes, ne laissa point d'enfants et mourut en 362 (972), devant une place forte de l'Inde dont il faisait le siège. Un des
esclaves d'Alpteguin, nommé Biry, lui succéda. Celui-ci était un homme d'un esprit
faible et adonné aux plaisirs. Abou Aly Koumik, qui s'était réfugié dans l'Inde,
parvint à déterminer le roi Tchipal à marcher contre Ghaznah à la tête d'une
puissante armée. Dans ces circonstances critiques, Seboukteguin déploya tant
d'habileté et fit preuve d'un tel courage que Biry renonça au pouvoir en sa
faveur. Tel est le récit de Ghaffary, mais presque tous les historiens affirment
que Seboukteguin succéda à Abou Ishaq, fils d'Alpteguin.

1. La ville de Soumnat (*Patana Soumenatha*) est située à l'extrémité méridionale de la presqu'île du Gudjerat.

Soumnat est une des douze images de Siva qui descendirent, dit-on, du ciel
sur la terre. La grande renommée de son temple et le fanatisme religieux de Sul-

fit périr le roi de l'Inde et il atteignit un tel degré de gloire qu'il
devint le maître du monde.

Mon but en rapportant cette histoire, a été de faire connaître
au souverain qui domine la terre (que Dieu éternise sa puissance!) ce que doit être un bon serviteur, et de lui apprendre
qu'il ne faut pas blesser le cœur de celui qui a toujours fidèlement servi, de celui à qui on ne peut reprocher aucun acte de
trahison ou de déloyauté, qui consolide le trône et exerce une
influence bénie par le ciel. Il ne faut prêter l'oreille à aucun de
ceux qui le calomnient et la confiance que l'on a en lui doit être
chaque jour plus grande.

Le sort des dynasties, des gouvernements et des royaumes
est, en effet, intimement lié à celui d'un homme. Témoin Alpteguin qui, simple esclave, maintint solidement le gouvernement
des Samanides. On le méconnut et on voulut le perdre. Quand
il s'éloigna du Khorassan, le pouvoir échappa à la dynastie de
ses maîtres. Il faut toute une vie et une période propice pour
trouver un serviteur vertueux et expérimenté. Les sages ont
dit qu'un bon esclave et un bon serviteur valent mieux qu'un fils.
Quand on les possède, il ne faut pas les laisser échapper. Le
poète a dit : (*Distique*) Un serviteur obéissant est préférable à
cent fils : le fils désire la mort de son père et le serviteur souhaite
une longue vie à son maître.

tan Mahmoud le déterminèrent à s'emparer de cette ville. Selon les auteurs musulmans, l'image du dieu fut détruite, mais les Indiens affirment qu'elle se retira
dans l'océan. Le temple fut dépouillé de ses immenses richesses, mais son trésor
fut de nouveau assez rempli pour exciter la cupidité des princes musulmans.
En 877 de l'hégire (1472), Sultan Mahmoud Boghra rasa le temple de Soumnat
au niveau du sol et construisit une mosquée sur son emplacement. (W. Hamil-
ton, *Geographical, statistical and historical description of Hindostan*, London,
1820, tome I, p. 670.)

CHAPITRE XXVIII

Des audiences particulières et publiques.

Il est nécessaire de suivre un certain ordre dans les audiences. Les parents du prince entreront d'abord, après eux, les personnages connus, les officiers de la garde royale et enfin, les différentes classes de gens. Quand ils seront tous réunis dans un même lieu, on établira une distinction entre l'homme d'une humble condition et celui qui a une noble origine.

On relèvera la portière pour indiquer qu'il y a audience. On la tiendra baissée, au contraire, lorsqu'il n'y aura de réception que pour ceux qui seront appelés (par le prince), afin que les grands et les chefs de l'armée, qui envoient quelqu'un à la cour, apprennent, par cette indication, si ce jour-là il y a audience ou non. S'ils doivent se présenter devant le souverain, ils se rendront au palais, sinon ils ne se déplaceront pas. Rien n'est, en effet, plus pénible pour eux que d'aller à la cour et d'être contraints de s'en retourner sans avoir vu le prince. Lorsqu'ils se seront présentés plusieurs fois sans avoir été reçus, ils concevront une mauvaise opinion du souverain et commenceront à lui être hostiles. Quand les audiences sont rares, les affaires qui intéressent les particuliers restent en suspens, les mécontents lèvent la tête, on n'est plus au courant de ce qui intéresse le peuple et les grands, et l'armée, blessée de cette négligence, souffrira. Aucune mesure n'est plus avantageuse pour le souverain que celle de donner de fréquentes audiences. S'il n'en donne pas, ses parents, les émirs, les seiyds et les imams qui viendront pour le voir, seront admis auprès de lui, pour lui présenter leurs hommages, à l'exception des gens du dehors.

La règle que l'on observera dans les réceptions est celle-ci :

Lorsque les grands personnages auront vu le souverain, ils se retireront avec toute leur suite, de sorte qu'il ne restera plus, auprès du prince, que les officiers de son service particulier et les esclaves chargés de différentes fonctions, comme celles de celui qui porte ses armes, de celui qui est chargé de l'aiguière, de celui qui fait l'essai des mets, et des autres serviteurs de la même catégorie. Il est indispensable que ceux-ci soient constamment prêts à servir. Quand on aura observé plusieurs fois cet ordre, il deviendra habituel et toute confusion disparaîtra; on n'aura même plus besoin de lever ou d'abaisser la portière. Si on ne s'y conforme pas, on éprouvera des désagréments.

CHAPITRE XXIX

Organisation des réunions consacrées au plaisir du vin. Règles que l'on doit y observer.

Il faudra, pendant une semaine qui sera consacrée au plaisir et à la joie, tenir cour ouverte pendant un jour ou deux. Les personnes habituées à y paraître s'y rendront et l'entrée ne sera interdite à aucun d'eux. On leur fera connaître le jour où ils seront admis. Les jours réservés aux personnages de l'intimité du prince seront portés à la connaissance de tous ceux dont nous venons de parler, afin qu'ils sachent qu'il n'y aura pas de place pour eux (ces jours-là) et que l'on ne soit pas dans l'obligation d'admettre les uns et de repousser les autres. Il faut que ceux qui auront entrée aux réunions particulières ne se formalisent pas, si on leur demande qui ils sont.

Il est de règle que quiconque se présente à la réunion où l'on se livrera au plaisir du vin, ne soit accompagné que d'un esclave. Il est défendu d'apporter un flacon de vin et d'amener avec soi un échanson. On n'a jamais toléré pareille habitude, elle est on ne peut plus blâmable. On a toujours emporté du palais les mets et les fruits secs et on n'a rien apporté de chez soi aux réunions royales, car le souverain étant le père de famille universel et les humains formant sa famille et étant ses serviteurs, il ne faut pas que ceux qui reçoivent de lui leur subsistance apportent de chez eux leur nourriture et leur vin. S'ils en apportent parce que le sommeiller du palais ne leur en donne pas (de bon), il faudra adresser à celui-ci une verte semonce. Le vin qu'on lui livre est excellent, pourquoi donc en donne-t-il de mauvais? Il faut faire disparaître cet abus.

Le prince ne saurait se priver de la société de commensaux dignes d'être admis auprès de lui, car si la plus grande partie de son temps s'écoule au milieu de ses esclaves, son prestige en recevra une grave atteinte, il perdra toute considération et son caractère s'avilira, car ces gens ne sont pas dignes d'être admis dans sa société. S'il fréquente plus que de raison les hauts fonctionnaires, les généraux, les gouverneurs respectés, son autorité en souffrira, ses ordres seront mollement exécutés. Les fonctionnaires auront moins de retenue et feront disparaître l'argent de la circulation.

Il est nécessaire que le souverain s'entretienne avec son vizir des affaires de l'État et de tout ce qui concerne l'armée, les finances et la prospérité générale. Il faut qu'il s'occupe des mesures à prendre contre les ennemis de l'empire et de tout ce qui se rapproche de ce sujet. Tous ces objets font naître un surcroît d'ennuis et de préoccupations et mettent l'esprit à la torture, car ils ne laissent point un instant de repos. Les courtisans dont je viens de parler ne sont d'aucune utilité pour les affaires de l'État, mais, par leurs plaisanteries et par la liberté de leur langage, ils peuvent égayer le prince, et si celui-ci désire que l'on s'épanche plus librement devant lui, ils pourront raconter des traits d'esprit plaisants, des bons mots, des historiettes provoquant la gaieté, des récits amoureux, des aventures excitant le rire et des anecdotes curieuses. La société des courtisans ne porte aucune atteinte ni à la majesté, ni à l'autorité du souverain, car c'est pour lui tenir constamment compagnie qu'ils ont été placés auprès de lui. Ce sujet a déjà été traité par nous dans un chapitre précédent.

CHAPITRE XXX

Manière dont les esclaves et les domestiques doivent se tenir lorsqu'ils sont de service.

Il faut qu'ils soient toujours à la portée de la vue : chacun d'eux se tiendra à la place à lui assignée, car il est nécessaire qu'une règle soit établie pour ceux qui peuvent s'asseoir ou doivent demeurer debout, ce qui est tout un pour le souverain. Cette disposition devra être observée aussi bien pour ceux qui doivent se tenir debout que pour ceux qui peuvent s'asseoir. Les plus considérables parmi les officiers du service particulier du prince, tels que les écuyers, les échansons et autres, se tiendront autour du trône et près de lui. Si quelqu'un essayait de s'introduire et de prendre place parmi eux, le chambellan de la cour le ferait sortir, et de même, s'il voit un individu dans le groupe d'une classe dans laquelle il est indigne de figurer, il l'interpellera à haute voix et ne lui permettra pas de rester là où il s'est glissé.

CHAPITRE XXXI

Demandes et réclamations des soldats ; manière d'en agir avec la troupe.

Toute demande émanant des soldats doit être transmise par la bouche de leurs chefs et de leurs officiers. Si elle est favorablement accueillie, cet heureux résultat sera obtenu par leur intervention et cette circonstance augmentera le respect que l'on doit avoir pour eux. Ainsi, lorsque les militaire sauront un désir à exprimer, ils n'auront pas besoin de recourir à un intermédiaire et le prestige de l'officier demeurera sauf. Si un soldat parle insolemment à son chef et s'il n'a pas pour lui les égards qui lui sont dus, s'il méconnaît ses devoirs, il est indispensable de le punir, afin que le supérieur conserve sa prééminence sur son inférieur.

CHAPITRE XXXII

Savoir en quoi consiste le luxe des armes et ce qu'il faut avoir en fait d'instruments de guerre.

Il faudra dire aux grands personnages, qui jouissent d'appointements considérables, de déployer un grand luxe dans leurs armes et dans tout ce qui est nécessaire pour la guerre et d'acheter des esclaves, car l'éclat de leur situation, leur bon renom et leur grandeur résident dans ce que nous venons de dire, et non dans la magnificence de leur mobilier et la somptuosité de leur demeure. Celui qui se conformera le mieux à ces indications sera le plus agréable au souverain : il acquerra plus de prestige et de relief aux yeux de ses égaux et de l'armée.

CHAPITRE XXXIII

Réprimandes que l'on doit adresser à ceux à qui l'on a donné de grandes positions, lorsqu'ils viennent à faiblir et à se rendre coupables d'une faute et d'un méfait.

Les personnes que l'on a élevées à une haute dignité et dont on a assuré la grandeur devront, à l'époque où nous sommes, supporter beaucoup de fatigues. Si elles venaient à commettre une

faute et si des reproches venaient à leur être adressés publiquement, leur honneur en souffrirait ; elles seraient discréditées et
elles ne recouvreraient pas la considération, quand bien même
elles seraient l'objet de marques de bienveillance et comblées de
bienfaits.

Il vaut mieux, lorsqu'une faute a été commise, se hâter de la
dissimuler. On appellera le coupable et on lui dira : Pourquoi
avez-vous agi ainsi. Nous n'abaisserons pas celui que nous
avons exalté et nous ne jetterons point à terre celui que nous
avons élevé. Nous avons renoncé à vous punir, mais, désormais
veillez sur vous, et ne commettez plus une seule faute, car vous
perdriez votre rang et l'estime dont vous jouissez. C'est vous qui
l'aurez voulu et non pas nous.

Anecdote. — On demanda au prince des croyants Aly, quel était
le plus vaillant des hommes ? — C'est, répondit-il, celui qui, sachant se contenir lorsque la colère s'empare de lui, ne commet
point une action dont il aurait lieu de se repentir, lorsqu'il sera
revenu au calme et que le repentir ne lui servirait de rien.

L'homme le plus raisonnable est celui qui ne se mettra point en
colère ; mais si elle vient à s'emparer de lui, il saura la dominer
par sa raison. Lorsque le courroux se rend maître de l'homme,
il faut que sa raison le réprime et que ce ne soit pas l'emporte-
ment qui vienne à le maîtriser. Celui qui se laisse subjuguer par
sa passion aura les yeux troublés et voilés par la colère qui lui
fera commettre toutes les folies. Celui dont la raison saura
vaincre les emportements, parlera et se conduira d'une manière qui sera approuvée par les sages et l'on ne saura pas qu'il
a été en proie à la colère.

Anecdote.—Housseïn, fils d'Aly, avait pris place à un repas avec
quelques-uns des compagnons du Prophète et plusieurs personnages de distinction. Il mangeait vêtu d'un costume d'un grand
prix et la tête couverte d'un superbe turban. Un esclave, qui se
tenait debout derrière lui et dont la taille dominait sa tête, voulut

placer devant lui une écuelle pleine de nourriture. Le hasard fit qu'elle échappa à ses mains et le contenu tomba sur la tête et la figure de Housseïn, dont le turban et le vêtement furent souillés. La nature humaine éclata dans toute sa personne : ses joues rougirent de confusion et de honte. Il releva la tête et son regard se fixa sur son esclave. Celui-ci, le voyant dans cet état, craignit qu'un châtiment ne lui fût infligé. « Ceux qui domptent leur colère, s'écria-t-il, et qui pardonnent aux hommes et Dieu aime ceux qui font le bien [1]. » Les traits de Housseïn reprirent leur sérénité. « O esclave, lui dit-il, je te donne la liberté, afin que tu n'aies à redouter ni colère ni châtiment [2]. »

CHAPITRE XXXIV

Des veilleurs de nuit, des sentinelles et des portiers.

Il faut user des plus grandes précautions dans tout ce qui a trait aux veilleurs de nuit, aux portiers et aux sentinelles de l'intérieur du palais. Ceux qui sont chargés de leur entretien devront les connaître tous, et être au courant de leur conduite publique et privée. Ils prendront sur leur compte des informations journalières, car le plus grand nombre de ces gens est avide et faible de caractère, et l'or peut les séduire. Lorsqu'un étranger sera vu au milieu d'eux, on s'enquerra de sa situation. Toutes les nuits, lorsque les gens dont il vient d'être parlé prendront leur tour de garde, ils défileront sous les yeux de leurs chefs. Cette précaution ne sera négligée ni jour, ni nuit, car c'est affaire délicate et pleine de périls.

1. *Qoran*, chap. III, v. 128.
2. Les termes de l'anecdote qui suit celle-ci sont tellement obscènes que j'ai cru ne devoir en donner aucune traduction.

CHAPITRE XXXV

Le souverain doit tenir une bonne table ; mesures qu'il doit prendre à ce sujet.

Les souverains se sont toujours appliqués à avoir une bonne table dès le matin, et tous ceux qui viennent à la cour, pour y remplir leur charge, peuvent y prendre leur repas. Si les gens du service intime du prince n'ont point envie d'y participer, on n'hésitera pas à leur servir, à l'heure qu'ils désireront, la portion qui leur revient ; mais, en tout cas, on ne peut se dispenser d'étendre la nappe pour le repas du matin. Le sultan Toghroul avait table ouverte chaque matin, et avait soin que l'on servît une grande variété de mets délicatement apprêtés. Il faisait même quelque chose de mieux ; s'il montait à cheval à l'improviste pour aller à la promenade ou à la chasse, le repas était préparé et servi dans la campagne avec une telle abondance que les émirs turcs, les officiers du service du prince et les gens du peuple ne pouvaient retenir leur admiration. Le moyen de gouvernement des khans du Turkestan consiste à avoir toujours préparée, dans leurs cuisines, une nourriture abondante pour leurs sujets, de façon à attirer sur leur dynastie les bénédictions divines.

Lorsque nous allâmes à Samarqand et à Uzkend [1], nous apprîmes que les sots, qui se mêlent de ce qui ne les regarde pas, disaient que les Djeulky et les habitants de la Transoxiane ne cessèrent de répéter, pendant le temps qui s'écoula entre l'ar-

---

1. Uzkend est une ville de la Transoxiane, dépendant de la province de Ferganah. Elle est la ville la plus rapprochée du Turkestan. Elle est entourée d'un mur, elle possède une citadelle et son enceinte est percée de quelques portes. Elle est la ville où les Turks viennent commercer. Elle est environnée de jardins et on y voit des eaux courantes. (Yaqout, *Moudjem oul-bouldan*, tome I, p. 404.)

rivée et le départ du sultan : « Il ne nous a point été donné de manger une seule bouchée provenant de sa table ! »

Il faut juger la générosité et les qualités de chacun sur la manière dont il gouverne sa maison. Notre souverain est le père de famille de l'univers ; les rois de l'époque sont soumis à son pouvoir. Il est nécessaire que sa sollicitude paternelle, ses bienfaits, sa libéralité, sa table et ses largesses soient en rapport avec son rang ; il l'emportera ainsi sur tous les rois qui l'ont précédé.

Une tradition rapporte que le fait de distribuer abondamment la nourriture au peuple du Dieu très-haut est une cause de durée pour la vie, le gouvernement et la puissance du souverain.

Tradition. — On voit, dans l'histoire des prophètes, que Dieu envoya à Pharaon Moïse, sur qui soit la paix ! qui eut le pouvoir de faire tant de miracles et de prodiges et jouit d'un si haut rang auprès de lui.

Il fallait chaque jour, pour le service des cuisines de Pharaon, quatre mille moutons, quatre cents bœufs, deux cents chameaux et, en outre de cela, une grande quantité de mets bouillis et frits, de plats sucrés et de toutes sortes d'autres choses. Toute la population de Misr et les troupes qui l'occupaient se nourrissaient des mets de sa table. Pharaon eut, pendant quatre cents ans, la prétention de se faire passer pour Dieu et pendant tout ce temps, il s'était fait une règle de servir ces repas publics. Lorsque Moïse éleva vers Dieu sa voix et ses prières, il s'écria : « O Seigneur ! fais périr Pharaon ! » Dieu l'exauça et lui dit : « J'engloutirai Pharaon dans la mer et je ferai de toutes ses richesses, de ses femmes et de ses soldats, ta proie et celle de ton peuple. »

Quelques années s'écoulèrent après cette promesse faite par Dieu et, dans son égarement, Pharaon vivait avec pompe et magnificence. Moïse, qui avait hâte de le voir anéanti, perdit patience. Il jeûna pendant quarante jours, se rendit au mont Sinaï et, tout en glorifiant Dieu, il lui dit : « Seigneur ! tu

m'as promis de faire périr Pharaon qui ne renonce ni à son in-
fidélité, ni à sa prétention de s'égaler à toi. Quand donc l'exter-
mineras-tu?» La voix du Dieu très-haut vint à s'élever et à dire:
« Tu juges nécessaire, ô Moïse, que je fasse périr Pharaon le plus
tôt possible : il faut que je lui conserve la vie, à cause des milliers
de mes serviteurs qui sont nourris par lui et qui, sous son règne,
jouissent de la tranquillité la plus parfaite. J'en atteste ma majesté, je le laisserai vivre tant qu'il pourvoira à la subsistance du
peuple et lui départira ses bienfaits. — Quand donc, répondit
Moïse, ta promesse s'accomplira-t-elle? — Lorsque Pharaon, lui
fut-il répondu, diminuera les vivres qu'il distribue, sache que son
heure dernière sera venue. »

Il advint qu'un jour Pharaon dit à Haman : « Moïse a rassem-
blé autour de lui les fils d'Israël et il nous cause de l'inquiétude.
J'ignore quelle sera l'issue de ce qu'il va tenter contre nous. Il
est indispensable que le trésor soit bien rempli, afin que jamais
nous ne soyons dénués de ressources pour lui résister. Il faut lui
retrancher la moitié des vivres qui lui étaient attribués et les conserver comme provisions. » Ces ordres furent exécutés : deux ou
trois jours après que la ration des vivres fut diminuée, Moïse
comprit que la promesse de Dieu était sur le point d'être accom-
plie, car les économies excessives sont un signe de ruine et un
présage funeste.

Les traditionnistes rapportent que le jour où Pharaon fut en-
glouti dans la mer, on égorgea seulement deux brebis pour le
service de sa cuisine.

Dieu loua Abraham (sur qui soit la paix !) pour les distributions
de pain qu'il faisait et pour les égards qu'il témoignait à ses hôtes[1]. Dieu a également préservé du feu de l'enfer le corps de

---

1. Moudjir Eddin nous donne les détails suivants sur l'hospitalité exercée à
Hébron, en souvenir du patriarche Abraham. « A côté du Masdjed Djaouly, vers le
sud, est la cuisine où se prépare le *djachichéh* pour ceux qui sont en retraite et
pour les voyageurs. A la porte de la cuisine, chaque jour après la prière de l'*asr*
(après-midi), on bat la *tubl khanèh* (batterie de tambour) au moment de la dis-

Hatim Thay' à cause de sa générosité et de sa large hospitalité, Tant que le monde existera, on parlera de sa libéralité. Il y a aussi l'exemple du prince des croyants Aly qui donna, pendant qu'il était en prière, sa bague à un mendiant. Il a nourri bien des affamés et il en a parlé avec éloges. On s'entretiendra de sa valeur et de sa générosité jusqu'au jour de la résurrection. Rien n'est meilleur que d'être généreux et bienfaisant et de répandre des aumônes. Distribuer des vivres est le principe de toute vertu et le mobile de toutes les actions généreuses. [*Vers.*] La générosité est la meilleure de toutes les actions. La générosité fait partie du caractère de Prophète. Les deux mondes sont assurés à l'homme généreux. Sois donc généreux et tu auras la possession des deux mondes.

Si un homme riche désire se voir accorder le diplôme de la grandeur, s'il souhaite que tout le monde s'incline hum-

---

tribution du repas. Ce repas est une des choses les plus merveilleuses du monde. Les habitants de la ville et les arrivants en prennent leur part. Il consiste dans du pain que l'on fabrique chaque jour et dont on fait trois distributions : le matin et après l'heure de midi, la distribution est faite pour les habitants de la ville ; après l'*asr*, elle a lieu en faveur des habitants et des étrangers indifféremment. La quantité de pain qui se fait journellement s'élève à quatorze mille *raghifs* (petits pains ronds et plats) et va parfois jusqu'à quinze mille. Les fondations instituées pour cet objet produisent une somme presque incalculable. Personne, riche ou pauvre, n'est exclu de ce repas. Quant à la cause de ce battement de tambour, chaque jour après l'*asr* au moment de la distribution du repas, on en fait remonter l'origine à notre seigneur Abraham : quand il avait préparé le repas destiné aux hôtes qui lui étaient venus, comme ceux-ci étaient dispersés dans les logements qu'il leur avait répartis, il battait du tambour pour les prévenir que le repas était prêt. (*Histoire de Jérusalem et d'Hébron depuis Abraham jusqu'à la fin du* xv⁰ *siècle de J.-C. : fragments de la Chronique de Moudjîr Eddin*, traduits sur le texte arabe par Henri Sauvaire. Paris, 1876, p. 20.)

1. Les aventures du Hatim Thay ont fourni le sujet d'un roman rédigé en persan, imprimé à Calcutta, en 1818, par les soins de M. Atkinson.

On peut consulter sur ce personnage célèbre le *Kitab oul-aghani*, édition du Caire, tome XVI, pp. 96-110, le *Medjma oul-emthal* de Meïdany, éd. du Caire, tome I, pp. 160-161 et le *Iqd el-ferid* d'Ibn Abd Rabbihi, Boulaq, 1293, tome II, *passim*, le *Specimen historiæ Arabum* de Pococke, l'*Histoire des Arabes avant l'islamisme* de M. Caussin de Perceval, et le *Rissalèhi Hatimyèh* de Housseïn Vaizh Kachefy, inséré dans la *Chrestomathie persane*, tome I, pp. 174-203 du texte persan et 190-198 des Notes et éclaircissements.

blement devant lui, lui témoigne du respect et lui donne les noms de Mehter et de Barkhouda, dis-lui d'étendre tous les jours une nappe couverte de mets.

Tous ceux qui ont acquis de la renommée dans ce bas monde, l'ont due principalement à leur manière d'exercer l'hospitalité. Les ingrats et les avares seront méprisés sur cette terre et dans l'éternité. Une tradition nous apprend que l'avare ne sera point admis dans le paradis. A toutes les époques, à celle du paganisme et à celle de l'islamisme, il n'y a pas eu de qualité meilleure (que celle de donner du pain) à ceux qui en ont besoin.

Que Dieu accorde ses biens aux hommes généreux! J'invoque sa grâce et sa générosité.

CHAPITRE XXXVI

Il faut être juste à l'égard des serviteurs et des esclaves qui se sont montrés dignes d'éloges.

Celui qui, parmi les domestiques, s'acquitte de son service de façon à être loué, doit être, immédiatement, l'objet d'une marque de bienveillance et il devra recueillir les fruits de son zèle. Celui qui, au contraire, aura manqué à son devoir, à moins d'y avoir été contraint par une absolue nécessité, devra être puni en raison de la gravité de sa faute, afin que les autres serviteurs mettent plus de diligence à accomplir leur devoir que ceux qui ont été en faute, qu'ils redoutent davantage d'être châtiés et que tout se passe selon l'ordre établi.

Un enfant de la famille de Hachim [1] se prit de querelle avec quelques individus qui allèrent trouver son père et lui firent entendre leurs plaintes. Celui-ci voulut châtier son fils : « O mon père, s'écria l'enfant, j'ai commis une faute, mais je n'a-

---

1. On désigne sous ce nom les personnes attachées par les liens de parenté à la famille des Abbassides. Leur auteur commun était Hachim ibn Abd Menaf.

vais pas ma raison. Ne me punis pas, car toi tu es raisonnable. »
Cette réponse plut au père qui lui accorda son pardon.

Anecdote.—Khourdadbèh[1] nous raconte que le roi Perviz[2] s'emporta contre un des officiers de son service particulier et le fit
arrêter. Personne n'eut le courage d'aller le voir, à l'exception
de Barboud[3] le musicien, qui, chaque jour, lui faisait porter à
manger et à boire. Informé de ce fait, le roi Perviz dit à Barboud : « Comment as-tu l'audace de veiller à l'entretien d'un
individu que j'ai fait emprisonner? Ne sais-tu donc pas que
celui qui s'est attiré mon courroux et que j'ai fait jeter en prison, ne peut recevoir de subsistance. — O roi, répondit Barboud,
ce que tu lui as laissé a beaucoup plus de valeur que ce que
je lui donne. — Que lui ai-je donc laissé? demanda Perviz. —
La vie, répondit Barboud, et elle vaut mieux que tout ce que je
fais pour lui. — Très bien répondu, s'écria le roi, je te fais
cadeau du prisonnier.

Il était établi comme règle, à l'époque des Samanides, que
toutes les fois qu'une parole ou qu'une preuve de mérite étaient
ou dite, ou donnée devant le prince et approuvée par lui,
lorsqu'il prononçait le mot *zih* (bien! bravo!), le trésorier remettait immédiatement à leur auteur une somme de mille dirhems.

Les rois Sassanides et, en particulier Nouchirevan le Juste,

---

1. Au lieu de Khourdadbèh, il faut lire Ibn Khourdadbèh. Aboul Qassim
Obeïdoulla, ibn Abdallah bin Khourdadbèh est l'auteur du traité de géographie
intitulé : *Kitâb el-mesalik ouel-memâlik*, publié par M. Barbier de Meynard,
puis par M. de Goeje. Il a composé plusieurs autres ouvrages, parmi lesquels un
Art de la musique auquel cette anecdote est vraisemblablement empruntée.

2. Khosrau surnommé Perviz, fils d'Hormouz et petit-fils de Nouchirevan, est
le vingt-troisième prince de la dynastie des Sassanides. Cf. sur Khosrau Perviz : Tabary, *Annales*, Leyde, 1882, tome III, p. 995 et suiv. Ibn el Athir, *Kamil
fit-tarikh*, tomes I et II, *passim* et Mirkhond, *Histoire des Sassanides*, texte persan,
Paris, 1843, et la traduction de l'*Histoire des Sassanides*, par M. Silvestre de Sacy,
dans les *Mémoires sur diverses antiquités de la Perse*, Paris, 1793, pp. 401-407.

3. Le texte persan de tous les manuscrits porte *Bazid* بازد ; il faut lire بارب
Barboud. Barboud était le musicien attitré de Khosrau Perviz. Il est l'inventeur d'un
instrument de musique qui a conservé son nom ربط (*barbout*), dont les Grecs ont
fait *barbiton*, et d'un motif musical appelé *aurenguy*.

ont surpassé tous les autres monarques en justice, en sentiments d'humanité et en bonté.

Anecdote. — On rapporte que Nouchirevan le Juste était, un jour, monté à cheval, accompagné par quelques officiers de son service particulier, pour se rendre à la chasse. Il vit, en passant le long d'un village, un vieillard nonagénaire occupé à planter un noyer. Nouchirevan s'en étonna, car il faut vingt ans à un noyer nouvellement planté pour donner des fruits. « Vieillard, lui dit le roi, tu plantes un noyer? — Oui, seigneur, lui répondit-il. — Veux-tu donc vivre assez longtemps pour en goûter les fruits? — On a planté, répondit le vieillard, et nous avons profité; nous plantons et on profitera. » Cette réponse plut à Nouchirevan qui s'écria: Bravo! et donna l'ordre à son trésorier de remettre mille dirhems à ce vieillard. « O seigneur, s'écria celui-ci, personne n'a plus promptement que moi tiré profit de ce noyer. — Comment cela? dit le roi. — Si, répondit le vieillard, je n'avais pas planté cet arbre, si le seigneur n'était pas passé par ici, ce qui vient de se passer ne me serait point arrivé, et je n'aurais point répondu comme je viens de le faire; comment donc aurais-je pu recevoir ces mille dirhems? — *Zih, zih* (bravo! bravo!) », s'écria Nouchirevan, et le trésorier remit deux mille dirhems au vieillard, parce que le roi avait prononcé deux fois le mot *zih*.

Anecdote. — Un jour le khalife Mamoun siégeait au tribunal pour réprimer les abus de pouvoir. On lui présenta une requête renfermant une demande; il la remit à Fadhl, fils de Sahl [1] et

---

1. Fadhl, fils de Sahl, fut admis au service de Mamoun, fils de Haroun Errachid, à la recommandation de Yahia le Barmécide. Il était guèbre et il abjura sa religion pour embrasser l'islamisme en l'année 190 (805). Il fut, à l'avènement de Mamoun, chargé des fonctions de premier ministre et reçut le titre de *zou'rriassetein* (chargé des deux administrations civile et militaire). Fadhl fut assassiné dans la ville de Serakhs pendant qu'il était au bain, le 2 chaaban 202 (13 février 818). Ses assassins, Ghalib el-Mass'oudy, le Grec Constantin, le Deïlemite Faradj et l'Esclavon Mouwaffaq furent arrêtés par Abbas ibn Heithem et exécutés. Mamoun avait promis pour leur arrestation une somme de dix

lui dit : « Fais droit à cette demande, car l'instabilité caractérise la fortune dans son perpétuel mouvement de rotation, et ce monde à la marche rapide n'est fidèle à aucun de ses amis. Aujourd'hui, nous pouvons faire une bonne œuvre ; il est possible que demain nous soyons, par suite de notre faiblesse, impuissants à faire le bien quand même nous le voudrions. »

CHAPITRE XXXVII

Précautions à prendre au sujet des domaines possédés par les feudataires, et de l'état où se trouve la population.

Dans les cas où l'on viendrait à dénoncer, dans un district, des signes de ruine et de dispersion des habitants, et où l'on pourrait croire que ceux qui ont fait connaître ces faits sont animés d'intentions malveillantes, il faudrait sur-le-champ désigner un officier dont personne ne pourra soupçonner la mission et le faire partir sous n'importe quel prétexte. Il parcourra, pendant un mois, le district où il sera envoyé. Il en visitera les villes et les bourgades et en constatera la prospérité ou la détresse. Il écoutera ce que chacun lui dira au sujet du feudataire et du percepteur des impôts. Il arrivera à découvrir la vérité, car les fonctionnaires (interrogés) chercheraient à invoquer des prétextes et des excuses, en disant que ceux qui les accusent sont leurs ennemis, et qu'il ne faut point prêter l'oreille à leurs discours, parce qu'ils deviendraient plus audacieux et feraient tout ce qui leur plairait. Ceux qui auraient fait connaître les faits dont nous avons parlé cesseraient alors de donner des avis au prince et au

mille dinars. Fadhl eut pour successeur son frère Hassan et le khalife Mamoun épousa sa fille, Khadidjèh Bouran, au mois de ramazan 210 (décembre 825).
Tous les auteurs orientaux parlent avec admiration de ses connaissances astrologiques et de ses prédictions qui toutes se réalisèrent.

feudataire, tant que la réalité de la situation ne se serait pas manifestée, ne voulant point passer pour être animés d'intentions malveillantes. Alors, pour ce motif, la ruine s'étendrait partout, la
population serait appauvrie et les impôts seraient prélevés sans
esprit de justice.

CHAPITRE XXXVIII

*Sur la précipitation mise par les souverains dans les affaires
de l'Etat.*

Le prince ne doit jamais, dans sa conduite, se laisser aller à la
précipitation. Lorsqu'il apprendra une nouvelle ou qu'un événement viendra à se produire, il devra agir avec une sage lenteur,
afin de connaître l'état réel des choses et distinguer le faux du
vrai.

Lorsque deux adversaires se présentent devant lui et se
mettent à parler l'un contre l'autre, il faut qu'ils ne puissent
connaître quel est celui des deux vers lequel incline le prince,
de façon que celui qui a le bon droit pour lui soit saisi de crainte
et ne puisse articuler une parole, et que celui qui soutient une
cause injuste devienne plus audacieux.

Dieu dans ses commandements nous a dit : Si quelqu'un vient
à parler devant vous, ne vous prononcez pas jusqu'au moment
où vous aurez établi la vérité. Le Dieu très-haut dit dans son
livre : « O vous qui avez la foi, si un homme pervers vous apporte
quelque nouvelle, cherchez à vous assurer de sa réalité [1]. »

Pourquoi agir avec précipitation et se repentir ensuite ? Le
repentir n'a jamais servi à rien.

Anecdote. — Il y avait à Hérat un homme de loi qui jouissait

---

1. *Qoran*, ch. XLIX, v. 6.

d'une grande notoriété; c'était un homme avancé en âge qui avait fait présent de Bikrek au maître du monde[1]. Il arriva que le souverain, mort en confessant la foi (Alp Arslan), que Dieu lui fasse miséricorde! se rendit à Hérat et y résida pendant quelque temps. Son oncle maternel, Abderrahman, était descendu chez ce vieillard remarquable par sa science. Un jour, pendant une débauche de vin, il dit au sultan : « Dans la maison que j'habite, il y a une chambre dans laquelle mon hôte entre chaque soir, et où il passe toute la nuit en prières. Aujourd'hui, ajouta-t-il, j'ai ouvert la porte de cette chambre et j'y ai vu une cruche de vin et une idole en cuivre. Il a passé la nuit entière à boire et à adorer cette idole, en se prosternant devant elle.» Cet Abderrahman avait apporté une cruche de vin et une idole en cuivre, et il savait qu'en tenant ces propos, il déterminerait le sultan à faire mettre à mort immédiatement le vieillard. Le sultan envoya chercher celui-ci par un ghoulam et il m'en expédia aussi un autre pour me dire : « Dépêche quelqu'un et fais comparaître ce vieillard devant toi. » J'ignorais pour quel motif il le faisait quérir; puis, au même moment, je vis arriver une autre personne qui m'enjoignit de ne pas le faire venir. Le lendemain, je demandai au sultan le motif pour lequel il m'avait dit d'appeler, puis de ne pas faire venir ce savant vieillard. « La cause en a été, me répondit-il, l'impudence de mon oncle maternel Abderrahman », et il me raconta ce qui s'était passé, puis il ajouta avoir dit à Abderrahman : « Malgré ce que tu as avancé devant moi, et bien que tu m'aies apporté une cruche pleine de vin et une idole en cuivre, je ne veux donner aucun ordre, avant de m'être assuré de la vérité du fait. Mets donc ta main dans la mienne et, en jurant par mon âme, dis moi si ce que tu as raconté est exact ou mensonger.—J'ai menti, répondit Abderrahman.—Misérable, s'écria le sultan, pourquoi

---

1. Abou Bekr Mohammed Ravendy nous apprend, dans son histoire des Seldjoucides, intitulée *Rahat ous-soudour*, que Bikrek était un esclave turc dont Alp Arslan avait fait son chambellan.

as-tu articulé de pareilles faussetés à l'égard de ce savant vieillard, et pourquoi as-tu essayé de faire répandre son sang? —
C'est, répondit-il, parce qu'il possède une maison agréable dans
laquelle je suis descendu. Si tu l'avais mis à mort, tu m'en aurais
fait cadeau [1]. »

Le chef de la religion a dit : « La précipitation est inspirée
par Satan et une sage lenteur provient du Dieu miséricordieux. »
Bouzourdjmihr a dit : « La précipitation a pour cause la légèreté du caractère; celui qui se hâte et ne sait point agir avec
calme sera toujours la proie du repentir et des soucis, car la
précipitation fait tourner à mal tout ce qui est bien. Celui qui agit
trop vite sera toujours en butte à ses propres reproches; il fera
continuellement serment de ne plus retomber dans cette faute ;
il invoquera des excuses et subira la peine de ses erreurs. »

Le prince des croyants, Aly (que Dieu soit satisfait de lui!) a
dit : « Agir en toutes choses avec une sage lenteur mérite tous
les éloges. »

CHAPITRE XXXIX

Du prévôt, des sergents à verge et des différents modes de punir.

La charge du prévôt a été, à toutes les époques, une des plus
considérables et, si l'on excepte l'émir grand chambellan, il n'y
avait point, à la cour, de personnage plus important que le prévôt, parce que ses fonctions consistaient à sévir et à punir. Tout
le monde redoute d'être l'objet du courroux et des châtiments
du prince ; lorsqu'il est irrité contre quelqu'un, c'est au prévôt
qu'il donne l'ordre de faire trancher la tête, couper les pieds et
les mains, suspendre au gibet, infliger la bastonnade et jeter en
prison ou dans un cul de basse-fosse; personne ne craint de

1. Cette anecdote a été copiée mot pour mot par Djemal Eddin Mohammed Oufy
et insérée par lui dans son *Djami oul-hikaiat*, ms. du British Museum, add. 16862,
f⁰ 312.

faire le sacrifice de ses biens et de ses richesses pour sauver sa vie. Le prévôt a toujours eu le privilège d'avoir un tambour, un étendard et une musique militaire et il était plus redouté du peuple que le souverain lui-même; mais, à notre époque, ses fonctions ont été amoindries et on leur a enlevé l'éclat dont elles brillaient.

Il faut que cinquante sergents à verge, au moins, soient toujours présents à la cour. Vingt d'entre eux auront des bâtons avec monture en or, vingt avec monture en argent et dix seront pourvus de grandes cannes.

Il est indispensable que le prévôt ait un train, un état de maison considérables et du prestige; sinon, il faudra le remplacer par un autre personnage.

Anecdote. — Le khalife Mamoun dit un jour à ses courtisans: « J'ai deux prévôts, occupés depuis le matin jusqu'à la nuit à faire trancher la tête, à couper les pieds et les mains aux gens, à les bâtonner et à les jeter en prison. L'un est constamment comblé de louanges par le peuple, qui lui témoigne de la reconnaissance. L'autre est exécré; chaque fois que son nom est prononcé, il est accablé de malédictions et il est l'objet de plaintes incessantes. J'ignore quel en est le motif; il me faudrait en être instruit par quelqu'un; tous les deux ont les mêmes fonctions; pourquoi le peuple se loue-t-il de l'un et se plaint-il de l'autre? » Un des courtisans s'adressa au khalife et lui dit : « Si mon seigneur m'accorde un délai de trois jours, je lui ferai savoir ce qui en est. — Je te l'accorde », répondit le khalife. Ce courtisan se rendit chez lui et dit à un domestique digne de confiance : « J'ai à te charger d'une affaire qui m'intéresse. Il y a, aujourd'hui, dans la ville de Bagdad, deux prévôts : l'un est un vieillard, l'autre un homme d'un âge mûr. Il faut que, demain, tu te lèves de bon matin pour te rendre à la maison du premier. Lorsqu'il sortira du gynécée, tu observeras la manière dont il prendra séance, ce qu'il fera et dira, ce qui se passera, lorsqu'on se présen-

tera devant lui pour lui amener des criminels; tu feras attention à ses jugements, tu retiendras dans ta mémoire tout ce
que tu auras vu et tu viendras m'en rendre compte. Après-de-
main, tu iras aussi à la demeure du prévôt d'un âge mûr. Tu
noteras ses paroles et ses actions, depuis le commencement
jusqu'à la fin (de son audience), et tu me les rapporteras. »

Le lendemain, le serviteur se leva et, sans tarder, se rendit à
l'hôtel du vieux prévôt. Au bout de quelque temps, il vit entrer
(dans la salle) un valet qui plaça une bougie sur la console, étendit
un tapis au haut duquel il plaça quelques cahiers du Qoran et
d'un recueil de prières. Le vieux prévôt sortit alors du harem et
fit une prière de quelques rikaat.

Le public entra ; il fit alors une prière en commun et, lorsqu'il eut terminé ses litanies, il reçut, jusqu'au lever du soleil,
les hommages de ceux qui se présentèrent. « A-t-on amené quelque criminel? demanda-t-il alors. — Oui, lui fut-il répondu.
On a conduit ici un adolescent, accusé de meurtre. — Y a-t-il
des témoins? — Non, répondit-on, mais il fait lui-même l'aveu
de son crime. — Il n'y a de force et de puissance qu'en Dieu
le grand, le puissant, s'écria le prévôt. Faites-le venir, afin que
je le voie. » On fit comparaître le jeune homme. — « Est-ce lui?
demanda-t-il en l'apercevant. — C'est lui, certainement. — Il
n'a cependant pas la physionomie d'un criminel et l'on oit
rayonner sur son visage l'éclat de l'islamisme. Un crime a-t-il
pu être perpétré par ses mains? Je m'imagine que ce que l'on
dit à son sujet est faux, et je n'écouterai rien de ce qui sera articulé sur son compte. Jamais cet adolescent n'a pu commettre
pareille action! Voyez, toute sa mine témoigne qu'il est innocent. » Ce jeune homme écoutait tout ce que disait le prévôt.
Un des assistants s'écria : « Mais il confesse son crime. — C'est
en vain, lui dit le prévôt en l'apostrophant rudement, que tu
essaies de tremper tes mains dans le sang d'un musulman. Ce
jeune homme a trop d'esprit pour dire quelque chose qui puisse

entraîner sa mort. » Son espoir, en parlant ainsi, était que le
jeune homme viendrait à nier (ce dont il s'accusait). — « Que
dis-tu? lui demanda-t-il, en se tournant vers lui. — La prédestination divine, répondit-il, a voulu qu'un pareil crime
fût commis par mes mains. Ce monde-ci est suivi d'un autre
et je n'y aurai pas la force de supporter les reproches que Dieu
m'adressera : faites-moi subir le châtiment ordonné par Dieu
lui-même. » Le prévôt feignit d'être sourd et s'adressant à l'assistance : « Je n'entends pas ce qu'il dit. Avoue-t-il, oui ou non?
— Il avoue sans aucun doute, lui répondit-on. — O mon fils, s'é-
cria le prévôt, tu n'as point l'air d'un criminel. Un de tes ennemis qui désire ta perte t'a peut-être incité à parler ainsi, réfléchis bien. — O émir, repartit le jeune homme, personne ne
m'a poussé. Je suis un criminel, inflige-moi le châtiment
ordonné par Dieu. » Lorsque le prévôt eut l'assurance qu'il
ne reviendrait pas sur sa déclaration et que toutes ses suggestions seraient inutiles, puisqu'il était résolu à faire le
sacrifice de sa vie : « Eh bien, que dis-tu? lui demanda-t-il. —
Il en est ce que j'ai déclaré, répondit-il. — J'exécuterai, s'écria
alors le prévôt, le jugement prescrit par Dieu », puis se tournant vers les assistants : « Avez-vous jamais vu, leur demanda-
t-il, quelqu'un ayant autant que ce jeune homme, la crainte
de Dieu? pour moi, je n'en ai jamais vu. L'éclat de l'honnêteté,
de la religion de l'islamisme et de la vertu resplendit sur toute
sa personne. J'avoue qu'il craint Dieu ; il sait qu'il doit mourir
et il aime mieux paraître devant lui, en confessant sa foi et en
étant en état de pureté. Il n'est séparé que par un pas des
houris et des demeures du paradis. » Puis, s'adressant au jeune
homme : « Va, lui dit-il, purifie ton corps par une ablution générale, fais une prière de deux rikaat et un acte de contrition,
afin que je puisse te faire subir la peine ordonnée par Dieu. »
Le jeune homme se conforma à ces recommandations. « Je le
vois entrer, dès maintenant, dans le paradis », dit le prévôt. Ces

paroles avaient tellement adouci, pour le cœur de ce jeune homme, l'amertume de la mort qu'il avait hâte de la recevoir un instant plus tôt.

Le prévôt donna l'ordre de le dépouiller de ses vêtements, avec tous les ménagements possibles, et de lui bander les yeux, et il continuait à lui parler dans les termes que nous venons de rapporter. Le bourreau entra, tenant à la main un sabre brillant comme une goutte d'eau ; il s'approcha du jeune homme sans que celui-ci soupçonnât sa présence. Le prévôt fit un signe de l'œil, et le bourreau lui asséna rapidement un coup de sabre qui fit voler sa tête. Le prévôt envoya ensuite en prison quelques individus arrêtés pour certains délits, afin de se rendre exactement compte de leur situation, puis il se leva et rentra dans ses appartements privés.

Le domestique du courtisan du khalife Mamoun revint auprès de son maître et lui raconta tout ce dont il avait été témoin.

Le lendemain, il se leva et se rendit à la demeure de l'autre prévôt. Le public et les satellites arrivèrent et remplirent l'hôtel. Au lever du soleil, le prévôt sortit de chez lui et donna audience. La mauvaise humeur faisait froncer ses sourcils : ses gardes se tenaient debout devant lui. Au bout de quelque temps, il demanda si l'on avait amené quelqu'un. On lui répondit que l'on avait amené deux ou trois jeunes gens en état d'ivresse. « Faites-les entrer, » s'écria-t-il. On les mit en sa présence et ses regards se fixèrent sur eux. « Il y a longtemps que je recherche celui-ci, dit-il, en apostrophant l'un d'eux. C'est un vaurien, un fauteur de désordres qui n'a point son pareil dans tout Bagdad. Il faut lui couper le cou, car c'est un fainéant et il n'est occupé qu'à détourner du droit chemin les enfants des habitants de la ville. Il ne se passe pas de jour, que dix personnes ne viennent chez moi déposer des plaintes contre lui, à propos de ses méfaits. Voilà bien longtemps que je suis à sa recherche. » Il en dit tant que le jeune homme en vint à désirer qu'on lui tranchât la tête, pour être délivré de la fureur de ses propos. Le prévôt donna alors l'ordre d'apporter un fouet, de coucher ce jeune homme par terre, de le rendre immobile en lui faisant tenir la tête et les pieds par deux hommes assis près de son corps, et de lui appliquer quarante coups de fouet. Lorsqu'il eut subi cette peine, il voulut le faire jeter en prison. Cinquante chefs de famille notables se présentèrent pour rendre témoignage de sa conduite régulière et de ses bonnes mœurs ; ils intercédèrent pour lui afin d'obtenir sa délivrance et firent l'offre d'un cadeau. Le prévôt leur opposa un refus et fit conduire le jeune homme en prison. Les chefs de famille partirent le cœur navré et en accablant le prévôt de malédictions. Celui-ci, de son côté, se leva et rentra dans son harem.

Le serviteur du courtisan de Mamoun alla retrouver son maître et lui raconta tout ce qui venait de se passer. Le courtisan se rendit, le troisième jour, auprès du khalife et lui exposa la conduite et la façon de procéder des deux prévôts, telles qu'elles lui avaient été rapportées. Le prince des croyants, Mamoun, en manifesta son étonnement : il appela sur le vieux prévôt la clémence de Dieu et il accabla de malédictions le second qu'il traita de chien. « Que la malédiction de Dieu le poursuive, s'écria-t-il, lui qui a traité un honnête homme avec tant d'indignité ! Comment aurait-il agi, poursuivit-il, s'il avait eu un assassin entre les mains. » Il ordonna qu'il fût dépouillé de ses fonctions, que le jeune homme, emprisonné par lui, fût rendu à la liberté et que le vieux prévôt, confirmé dans sa charge, fût de nouveau revêtu d'un habit d'honneur.

CHAPITRE XL

Les souverains doivent être pleins de bonté pour les créatures de
Dieu : toutes les affaires devront être traitées et tous les ordres
donnés conformément aux règles établies.

Il surgit, à toute époque, un événement décrété par la
Providence ; l'influence funeste du mauvais œil se fera sentir sur
un État, le gouvernement changera de maître, passera d'une
dynastie à une autre et, par suite des troubles et des séditions,
se trouvera être la proie du désordre. On tirera alors le sabre les
uns contre les autres, la tyrannie s'établira et, dans ces jours de
discordes civiles, les gens de noble origine seront opprimés, les
séditieux, ayant le pouvoir et la force, feront tout ce qui leur
plaira et les modérés auront une situation affaiblie et mauvaise.
Les individus de la plus basse condition deviendront émirs, les
personnes bien nées seront privées (de leurs charges et de leurs
biens), et tout misérable ne craindra pas de prendre des titres
n'appartenant qu'au vizir et au roi. Les Turcs s'attribueront les
titres qui sont accordés aux fonctionnaires civils, et ceux-ci prendront les dénominations honorifiques réservées aux Turcs. Les
ordres seront donnés comme s'ils étaient dictés par le prince ; la
loi religieuse cessera d'être en vigueur et le peuple sera livré à
lui-même sans direction. Les militaires donneront libre cours
à leur avidité, tout sera en confusion et personne ne s'occupera
de l'expédition des affaires. On pourra voir un Turc devenir le
chef de dix Persans et un Persan, celui de dix Turcs. Les affaires
de l'État seront soustraites à toute règle et le prince, par suite
des attaques et des hostilités auxquelles il sera en butte, n'aura

point d'occasion favorable pour s'occuper de remédier à ce désordre.

Quand ensuite la fortune cessera d'être défavorable et que la tranquillité renaîtra, Dieu suscitera un prince juste et capable et il lui donnera l'intelligence nécessaire, pour remettre toute chose en son lieu et place. Ce prince demandera à chacun quelles furent les règles qui ont dirigé, à toute époque, la conduite des souverains. Dieu lui accordera la puissance et le bonheur, qui lui permettront de dompter tous ses ennemis; il consultera les documents, il mettra en vigueur les dispositions et les règles du gouvernement, et il déterminera la mesure dans laquelle elles devront être appliquées. Il jettera sur tous un regard scrutateur et accordera à chacun le rang qui lui convient. Il déracinera l'impiété, aimera la religion et, avec la permission de Dieu, il fera disparaître les innovations dangereuses. Si nous avons rappelé ces faits, c'est pour qu'on ne les perde pas de vue et qu'ils servent à faire connaître ce qui a cessé d'être pratiqué, et afin que le maître du monde donne ses ordres et ses commandements sur chaque chose.

Une des choses que les souverains ont observée avec le plus de soin est la conservation des anciennes familles et le traitement honorable accordé aux enfants des rois. Ils ont toujours assuré à ceux-ci, depuis le moment de leur arrivée au pouvoir, un traitement proportionné à ce qu'il leur fallait pour vivre, et cela tant que leur famille a subsisté. En outre, les gens méritant des pensions, les savants, les Alides, les gardiens des villes frontières, les commentateurs et les lecteurs du Qoran, n'ont jamais été privés de secours fournis par le trésor public. Ces libéralités ont provoqué des vœux pour le bonheur du souverain, et lui ont valu les éloges et les récompenses dus aux bonnes œuvres.

Anecdote. — On raconte qu'un certain nombre de gens, dignes de recevoir des pensions, présentèrent à Haroun er-Rechid une requête dans laquelle ils disaient. « Nous sommes les serviteurs de Dieu, les fils de grands personnages ; quelques-uns d'entre nous sont des interprètes du Qoran et des savants ; d'autres appartiennent à la noblesse et il y en a parmi nous plusieurs dont les pères ont acquis des droits que cette dynastie (ne peut méconnaître). Nous sommes tous musulmans, pratiquant une religion pure de toute erreur. Le trésor public doit assurer notre subsistance. Quant à toi, tu dépenses, tous les jours, des sommes considérables pour assouvir tes passions et nous, nous ne pouvons nous procurer notre pain. Que nos moyens de vivre soient assurés par toi, sinon nous chercherons un refuge en Dieu, nous lui ferons entendre nos plaintes, afin qu'il enlève à tes mains le trésor public et le confie à qui témoignera aux musulmans plus de sollicitude que toi. » La lecture de cette requête porta le trouble dans l'âme de Haroun er-Rechid. Il entra dans le harem et se replia sur lui-même. Témoin de l'altération de son humeur, Zobeïdèh lui demanda ce qui lui était arrivé. Haroun le lui expliqua. « Vois, lui dit Zobeïdèh, la manière dont les khalifes et les grands personnages ont agi, avant toi, à l'égard des serviteurs de Dieu et conduis-toi de la même façon. Il ne saurait y avoir de doute, le trésor public est la propriété des musulmans ; tu en tires, pour tes dépenses, des sommes considérables. Dispose des biens des musulmans avec autant de sansgêne qu'ils en usent à l'égard des tiens et, s'ils viennent à se plaindre, ils devront t'excuser.

Le destin voulut que, cette même nuit, Haroun et Zobeïdèh eurent tous deux un songe ; ils rêvèrent qu'on était arrivé au jour du jugement dernier et que les humains étaient amenés au lieu où ils devaient rendre leurs comptes. Ils se présentaient un à un et Mohammed Moustafa (que les bénédictions et la paix de Dieu soient avec lui !) intercédait pour eux. Ils se dirigeaient alors du côté du paradis. Un ange prit par la main Haroun et Zobeïdèh. « Où nous conduis-tu, » lui demandèrent-ils.

L'ange leur répondit : « Je suis envoyé par Mohammed qui m'a dit : Tant que je serai présent ici, ne les laisse point amener devant moi, car ils m'ont couvert de honte et je ne puis rien dire en leur faveur. Ils ont cru que le bien des musulmans était leur propriété et ils ont privé des secours du trésor ceux qui en étaient dignes, et pourtant ils occupaient ma place (et étaient mes successeurs). » Lorsque Haroun et Zobeïdèh furent éveillés, Haroun demanda à celle-ci ce qui lui était arrivé (pendant son sommeil). « J'ai vu en rêve, répondit-elle, telle et telle chose et j'ai été saisie d'effroi. — Et moi aussi, lui dit Haroun, j'ai eu le même songe. » Ils remercièrent Dieu, et le lendemain, ils firent ouvrir les portes des trésors et proclamer que les gens dignes d'être secourus n'avaient qu'à se présenter, pour recevoir la part qui leur était due. Ceux-ci vinrent en nombre infini et, d'après les ordres du khalife, il y eut une répartition de pensions et de gratifications. Trois millions de dinars furent ainsi distribués. Zobeïdèh dit ensuite à Haroun : » Tu disposes du trésor public et on t'en demandera compte au jour du jugement dernier. Dans les circonstances présentes, l'aide que j'ai pu te prêter a dégagé ta responsabilité vis-à-vis de quelques personnes; tout ce que tu as donné provenait du bien des musulmans. Je désire maintenant user de mes propres ressources, pour faire ce que je désire. J'agirai ainsi pour l'amour de Dieu et pour assurer mon salut au jour de la résurrection. » Zobeïdèh disposa donc de plusieurs millions de dinars et donna ordre que, depuis Koufah jusqu'à la Mekke, on creusât, à chaque station, un puits construit avec des pierres, de la chaux et des briques cuites et tel que personne n'eût jamais fait le pareil. Un grand nombre de ses bonnes œuvres subsistent encore aujourd'hui. Elle commanda que, dans les places frontières, on élevât une forte citadelle et que l'on achetât des armes et des chevaux pour les guerriers qui combattent les infidèles; ces dépenses furent assurées par les revenus de nombreux domaines. Les sommes qui restèrent furent employées à construire, sur la frontière de Kachgar, une place fortifiée à laquelle elle donna le nom de Badakhchan et à bâtir, sur ces mêmes frontières, un certain nombre de caravan-sérails fortifiés. Elle fit élever un château fort sur la route du Kharezm et un autre en dehors d'Alexandrie, et d'autres encore en tous lieux. Elle put encore disposer de sommes considé-rables; elle ordonna qu'elles fussent réparties entre les mou-djavirs de Médine et ceux de Jérusalem [1].

Anecdote. — Zeïd, fils d'Eslem[2], a raconté qu'une fois le prince des croyants, Omar, faisait en personne une ronde de nuit. « Je l'accompagnais (disait-il). Nous sortîmes de la ville de Médine et nous aperçûmes, dans la plaine, un mur peu élevé et tombant en ruine, derrière lequel on voyait briller une clarté. O Zeïd, dirigeons-nous de ce côté, me dit Omar ibn el-Khattab, et voyons ce qui s'y trouve. — Nous nous y rendîmes et lorsque nous nous fûmes rapprochés, nous vîmes une femme qui avait mis une mar-mite sur le feu et avait deux petits enfants endormis devant elle. — O Dieu, disait-elle, je te remets le soin de me venger d'Omar, car il est rassasié et nous, nous sommes affamés. » Omar, en enten-dant ces mots, dit à Zeïd : « Cette femme est au moins la seule de toute peuple qui confie à Dieu le soin de lui rendre justice contre moi. Reste ici pendant que j'irai la trouver et que je l'interroge-rai. » — Omar se rendit auprès d'elle et lui demanda ce qu'elle faisait cuire, au milieu de la nuit, dans cet endroit désert. « Je suis une pauvre femme, répondit-elle, je n'ai point dans Médine de lieu (où je puisse reposer ma tête), je ne possède aucun bien et la honte que j'éprouve, en entendant mes enfants pleurer et crier,

---

1. On donne le nom de *Moudjavir* aux gens pieux qui se fixent à la Mekke, à Médine, ou à Jérusalem, pour faire leurs dévotions, soit près de la Kaaba, soit près du tombeau du Prophète, soit près de la mosquée de la Sakhrah.

2. Zeïd, fils d'Eslem, fils de Thalahah, était allié aux Beni Ydjlan.

Il figure au nombre des combattants à la journée de Bedr. Ibn el-Kelby suppose qu'il fut tué par Thalibah. Cf. *El-Içabèh fi tamiiz iç-çehabèh* d'Ibn Hodjr. Calcutta, 1856, tome II, p. 39.

à cause de la faim qui les tourmente et que je ne puis apaiser,
m'a déterminée à venir dans cet endroit désert, afin que les voisins ignorent la cause de leurs larmes et de leurs gémisse-
ments. Toutes les fois que la faim les fait pleurer et qu'ils me
demandent à manger, je place cette marmite sur le feu. Ils
s'imaginent que je vais faire cuire quelque chose et ils s'endorment dans cet espoir. Voici deux jours que, eux et moi, nous
n'avons pu que boire un peu d'eau. — Tu as le droit de maudire
Omar, lui dit le khalife. Attends ici pendant quelque temps,
jusqu'à ce que je sois de retour. » Omar s'éloigna et se rendit
en courant jusqu'à sa demeure. Au bout d'une heure, il revint
portant deux sacs sur ses épaules. « Lève-toi, me dit-il, afin que
nous allions retrouver cette femme. — Prince des croyants, lui
dis-je, mets au moins ces deux sacs sur mon cou, afin que je les
porte. — O Zeïd, me répondit-il, si tu les portes, qui se sou-
viendra de moi au jour de la résurrection? », et il marchait en
toute hâte. Il plaça les deux sacs devant cette femme ; l'un était
plein de farine et l'autre, de riz et de graisse de mouton.
— « Zeïd, me dit alors Omar, va chercher du bois », et pendant
que j'y allais, il se mit en quête d'avoir de l'eau. Il en rapporta et la plaça devant cette femme qui, après avoir préparé
une bouillie, la fit cuire dans sa marmite, en versant des larmes
de joie. Lorsque la nourriture fut prête, elle réveilla ses enfants
qui s'assirent, mangèrent à satiété et se mirent à jouer avec leur
mère. Omar conduisit chez lui cette femme et ses enfants.
« Ne maudis plus Omar, lui dit-il, et absous-le, car il ignorait
la situation dans laquelle tu te trouvais. » Cette femme se mit à
fondre en larmes : « J'en fais le serment par Dieu, dit-elle, c'est
toi qui es Omar. — Oui », répondit-il. Cette pauvre et malheu-
reuse femme s'écria alors : « Que Dieu t'accorde son pardon de
même que tu nous as rendu la vie.»

    On dit que Moïse, menant la vie pastorale et n'ayant pas encore
reçu l'inspiration divine, faisait paître ses brebis. Il arriva par

hasard que l'une d'elles fut séparée du troupeau. Moïse, voulant
la faire revenir, se mit à la poursuivre en se pressant. Elle courut pendant si longtemps qu'elle tomba de fatigue. « Malheu-
reuse, lui dit Moïse, pourquoi courais-tu ainsi ? » ; il la souleva
de terre, la mit sur ses épaules et la porta, pendant l'espace de
deux parasanges, jusqu'à ce qu'il eût rejoint son troupeau. En
le revoyant, la brebis se débattit et alla rejoindre ses compagnes.
Moïse avait supporté une grande fatigue et n'avait fait aucun
mal à la brebis : une voix céleste se fit alors entendre et Dieu
dit : « Je le jure par ma majesté, j'élèverai Moïse au plus haut
rang ; il sera mon interlocuteur et je lui accorderai le caractère
de prophète. » Moïse reçut ainsi le don de faire toutes les merveilles que nous connaissons.

Anecdote se rapportant au même sujet. — Il y avait, dans la ville
de Merv er-Roud [1], un homme qui portait le nom de Rechid Hadji.
C'était un personnage respectable, possédant de nombreuses propriétés : il n'y avait personne de plus riche que lui. Il avait servi le
sultan Mahmoud et le sultan Massoud ; il avait été un agent plein
de dureté et avait commis nombre d'actes tyranniques. Il avait fait
vœu de pénitence à la fin de sa vie, et s'occupait du soin de ses
affaires. Il fit construire partout des mosquées où l'on récitait la
khoutbèh. Il accomplit aussi le pèlerinage de la Mekke, en revint
et résida pendant quelque temps à Bagdad. Un jour qu'il était
dans le bazar, il rencontra sur son chemin un chien rongé par la
gale et que cette maladie faisait extrêmement souffrir. « Enlève
ce chien, dit-il à un de ses domestiques, et porte-le à la
maison. » Lorsqu'il l'eut chez lui, il le fit manger à satiété et
se mit à l'oindre de graisse de ses propres mains. Il conserva ce
chien près de lui et le soigna jusqu'à ce qu'il fût guéri. Il partit
ensuite pour un nouveau pèlerinage au cours duquel il fit

---

1. Cette ville n'est qu'à cinq journées de Merw esch-Schahidjan, et, en comparaison de cette dernière, elle est petite et d'une importance secondaire. *Dictionnaire géographique de la Perse*, p. 525.

nombre de bonnes œuvres. Il revint ensuite chez lui à Merv er-
Roud et y mourut. Au bout de quelque temps, des personnes le
virent en songe, ayant l'air heureux. On lui demanda : « Que Dieu
a-t-il fait pour toi ? — Il a pris pitié de moi, répondit-il, et il m'a
accordé son pardon. Tous les actes de soumission à ses lois,
toutes les bonnes œuvres, tous les pèlerinages, tout m'a été inutile, à l'exception de ce misérable chien que j'ai oint de mes
propres mains. Une voix céleste m'a dit : « Nous t'avons pardonné à cause de ta conduite à l'égard de ce chien. De tous
mes actes pieux, ce fut le seul qui m'ait servi. »

J'ai traité ce sujet afin que le maître du monde sache que la
bonté est la plus excellente des vertus. C'est pour l'avoir pra-
tiquée à l'égard d'une brebis et d'un chien, que les personnages
dont je viens de parler ont atteint auprès de Dieu un tel degré
de considération. Il faut connaître quelle grandeur atteindra et
quelles récompenses recevra celui qui aura été compatissant pour
les musulmans, car les égards et le respect témoignés à l'islamisme sont, aux yeux de Dieu, chose plus grande et plus importante que le ciel et que la terre. Lorsque le souverain de l'époque aura la crainte de Dieu et réfléchira aux fins dernières de
l'homme, il devra, alors, être équitable. Son armée suivra son
exemple et se conformera à sa conduite.

Même sujet.

Les princes avisés ont constamment honoré les vieillards et
veillé, avec soin, sur les personnes versées dans les affaires et
sur celles qui ont l'expérience de la guerre. Ils ont attribué à
chacune d'elles un rang élevé et une haute dignité, et lorsqu'il
s'agissait de traiter un sujet important dans l'intérêt de l'État,
de s'aboucher avec quelqu'un, de connaître des objets ayant
trait à l'exercice de la souveraineté, et de se rendre compte de
ce qui touche à la religion, les rois ont arrêté avec les gens

instruits et expérimentés les mesures à prendre en de pareils cas, de sorte que les résultats obtenus ont été conformes à leurs désirs. Si une guerre venait à éclater, ils faisaient partir, pour la conduire, un personnage ayant livré de nombreux combats, infligé des défaites à l'ennemi, conquis des places fortes et dont la réputation s'était répandue dans le monde; cependant, on lui adjoignait, afin de lui éviter toute faute, un vieillard plein d'expérience. Si on veut bien consacrer à ce sujet quelques moments de sérieuses réflexions, on recueillera probablement plus d'avantages et on évitera plus de dangers.

CHAPITRE XLI

Des titres honorifiques.

Il y a eu profusion de titres honorifiques et ce qui est prodigué perd son prix et sa valeur. Les souverains ont toujours montré une grande réserve pour les accorder, car une des règles du gouvernement est de veiller avec soin à ce que ces titres soient en rapport avec le rang et le mérite de chacun. Lorsqu'on n'établira aucune distinction entre le surnom d'un marchand du bazar et celui d'un grand propriétaire, lorsqu'un personnage célèbre ou un inconnu seront sur le même rang et que le titre, donné au savant, sera le même que celui qui est accordé à l'ignorant, il n'y aura que confusion; une bonne administration ne saurait le permettre. Ainsi les émirs et les Turcs ont obtenu des titres tels que ceux-ci: Houssam ed-Din (le glaive de la religion), Seïf ed-Daulèh (l'épée de l'empire), Emin ed-Daulèh (celui qui est fidèle à l'État), et bien d'autres semblables.

Les fonctionnaires civils, les gouverneurs des villes et les administrateurs des provinces ont été décorés de ceux-ci : Amid ed-Daulèh (la colonne de l'empire), Zehir oul-Moulk (celui qui fortifie le royaume), Qiwam oul-Moulk (la jambe ou le soutien du royaume), et d'autres se rapprochant de ces dénominations. Aujourd'hui, toute distinction a disparu; les (émirs) turcs prennent les titres réservés aux employés civils, et ceux-ci ne considèrent pas comme déplacé de se parer de ceux des Turcs. De tout temps, les titres ont été chose honorable.

Anecdote.—Lorsque le sultan Mahmoud prit place sur le trône de la royauté, il fit au prince des croyants, le khalife Qadir billah, la demande d'un titre honorifique; le khalife lui accorda celui de Yemin ed-Daulèh (le bras droit de l'empire). Après la conquête du Nimrouz, du Khorassan, de l'Inde jusqu'à Soumnât et de l'Iraq tout entier, Mahmoud envoya au khalife un ambassadeur chargé de lui offrir de nombreux cadeaux et de riches présents, et de solliciter de lui l'octroi de nouveaux titres honorifiques. Le khalife n'accueillit point cette demande. On dit que des ambassadeurs furent, à dix reprises différentes, envoyés à Bagdad sans pouvoir obtenir un résultat favorable. Le khalife avait accordé au khaqan de Samarqand trois titres d'honneur, qui étaient ceux de Zehir ed-Daulèh (celui qui donne de la force à l'empire), Mouïn Khilafet Illah (celui qui accorde son aide au khalifat de Dieu) et Melik el-Machraq oues-Sin (le roi de l'Orient et de la Chine). Cette faveur avait excité la jalousie de Mahmoud, qui fit partir, une dernière fois, un ambassadeur chargé de dire au khalife : « J'ai fait la conquête du pays des infidèles; c'est en ton nom que je combats avec le sabre et, cependant, tu accordes à ce khaqan, qui tient de moi son autorité, trois titres honorifiques, tandis que moi, je n'en ai obtenu qu'un seul, après tant de services rendus.—Un titre, répondit le khalife, est destiné à rehausser la dignité d'un homme qui acquerra ainsi plus de notoriété. Mais à toi qui jouis d'un noble rang et d'une grande célébrité, un seul titre te suffit. Le khaqan ne connaît pas grand'chose; c'est un Turc grossier et ignorant; c'est pour cela que sa demande a été agréée : toi, qui as acquis toutes les connaissances,

tu es chéri par moi, et les sentiments que je professe à ton égard
sont meilleurs que tu ne le supposes. » Ces paroles, rapportées à
Mahmoud, lui causèrent un vif chagrin.

Ce prince avait, dans son palais, une femme d'origine turque,
sachant écrire et s'exprimant en termes choisis. La plupart du
temps, elle venait trouver Mahmoud dans son harem; elle s'en-
tretenait, plaisantait et badinait avec lui. Elle lisait et lui narrait
des historiettes de toute nature. Un jour qu'elle était assise
devant Mahmoud et qu'elle lui racontait des choses divertis-
santes, ce prince lui dit : « Tous les efforts tentés par moi
auprès du khalife, pour obtenir un plus grand nombre de
titres honorifiques, ont été inutiles, et le khaqan qui est mon
sujet en a obtenu plusieurs. Il me faut trouver quelqu'un qui,
après avoir dérobé dans la demeure du khaqan le diplôme à lui
accordé par le khalife, revienne me l'apporter. Je donnerai à
cette personne tout ce qu'elle demandera. — J'irai, dit cette
femme, je t'apporterai ce diplôme, mais m'accorderas-tu tout ce
que je désirerai? — Certainement », dit Mahmoud, et il lui fit
donner ce qui était nécessaire pour son voyage. Cette femme
prit avec elle son fils et se rendit de Ghaznah à Kachgar. Là,
elle acheta tout ce qu'on apporte du Khita et de la Chine en fait
de curiosités, de soieries, de filles esclaves, de tharghou [1] et,

---

1. Le mot *tarkhou* ou *targhou* désigne une étoffe précieuse tissée avec les
poils du chameau blanc : on en faisait des vêtements et la pièce valait cinquante dinars et plus.

Mohammed en-Nessay mentionne le targhou parmi les cadeaux qui furent envoyés par Djenguiz-Khan à Sultan Djelal Eddin Kharezm Châh. ‏رسل ...ةقلاف‏

‏جنكزخان وهم محمود الخوارزى وعلى خواجه البخارى ويوسف كنكا الازارى مصوبين‏
‏بمجاوبات الترك من نقر المعادن ونصب البتر ونوافج المسك واحجار اليشب و الثياب التى‏
‏تسمى طرقوا وانها يوخذ من صوف الجمل الابيض يباع الثوب منها بخمسين دينار او اكثر‏

« Des ambassadeurs de Djenghiz-Khan vinrent trouver le sultan (à son retour
de la Transoxiane). C'étaient Mahmoud el-Kharezmy, Aly Khodja de Boukhara
et Youssouf Gunka d'Otrar. Ils apportaient des produits du Turkestan, tels que
de l'argent provenant des mines, des manches de parasol, des vessies de musc,
des pierres de jade et des vêtements de tarkhou. Le tarkhou est tissé avec la

en plus, une quantité de marchandises semblables, puis elle
alla à Samarqand, en compagnie de plusieurs marchands.
Trois jours après son arrivée, elle se rendit à la réception de la
khatoun, femme du khaqan de Samarqand, et elle lui offrit en
cadeau une jeune et belle esclave, parée de nombreux bijoux.
« Mon mari était marchand, dit-elle à la khatoun, et il me faisait courir le monde avec lui. Il avait l'intention de se rendre
dans le Khita, mais arrivé à Khoten, il dut se soumettre par
la mort à l'ordre du Dieu. Je revins sur mes pas et retournai à
Kachgar; je présentai un cadeau au khan et lui dis : Mon mari
était un des serviteurs du très illustre khaqan et moi j'étais une
esclave de la khatoun. Ils me donnèrent la liberté et me firent
épouser mon mari; cet enfant que j'ai avec moi est le fruit de
notre union. Mon mari est décédé à Khoten, et tout ce qu'il a
laissé représente un capital que le khaqan et la khatoun lui
avaient confié. J'espère maintenant que le khan étendra sur ma
tête et sur celle de cet orphelin, la main de la bienveillance et
qu'il nous laissera partir, bien accompagnés, pour Uzkend et
Samarqand. Je pourrai ainsi vous faire agréer mes remercie-
ments, célébrer vos louanges et faire, tant que je vivrai, des vœux
pour votre personne. Le khan fit l'éloge de la khatoun et celui
du khaqan. Le khan (ajouta-t-elle) nous donna une escorte et
enjoignit au khan d'Uzkend de nous bien traiter, et de nous
faire partir pour Samarqand en bonne compagnie. Aujourd'hui,
grâce à votre heureuse influence, me voici à Samarqand. Si
j'arrive dans cette ville, disait mon mari, je n'en sortirai jamais,
et il prononçait continuellement votre nom. Si vous m'acceptez
comme votre esclave et si vous étendez sur ma tête la main de la
bonté, mon cœur se fixera ici ; je vendrai mes bijoux pour acheter
une propriété ; et, jouissant de votre considération, je vivrai ici

---

laine du chameau blanc et la pièce se vend cinquante dinars ou plus. » (*Histoire
du sultan Djelal Eddin,* texte arabe, publié par M. Houdas. Paris, 1891, p. 33.)

et j'éleverai ce petit garçon. J'espère que, grâce aux bénédictions attachées à votre personne, le Dieu très-haut en fera un homme honnête et heureux. — Que ton cœur soit délivré de toute préoccupation, lui dit la khatoun. Autant que cela sera possible, aucune marque de bienveillance, aucun moyen de subsister ne te seront refusés. Je te donnerai une maison, je t'accorderai une pension et je ferai tout ce que ton cœur pourra souhaiter. Je ne te laisserai pas t'absenter pendant une heure d'auprès de moi. Je dirai au khaqan de te faire don de tout ce que tu désireras. » Cette femme se prosterna devant la khatoun et lui dit : « A présent, tu es ma maîtresse, je ne connais personne autre que toi : conduis-moi auprès du khaqan, afin que je lui parle. — Reviens demain », lui dit la khatoun. Le lendemain, elle se présenta devant la khatoun qui la conduisit chez le khaqan auquel elle fit agréer son hommage ; elle lui offrit un jeune esclave turc et un beau cheval. « J'ai peu de chose à faire connaître au khaqan au sujet de ma situation ; je dirai, en résumé, qu'au moment de la mort de mon mari, son associé me dit : Il ne nous faut pas rapporter toutes les marchandises qui proviennent de la Chine ; nous en donnâmes une partie au khan de Kachgar, et nous avons employé le reste pour les dépenses de notre voyage. Si le très illustre khaqan veut bien, comme l'a déjà fait la khatoun, m'accepter pour son esclave, je passerai, à son noble service, tout le temps qui me reste à vivre.» Le khaqan témoigna à maintes reprises qu'il acceptait (cette proposition). Chaque jour, cette femme offrait un cadeau à la khatoun et lui racontait de charmantes histoires. Elle en agit si bien vis-à-vis du khaqan et de la khatoun que, sans elle, ils ne goûtaient aucun plaisir et ils auraient été honteux et confus, si elle n'avait point accepté ce qu'ils lui auraient offert, soit en terres, soit en objets mobiliers.

De temps à autre, cette femme montait à cheval et quittait la maison où on l'avait fait descendre, pour aller hors de la ville, à la distance de trois ou quatre parasanges.« Je vais, disait-elle,

acheter un domaine et me constituer une propriété. » Elle de-
meurait ainsi éloignée pendant trois ou quatre jours ; elle dépê-
chait quelqu'un pour s'excuser de son absence, puis elle revenait.
Lorsque le khaqan et la khatoun envoyaient chez elle pour s'informer du sujet de son absence, on répondait qu'elle était allée
acheter une propriété dans tel village. La khatoun et le khaqan
étaient au comble de la joie : « Son cœur, disaient-ils, s'est fixé
au milieu de nous. »

Cette femme se conduisit ainsi pendant six mois : à plusieurs
reprises, on s'excusa, en lui offrant des dons qu'elle n'acceptait
pas, de faire si peu pour elle : « Il n'y a pas pour moi sur la terre,
disait-elle, de bien préférable à la vue de ceux qui sont mes seigneurs, car Dieu m'a donné ma nourriture journalière et je vois,
chaque jour, que mes maîtres ne me laisseront pas dans le
besoin. Lorsque j'aurai un souhait à leur exprimer, j'userai de
toute liberté et demanderai ce que je désire avoir. » Le khaqan
et la khatoun avaient été séduits par elle.

Elle confia tout ce qu'elle possédait en or, en argent et en
pierreries à un marchand, qui faisait continuellement, pour son
commerce, le voyage de Samarqand à Ghaznah, et elle envoya,
sur la route de Balkh, cinq cavaliers, auxquels elle dit : « Je
veux que chacun de vous se tienne, jusqu'au moment de mon
arrivée, avec un cheval à l'une de toutes les étapes de la route. »
Elle se rendit ensuite auprès de la khatoun et du khaqan, et, après
leur avoir fait ses compliments, elle leur dit : « J'ai une demande
à vous exprimer, mais je ne sais si je dois, oui ou non, vous
la soumettre. — Je t'entends dire une chose extraordinaire,
s'écria la khatoun; fais-moi connaître ton désir! — De tous
les biens de ce monde, répartit cette femme, il ne me reste
qu'un petit enfant, auquel j'ai fait apprendre le Qoran et donner
des leçons de morale. J'espère qu'il deviendra un homme de
bien, grâce au bonheur attaché à la personne de mes maîtres.
Après le livre de Dieu et du Prophète, il n'y a, sur la terre, rien

de plus auguste que les lettres émanées du prince des croyants, et le secrétaire qui les rédige doit avoir un mérite supérieur à celui de tous ses pareils. Si mes maîtres partagent cette opinion, ils me confieront, pendant deux ou trois jours, le diplôme qu'ils possèdent, et mon fils le lira avec le secours d'un lettré. — Quel désir manifestes-tu là, s'écrièrent la khatoun et le khaqan? pourquoi ne nous as-tu pas demandé une ville ou une province? Nous possédons cinquante diplômes semblables qui sont complètement laissés de côté. Si tu le veux, nous te les donnerons tous. — Un seul me suffira », répondit cette femme. La khatoun donna alors l'ordre à un eunuque de se rendre au trésor, et de remettre à cette femme tous les diplômes qu'elle demanderait. Celle-ci alla au trésor, s'empara de celui qu'elle désirait, et l'emporta chez elle.

Le lendemain, elle donna l'ordre de seller tous ses chevaux, de charger tous ses bagages sur les chameaux, et elle répandit le bruit qu'elle se rendait dans tel village pour y acheter une propriété, et qu'elle y demeurerait une semaine. Elle poussa sa monture droit devant elle, faisant toute diligence, et elle se dirigea vers le village qu'elle avait désigné. Elle s'était fait délivrer précédemment un firman pour que, partout où elle irait, elle fût traitée avec considération, et que des vivres lui fussent fournis.

Elle délogea au milieu de la nuit et s'arrêta à une distance de trois parasanges hors de la ville, puis elle passa outre. Le cinquième jour de son voyage, elle arriva à Termiz : partout où cela lui convenait, elle présentait son firman ouvert. Elle était déjà arrivée à Balkh, que la khatoun ignorait encore son départ. De Balkh, elle gagna Ghaznah, et elle apporta le diplôme à Sultan Mahmoud.

Ce prince le confia à un docteur de la loi, et le fit parvenir par son intermédiaire au khalife Qadir billah. Il y joignit une lettre conçue en ces termes : « Un de mes serviteurs, passant par Samar-

qand, est entré dans une école et y a vu ce diplôme entre les mains
d'enfants qui, n'ayant point encore atteint l'âge de raison, en
faisaient la lecture. Mon serviteur le leur enleva et me l'apporta, pour que vous sachiez à quels gens vous envoyez des
diplômes, eux qui devraient les conserver avec respect et en
faire la couronne de leur tête. » Lorsque le jurisconsulte, envoyé
par Sultan Mahmoud, en qualité d'ambassadeur, eut exposé les
faits et montré le diplôme, le khalife en manifesta un extrême
étonnement et fit écrire au khaqan une lettre de reproches.

L'envoyé de Mahmoud demeura pendant six mois à la porte
du palais; il n'obtenait pas de réponses concluantes aux requêtes
qu'il adressait. Il rédigea une consultation juridique conçue
en ces termes : « S'il vient à paraître un souverain qui tire
l'épée et guerroie pour la gloire de l'islamisme et si, combattant les infidèles, il change leurs villes en cités soumises
à l'islamisme, si le khalife est loin et ne peut être instruit
par lui des événements qui se produisent à chaque instant, est-
il convenable, oui ou non, de faire asseoir sur le trône un noble
descendant d'Abbas, de se conformer à ses ordres et de le
suivre? » Il remit cette demande aux mains du qadi des qadis,
qui répondit : « Cela est possible et convenable. »

L'envoyé de Mahmoud fit une copie de cette décision juridique
et l'annexa à une requête rédigée en ces termes : « Mon séjour
ici se prolonge depuis bien longtemps. Mahmoud, pour cent mille
preuves de soumission données par lui, sollicite des titres honorifiques, et le maître du monde les lui refuse. Si Mahmoud agit
désormais conformément au fetva qu'il a reçu de celui qui est
l'organe de la loi religieuse, et qui est écrit de la main du cadi
des cadis, sera-t-il excusable, oui ou non? » Le khalife, après
avoir lu cette requête, envoya sur-le-champ le chambellan de la
porte dire à son vizir : « Fais appeler, aujourd'hui même, l'envoyé de Mahmoud: réconforte son cœur par de chaleureuses
assurances; fais préparer le vêtement d'honneur et le diplôme

concernant le titre honorifique que j'ai commandés, et qu'il parte content et satisfait. » Mahmoud se vit conférer le nouveau titre d'Emin el-Millèh (celui qui a la confiance de la nations) pour toutes les preuves de dévouement, les services apprécié et les efforts tentés par lui. Tant qu'il vécut, il porta les titres de Yemin ed-Daulèh et de Emin el-Millèh.

Si, aujourd'hui, en écrivant au plus mince personnage, on lui donne moins de dix épithètes laudatives, il s'irritera et témoignera du mécontentement.

Les Samanides, qui ont régné pendant une si longue période, ne portaient chacun qu'un surnom. Nouh avait celui de Chahinchâh; son père était appelé Emir Sedid (l'émir juste); son grand père, Emir Hamid (l'émir digne d'être loué), et Ismayl, fils d'Ahmed, Emir Adil[1] (l'émir équitable).

Les cadis, les imams et les oulémas recevaient les titres de : Medjd ed-Din (la gloire de la religion), Cheref el-Islam (la noqlesse de l islamisme), Seïf es-Sounnèh (l'épée de la loi religieuse), Zeïn ech-Cheria' (l'ornement de la loi religieuse), Fakhr el-Oulema (la gloire des docteurs), et autres titres semblables, parce qu'ils se rapportent tous à la religion.

Le prince doit punir, et ne pas autoriser à les porter, les gens qui se les attribuent sans appartenir à la classe des interprètes de la loi.

On caractérisait de même, par le mot *ed-Daulèh*, les titres des chefs d'armée et des possesseurs de fiefs militaires. Ainsi, ceux-ci sont qualifiés de Seïf ed-Daulèh (l'épée de l'empire), Houssam ed-Daulèh (le glaive de l'empire), Zehir ed-Daulèh (celui qui assiste l'empire), et d'autres dénominations semblables.

---

1. Le titre de Chahinchâh avait été pris par Azhed ed-Daulèh, de la dynastie des Bouides, dout il a été longuement question dans le chapitre xiii de cet ouvrage

Les nom, surnom et kounièh de l'émir Sedid sont : Melik Mouzaffer Abou Salih Mançour ibn Nouh bin Naçr ; ceux de l'émir Hamid : Abou Mohammed Nouh ibn Naçr.

L'émir Ismayl fut qualifié, après sa mort, de Émir Mazy.

Le mot *moulk* (royaume, État) caractérisait les titres des gouverneurs et des administrateurs. Cheref oul-Moulk (la noblesse du royaume), Amid oul-Moulk (le soutien de l'État), Nizam oulmoulk (celui qui règle l'État), Kemal oul-Moulk (celui qui donne la perfection à l'État).

Ces règles tombèrent en désuétude après le règne du sultan Alp Arslan, qui jouit du bonheur éternel. La distinction établie entre les différents titres disparut; la confusion fut extrême, et, comme les moindres personnages sollicitaient des dénominations honorifiques et qu'elles leur étaient accordées, elles tombèrent dans l'avilissement.

Les Bouïdes qui, dans l'Iraq, n'avaient personne de supérieur à eux en puissance, portaient les titres de Azhed ed-Daulèh (le bras de l'empire), Roukn ed-Daulèh (le pilier de l'empire). Leurs vizirs étaient appelés Oustad Djelil (maître illustre), Oustad Khatir (le maître élevé en dignité). Le plus éminent et le plus grand de tous ces ministres fut le Sahib (fils d')Abbad[1]; il avait le titre de Kafi el-Koufat (l'homme capable par excellence), et le vizir du sultan Mahmoud de Ghaznah avait reçu celui de Chems el-Koufat (le soleil des gens capables).

Autrefois, les mots *dounia* (monde) et *din* (religion) ne figuraient pas dans les titres des souverains. Le prince des croyants, Mouqtedy biamrillah, introduisit dans les titres honorifiques conférés par lui au sultan Melikchâh (que Dieu lui fasse miséricorde!) celui de Mouïzz ed-Dounia oued-Din (celui qui donne la gloire au monde et à la religion). L'usage s'en continua après sa mort. Barkiaroq reçut le titre de Roukn ed-Dounia oued-Din (le pilier du monde et de la religion). Mahmoud s'appela Naçir ed-Dounia oued-Din (celui qui donne son aide au monde et à la religion). Ismayl reçut le titre de Mouhy ed-Dounia oued-Din (celui qui vivifie le monde et la religion) et enfin Sultan Mahmoud celui

---

1. Voir, à l'Appendice, la notice consacrée à ce personnage.

·de Ghiath ed-Dounia oued-Din (le secours du monde et de la religion) [1]. On introduisit ces mots de *dounia* et de *din*, dans les
titres que l'on donnait aux femmes des princes, lorsqu'on leur
écrivait, et celte distinction et cet usage furent étendus aux titres
des fils des souverains. Ils leur conviennent, car la prospérité
de la religion et du monde est intimement liée à leur propre prospérité, et la splendeur de l'État et de l'empire est attachée à la
durée de la vie du souverain.

Il se passe une chose étrange : un Turc, à peine dégrossi, ou un
ghoulam, qui ont, plus que n'importe qui, de déplorables sentiments religieux et suscitent au gouvernement mille troubles
et mille désordres, reçoivent les titres de Mouïn ed-Din (celui
qui prête son assistance à la religion) et de Tadj ed-Din (la couronne de la religion).

Le premier vizir qui vit figurer, dans son titre, le mot de *moulk*
fut Nizam oul-Moulk qui avait (d'abord) reçu celui de Qiwam oul-
Moulk (le soutien du royaume).

Nous venons de dire plus haut que les mots de *din* (religion),
islam (islamisme), *daulèh* (empire) peuvent entrer dans les titres

1. Les nom, surnoms et titres de Melikchâh étaient : السلطان معز الدنيا والدين
الدوله جلال امير المومنين قسيم محمد ن ملكشاه (Sultan Mouizz ed-Dounia oued-Din Melikchàh ibn Mohammed Qassim Émir el-Moumenin Djelal ed-Daulèh) ; ceux de
son fils Barkiaroq, qui régna de 485 (1192) à 495 (1101), étaient : السلطان الاعظم
ابو المظفر ركن الدنيا والدين بركيارق ابن ملكشاه يمين امير المومنين (Es-Sultan el-Mouazzem
Aboul Mouzaffer Roukn ed-Dounia oued-Din Barkiaroq ibn Melikchàh Yemin
Émir el-Moumenin).
Ce Mahmoud, auquel on décerna le titre de Naçir ed-Dounia oued-Din, était
le fils de Melikchâh, que sa mère Terkan Khatoun fit monter sur le trône au
mois de chewwal 485 (novembre 1092). Terkan Khatoun, pour exercer la régence
pendant la minorité de son fils et affermir son pouvoir, avait formé le dessein
d'offrir sa main au prince seldjoucide Ismayl, gouverneur de l'Azerbaidjan, qui
avait reçu le litre de Mouhy ed-Dounia oued-Din, محي الدنيا والدين L'opposition
des émirs fit échouer ce projet. Au lieu de Sultan Mahmoud, il faut lire Sultan
Mohammed, السلطان غياث الدنيا والدين ابو شجاع محمد امين امير المومنين
Le sultan Ghiath ed-Dounia oued-Din Mohammed régna de 498 (1104) à l'année 513 (1119).

de quatre catégories de personnes : d'abord, dans ceux des souverains, puis, dans ceux des vizirs, des docteurs de la loi, enfin,
en quatrième lieu, dans celui d'un émir qui est constamment
occupé à combattre les infidèles et à propager l'islamisme.

Il faudra infliger une punition, qui servira d'exemple, à tous
ceux qui, en dehors de ces personnages, introduiront dans leurs
titres les mots *din* et *islam*.

Le but des surnoms est de faire reconnaître la personne qui
le porte. Ainsi, dans une réunion d'une centaine de personnes,
il y en aura au moins dix qui porteront le nom de Mohammed. Si
quelqu'un appelle Mohammed, les dix personnes ainsi nommées
répondront à haute voix : Plaît-il? car chacune s'imaginera que
c'est à elle que l'on s'adresse. Lorsque l'on donne à chacune
d'elles un surnom, tel que Mouktass (distingué) ou que Mouwaffaq
(qui réussit, grâce à l'assistance divine), Kamil (parfait, accompli), Sedid (juste), Rechid (qui suit la voie droite) et d'autres semblables, lorsqu'on les appellera par leurs sobriquets, elles sauront tout de suite que c'est à elles que l'on s'adresse.

En dehors du vizir, du fonctionnaire qui trace le chiffre du
sultan, de l'intendant des finances, de celui qui présente les
requêtes, des gouverneurs de Bagdad et du Khorassan, personne
ne doit employer le mot *el-moulk* dans le titre dont il est décoré.
On devra désigner (les autres fonctionnaires) sous les dénominations de Khadjèh Rechid, Mouktass, Sedid, Nedjib, Oustad
Emin, Khatir, Teguin et autres semblables, afin d'établir une
distinction entre le rang et la dignité qui séparent le maître du
serviteur, l'inférieur du supérieur, le personnage marquant de
l'homme du vulgaire. Le prestige de l'administration sera ainsi
sauvegardé.

Lorsqu'un gouvernement aura pour guide la droiture, on s'en
apercevra promptement. Les souverains justes et équitables,
dont l'esprit est toujours en éveil, ne traitent pas les affaires
sans s'être livrés à des investigations. Ils s'enquièrent des règles

et des coutumes observées par leurs prédécesseurs, ils consultent les livres et, par de bonnes mesures, ils font aboutir leurs entreprises à un heureux résultat. Ils accordent les titres en se conformant au règlement qui les régit et ils abolissent les innovations fâcheuses, passées en usage, grâce à un jugement solide, à des ordres qui sont obéis et au tranchant de leur glaive.

CHAPITRE XLII

Il ne faut pas donner deux places à une même personne; il faut accorder les emplois à ceux qui n'en sont point pourvus et ne laisser personne en inactivité. Il est indispensable de ne revêtir de fonctions publiques que des gens qui, ayant une religion pure de toute erreur, sont dignes de les remplir, et de ne donner aucune charge à des individus affiliés à des sectes perverses et réprou-vées; il faut les tenir éloignés de soi.

Les souverains perspicaces et les ministres intelligents n'ont jamais confié deux emplois à une même personne ; de cette manière, leurs affaires étaient conduites avec ordre et d'une manière brillante ; car, si l'on donne deux places à un même individu, il n'aura jamais d'ordre, et il arrivera de deux choses l'une : il y aura ou confusion ou insuffisance dans l'expédition des affaires. Si l'on prête à ce sujet une sérieuse attention, on verra que celui qui doit remplir deux fonctions sera constamment la proie du désordre, qu'il sera accablé de reproches et de soucis et insuffisant dans son travail.

Toutes les fois qu'une personne sera chargée de remplir deux fonctions, elle les déléguera, l'une à celui-ci, l'autre à celui-là et le travail ne sera certainement pas fait. On dit proverbialement, à ce sujet : Deux maîtresses de maison ne peuvent s'occuper d'un même et seul ménage et la ruine s'ensuit. Le signe de l'incapacité du ministre et de la négligence du souverain sera rendu évident par le fait de les voir confier deux emplois à un même individu. Il y a, aujourd'hui, des gens dépourvus de tout mérite qui occupent dix places, et si un emploi vient à devenir vacant, ils en font l'objet de leurs désirs et de leurs sollicitations. On ne se préoccupe pas de savoir si cet homme est, oui ou non, capable, si, oui ou non, il a les qualités suffisantes, s'il connaît, oui ou non, l'art de la rédaction, les ressorts de l'administration et s'il s'acquitte bien ou mal des différentes fonctions qui lui sont déjà confiées. Pendant ce temps, on laisse privés de tout emploi des gens pleins de vigueur et de talent, dignes d'intérêt, méritant toute confiance et jouissant d'une certaine notoriété : ils restent chez eux, condamnés à l'inaction, et personne ne peut se rendre compte des motifs qui font qu'un homme obscur et sans mérite réunisse tant d'emplois entre ses mains, tandis qu'un homme connu et à qui l'on peut se fier n'est pourvu d'aucune fonction, et demeure privé de toute charge et, particulièrement parmi ceux-ci, les personnages qui, sous la dynastie actuelle, ont des droits à faire valoir et dont l'aptitude, l'énergie et la loyauté sont universellement connues. Mais le plus extraordinaire est que, de tout temps, on investissait d'une fonction publique une personne ayant une foi pure, une noble origine et des sentiments religieux : si cette personne n'obéissait pas et n'acceptait pas, on employait la contrainte et la force pour l'obliger à remplir la fonction. Alors la richesse publique n'était pas dissipée, le roi vivait le cœur libre de toute préoccupation et dans la plus grande tranquillité d'esprit. Aujourd'hui, toute distinction a disparu ; si un juif administre les affaires des Turcs et remplit l'emploi qui leur convient, on le trouve convenable. Il en est de même pour les Guèbres, les chrétiens et les Qarmathes. L'indifférence est complète à leur égard : ils n'ont aucun zèle pour la religion de l'islamisme, ils n'usent d'aucun ménagement dans la perception des impôts et n'ont aucune pitié pour le peuple.

La dynastie est arrivée à son apogée; je redoute donc l'influence du mauvais œil et je ne sais quelle sera la fin de l'état de choses actuel.

Sous les règnes de Mahmoud, de Massoud, de Toghroul et d'Alp Arslan, jamais un juif, un chrétien ou un hérétique n'aurait eu l'audace de se présenter dans le camp, ni de paraître devant un grand seigneur. Les chefs de famille turcs possédaient et administraient des biens considérables et les commis des bureaux, qui avaient une croyance pure, n'auraient point admis auprès d'eux des serviteurs professant les doctrines perverses de l'Iraq. Les souverains d'origine turque ne confiaient jamais d'emploi à ces hérétiques. Ceux-ci, disaient-ils, appartiennent à la même secte que les Deïlemites et sont leurs partisans; lorsqu'ils se sont solidement établis quelque part, ils causent du préjudice aux Turcs et molestent les musulmans. Il est de beaucoup préférable que l'ennemi ne soit pas au milieu de nous, et ces princes ont, sans aucun doute, vécu à l'abri de toute calamité.

Aujourd'hui, les choses en sont venues à ce point que chaque émir turc a dix ou vingt de ces individus qui s'empressent devant lui pour le servir, et ils s'y prennent de telle sorte qu'ils ne laissent que peu de Khorassaniens pénétrer dans l'administration et à la cour, et y trouver leurs moyens de vivre.

Lorsque le sultan Toghroul et le sultan Alp Arslan (que Dieu illumine leurs deux tombeaux !) apprenaient qu'un Turc ou un émir avaient donné accès, auprès de leur personne, à un hérétique, ils leur en adressaient des reproches.

Anecdote relative à ce sujet. — On fit entendre, un jour, au sultan Alp Arslan (que Dieu sanctifie son âme !) qu'Erdem ¹ voulait prendre pour secrétaire Dèh Khouday Yahia. Le sultan éprouva

---

1. Erdem fut le trésorier de Toghroul-bek et d'Alp Arslan. Il était maître du château de Mossoul lorsque Bessassiry et Qoreich ibn Bedran s'emparèrent de cette ville en 450 (1058). Il prit parti pour Alp Arslan, à la mort de Toghroul-bek (455 = 1063). *Kamil fit-tarikh*, tome IX, p. 439, et tome X, p. 18.

à cette nouvelle un violent dégoût, parce qu'on lui avait dit que Dèh Khouday appartenait à la secte des Bathiniens. Il dit à Erdem, en pleine audience publique : « Tu es mon ennemi et l'ennemi de l'État! » En entendant ces paroles, Erdem tomba par terre et s'écria : « Qu'est-ce à dire, seigneur! Je suis le plus humble de vos serviteurs ; quelle faute ai-je donc commise dans mon service et dans la manifestation de mon loyalisme? — Si tu n'es pas mon ennemi, répliqua le sultan, pourquoi as-tu admis mon ennemi à ton service. — Quel est donc cet ennemi? demanda Erdem. — C'est, répondit le sultan, ton secrétaire Dèh Khouday d'Abèh[1]. — Qu'est-ce donc, s'écria Erdem. Courez en tous lieux et amenez cet homme. » On amena Dèh Khouday. « C'est toi, malheureux, lui dit le sultan, qui prétends que le khalife n'est pas légitime! tu n'es qu'un misérable hérétique.—Je suis chiite, répondit Dèh Khouday.—Puisse ta femme devenir une prostituée! s'écria le sultan; la secte chiite a été bonne pour te faire incliner vers les doctrines des Bathiniens. La secte des chiites est mauvaise, celle des Bathiniens est pire. »

Le sultan ordonna aux tchaouchs de lui donner la bastonnade, puis on le jeta à moitié mort hors du palais.

Le sultan, se tournant ensuite vers les Turcs, leur dit : « Ce malheureux n'est point coupable ; le coupable est Erdem qui a pris un infidèle à son service. Je l'ai dit à plusieurs reprises, nous sommes en dehors de toutes ces questions : nous nous sommes emparés de ce pays par la force ; nous sommes tous des musulmans ayant une foi pure, tandis que ces gens de l'Iraq appartiennent à une secte mauvaise et sont les partisans des Deïlemites. Aujourd'hui, le Dieu très-haut a comblé de gloire les Turcs, parce qu'ils sont des musulmans professant

---

1. Abèh est une petite ville que le peuple nomme Awèh et qui est située en face de Savèh. Ses habitants sont chiites et ceux de Savèh, sunnites : cette différence d'opinions suscite des querelles continuelles entre ces deux villes. (*Dictionnaire géographique de la Perse*, p. 2.)

une croyance exempte de toute erreur, n'obéissant point à leurs passions et repoussant les innovations dangereuses. » Le sultan se fit alors apporter des crins de cheval ; il en donna un à Erdem et lui dit de le rompre. Erdem le prit et le rompit. On lui en donna dix qu'il parvint aussi à rompre. Le sultan fit ensuite une tresse de crins et lui commanda de la rompre : il ne le put. Le prince lui dit alors : « Il en est ainsi de nos ennemis : quand ils sont un ou deux, on peut en venir à bout, mais cela devient impossible quand ils sont nombreux. C'est toi-même qui viens de me fournir la réponse. Quant à ce misérable, quel pouvoir a-t-il et que peut-il faire contre l'État? Lorsque tu fais cause commune avec tes ennemis, tu commets un acte de trahison envers toi-même et envers ton roi. S'il te plaît d'agir vis-à-vis de toi-même comme tu le juges à propos, il n'est pas convenable que l'on renonce, à l'égard du prince, aux règles de la prudence et aux ménagements, et qu'on laisse en fonctions celui qui se rend coupable de trahison. Quant à moi, je dois veiller à votre conservation, et vous, vous devez me défendre, car Dieu m'a constitué votre chef et aucun de vous n'a de supériorité sur moi. Sachez donc qu'il faut compter parmi les ennemis du prince toute personne attachée par les liens de l'amitié à ceux qui font de l'opposition. On doit ranger parmi les voleurs et les criminels l'homme qui vit dans leur société. » Le maître, l'imam Machtab et le cadi, l'imam Abou Bekr étaient présents, au moment où le sultan prononçait ces paroles [1]; il se tourna vers eux : « Quelle est votre opinion, leur demanda-t-il, au sujet de ce que je viens de dire ?— Ce sont, répondirent-ils, les paroles mêmes prononcées par Dieu et par son envoyé. »

---

1. Deux docteurs contemporains d'Alp Arslan ont porté le nom de Machtab : l'un est Machtab Mohammed ibn Ahmed ben Abd el-Djebbar, l'autre est Machtab ibn Mohammed; ce dernier était originaire de la province de Ferghanah et appartenait à la secte d'Abou Hanifèh.

Abou Bekr ibn Ahmed bin Aly ben Thabit jouit d'une grande réputation comme khatib et traditionniste. Il mourut en 460 (1067).

L'imam Machtab dit : « Abdallah ibn Abbas rapporte que le .
Prophète dit un jour à Aly : Si tu viens à rencontrer des gens
auxquels on donne le nom de Rafizy, qui abandonnent l'islamisme, tue-les, car ce sont des polythéistes. Le cadi Abou
Bekr cita cette tradition : Abou Imamèh[1] rapporte que le Prophète dit un jour : A la fin des siècles, surgira un peuple portant le nom de Rafizy : lorsque vous les rencontrerez, tuez-les.
Sofian ibn Obeïdah[2], dit alors Machtab, donnait aux Rafizy le
nom de Kafir (infidèles), et il citait, comme preuve à l'appui, ce
verset du Qoran : « Les infidèles se mettront en colère contre
eux, traite sévèrement les infidèles[3] » et Sofian ajoutait, en
invoquant toujours l'autorité du même verset : « Quiconque
injuriera les amis du Prophète, sera un infidèle? »

Le Prophète a dit encore : «Dieu m'a accordé des compagnons,
des auxiliaires et des parents par alliance. Quiconque les injuriera, sera l'objet de la malédiction de Dieu, de celle des anges
et de toutes les créatures humaines; Dieu n'acceptera rien pour le
rachat de ces injures et il repoussera le vœu de pénitence qui sera
fait. Dieu a dit à propos d'Abou Bekr : Il était le second des deux,
lorsqu'ils étaient l'un et l'autre dans la caverne. Le Prophète dit
alors à Abou Bekr : « Ne l'attriste pas, car Dieu est avec nous[4]. »

---

1. Soudday ibn Idjlan ben el-Harith el-Bahily est plus connu sous le kounièh
d'Abou Imamèh. On lui doit un certain nombre de traditions qu'il a recueillies
de la bouche du Prophète et de celle d'Omar, d'Osman et d'Aly et de quelques
compagnons de Mohammed. Abou Imamèh embrassa le parti d'Aly et prit part
à la bataille de Siffin. Il mourut l'an 86 de l'hégire (705).

2. On ne voit figurer le nom de Souflan ibn Obeïdah parmi les compagnons du
Prophète, ni dans l'*Ousd oul-ghabèh fi ma'rifat iç-çehabèh* d'Izz Eddin Aly ibn el-
Athir, ni dans l'*Içabèh fi tamiiz iç-çehabèh* d'Ibn Hodjr. Je crois qu'au lieu de
Soufian ibn Obeïdah il faut lire : *Soufian ibn Oyaïna*. Abou Mohammed Souflan
ibn Oyaïna el-Hilaly était le client d'une femme de la tribu de Hilal ibn Amir à
laquelle appartenait Maïmounèh, l'une des femmes du Prophète. Souflan, né
à Koufah et conduit à la Mekke par son père, jouit comme traditionniste de la
réputation la plus étendue. Il mourut à la Mekke, le dernier jour du mois
de djoumazi oul-akhir 198 (24 février 814).

3. *Qoran*, chap. XLVIII, v. 29.

4. *Qoran*, chap. XLV, v. 97.

Le cadi Abou Bekr rapporta alors, d'après Ouqbah ibn Amir [1], une tradition du Prophète, qui aurait dit : « S'il avait dû y avoir un prophète après moi, certes, c'eût été Omar ibn el-Khattab. » Machtab dit alors : Djabir ibn Abdallah [2] raconte que le Prophète, assistant à des funérailles, ne fit point la prière sur le cercueil. « O envoyé de Dieu, lui dit-on, nous ne t'avons jamais vu négliger de faire la prière sur un mort, si ce n'est sur celui-ci.—Cet homme, répondit le Prophète, haïssait Osman et Dieu l'a haï. » Le cadi Abou Bekr cita cette tradition d'Abou Derda [3] qui rapporte que l'envoyé de Dieu dit, en s'adressant à Aly : Les Kharidjis seront pour toi les chiens de l'enfer. Abdallah ibn Abbas [4] et Abdallah ibn Omar [5], dit Machtab, affirment que le Prophète a dit : Les Qadary et les Rafizy n'auront aucune part dans l'islamisme. Le cadi Abou Bekr ajouta qu'Ismayl ibn Saad avait entendu dire au Prophète : Les Qadary sont les medjous (mages) de mon peuple. Lorsque les gens de cette secte sont malades, n'allez pas les visiter ; s'ils meurent, n'assistez point à leurs funérailles. Tous ces hérétiques sont des partisans du libre arbitre.

1. Ouqbah ibn Amir ben Abs ben Amr el-Djahany es-Sehaby a recueilli un grand nombre de traditions du Prophète. Il assista à la prise de Damas et en porta la nouvelle au khalife Omar. Il embrassa le parti de Moawiah, prit part à la bataille de Siffin, et fut investi du gouvernement de l'Égypte. Moawiah, pour l'éloigner de ce pays, le chargea d'une expédition contre Rhodes. Ouqbah ibn Amir mourut l'an 57 de l'hégire (676).

2. Djabir ibn Abdallah bin Amr ben Hiram el-Ançary es-Selamy. Il fut désigné sous les kounièh d'Abou Abdallah, d'Abou Abderrahman et d'Abou Mohammed. Il prit part à dix-neuf des expéditions dirigées par le Prophète. Il mourut à l'âge de quatre-vingt-quatorze ans, l'an 78 de l'hégire (697).

3. Ouweïmer ibn Amir Abou Derda el-Ançary, un des compagnons du Prophète, prit part à la conquête de Chypre et mourut en l'an 32 de l'hégire (652).

4. Abdallah ibn el-Abbas ben Abd el-Mouthallib ben Hachim ben Abd el-Minaf el-Qourachy el-Hachimy. Il avait le kounièh d'Aboul Abbas. Sa mère, Oumm el-Fadhl Imamèh el-Hilalièh, était la fille d'el-Harith.

Abdallah ibn el-Abbas était le cousin du Prophète Mohammed. Il naquit cinq années avant le départ du Prophète de la Mekke pour Médine et mourut à Thaif, l'an 65 de l'hégire (684).

5. Abdallah ibn Omar ben el-Khattab ben Noufeïl el-Qourachy el-Adaouy naquit trois ans après que Mohammed eût fait connaître sa mission. Il avait dix ans au moment de l'émigration à Médine : il assista aux combats de Bedr, d'Ohoud et à celui du Fossé, et il mourut en 84 (703), âgé de quatre-vingt-sept ans.

Machtab dit alors : Oumm Selamèh[1] fait le récit suivant relatif à l'envoyé de Dieu : Le Prophète, dit-elle, était auprès de moi, lorsque Aly et Aïcha se présentèrent, pour lui soumettre une demande. Il releva la tête et leur dit : O Aly ! apprends une bonne nouvelle : toi et ta famille vous entrerez dans le paradis ; mais derrière toi s'élèvera une troupe de gens, appelés Rafizy ; si tu viens à les rencontrer, tue-les, car ce sont des infidèles. — O envoyé de Dieu, dit Aly, à quel signe les reconnaîtrai-je?— Ils n'assisteront pas, répondit le Prophète, à la prière du vendredi ; ils ne se réuniront point en assemblée pour prier, et ils déverseront le blâme sur ceux qui t'auront précédé.

Il y a, au sujet des hérétiques, un grand nombre de traditions et de versets du Qoran. Si nous voulions les citer tous, ils formeraient un volume. Telle est la situation des Rafizy ; celle des Bathiniens est encore pire, et il faut envisager avec attention les événements qui pourront se produire. Toutes les fois que ces hérétiques se manifesteront, il n'y aura point, pour le souverain qui régnera alors, d'obligation plus méritoire que celle de les faire disparaître et de leur faire vider ses États, qui seront ainsi purifiés de leur présence.

Le prince des croyants, Osman, se trouvait dans la mosquée de Médine et Abou Moussa el-Ach'ary[2], assis devant lui,

---

1. Oumm Selamèh el-Qourachièh el-Makhzounièh portait le nom de Hind et le titre de Oumm el-Moumenin (mère des croyants). Elle était fille d'Abou Moawiah ibn el-Moughirah. Elle épousa son cousin Abou Selamèh ibn Abd el-Assad ben el-Moughirah; elle émigra avec lui en Abyssinie, puis revint à la Mekke d'où elle se réfugia à Médine. Elle perdit son mari et devint la femme du Prophète, la quatrième année de l'hégire. Elle mourut l'an 60 de l'hégire (679) pendant la première année du règne de Yezid, fils de Moawiah.

2. Abou Moussa Abdallah ibn Qaïs el-Ach'ary, un des compagnons du Prophète, fut nommé par celui-ci, gouverneur de Mareb dans le Yémen, après la mort de Bazan. Il fit partie de l'armée qui conquit la Syrie; envoyé par Saad ibn Abi Waqqas en Mésopotamie, il s'empara de la vil'e de Nissibin. Il fut successivement gouverneur de Baçrah, où il remplaça Ammar ibn Yassir, et de Koufa. Il fut mêlé à tous les événements qui suivirent la mort d'Osman et l'avènement d'Aly, et mourut en l'année 52 de l'hégire (672).

présentait à son examen la comptabilité d'Ispahan. L'écriture en
était excellente et les comptes exacts, si bien que l'approbation
fut générale et que l'on demanda à Abou Moussa de qui était
cette écriture. — C'est celle de mon secrétaire, répondit-il. —
Envoie le chercher, lui dit-on, afin que nous puissions le voir.—
Mais, répondit Abou Moussa, il ne saurait entrer dans la mosquée. — Il est peut-être dans un état d'impureté légale, observa
le prince des croyants, Omar ibn el-Khattab. — Non pas, dit
Abou Moussa, mais il est chrétien. A ces mots, Omar me donna
un coup si violent sur la cuisse, que je la crus cassée. — N'as-
tu point connaissance, ajouta Omar, de la parole et du commandement du Seigneur tout majestueux qui a dit : O vous
qui êtes croyants, ne prenez point pour amis les juifs et les
chrétiens, ils sont amis les uns des autres [1].

Je destituai sur-le-champ ce chrétien, ajouta Abou Moussa,
et lui donnai son congé. *Vers.* — Si tu es en garde contre tes ennemis, c'est chose bonne et licite ; il est excellent de témoigner de l'amitié aux amis de ton ami. Il est deux sortes de gens
qui ne doivent t'inspirer aucune sécurité, les amis de ton ennemi et les ennemis de ton ami !

Pendant tout un mois, le sultan Alp Arslan n'adressa pas la
parole à Erdem, pour avoir confié à un Rafizy le soin de gérer
ses affaires, et il lui fit mauvais visage jusqu'à ce que celui-ci eut
été destitué. Les grands personnages de l'État intercédèrent
en faveur d'Erdem, pendant une partie de plaisir. Le sultan
lui rendit ses bonnes grâces et pardonna la faute qu'il avait
commise.

Revenons maintenant à notre sujet. Toutes les fois qu'un emploi sera confié à des gens de peu de conséquence, sans notoriété et sans mérite, pour laisser dans l'inactivité des gens connus
et capables, toutes les fois que l'on accordera cinq ou six

---

1. *Qoran,* chap. v, v. 56.

places à un seul individu, pour laisser une autre personne (digne d'intérêt) sans aucune fonction, de tels faits seront la preuve de l'inexpérience et de la nullité du ministre.

Le pire ennemi de l'État est celui qui confère dix fonctions différentes à une seule personne et en laisse dix inoccupées. Il y a, dans cet empire, un tel nombre de personnes privées de tout emploi et en inactivité, que l'on ne peut en faire le compte.

Un fait qui se rattache avec ce qui vient d'être mentionné est le suivant. Il y a une personne qui cherche à porter le trouble dans l'État et qui, en toute occasion, démontre que l'on doit faire des économies. On donne au sultan l'assurance que le monde est calme et tranquille, et qu'il n'y a lieu de redouter aucun ennemi, ou aucun adversaire capable de résistance. On lui dit qu'il a quatre cent mille cavaliers touchant une solde, tandis que soixante-dix mille seraient suffisants et qu'il pourrait, en tout temps, les désigner pour faire face à une affaire d'importance : il devrait donc faire mettre arrêt sur les rations et la solde des autres. Une économie de tant de mille dinars serait ainsi réalisée chaque année et, au bout de peu de temps, le trésor serait dans une situation florissante. Lorsque le sultan m'entretint de ce sujet, je sus qui était l'auteur de ces suggestions, et cherchait ainsi à jeter le trouble dans le gouvernement. Si le sultan entretient quatre cent mille cavaliers, il sera, sans aucun doute, le maître du Khorassan, du Mâ-vera-oun-nehr, de Kachgar, de Belassagoun, du Kharezm, du Nimrouz, de l'Iraq, du Fars, de la Syrie, de l'Azerbaïdjan, de l'Arménie, d'Antioche et de Jérusalem.

Il faudrait, au lieu de quatre cent mille cavaliers, en avoir sept cent mille, l'empire aurait plus d'étendue et notre seigneur et maître posséderait le Sind, l'Inde, le Turkestan, la Chine du nord et la Chine du sud, et toutes les contrées, jusqu'à l'Abyssinie, le pays des Berbers, la Grèce, l'Égypte et le Maghreb obéiraient à ses lois. Si de quatre cent mille hommes, on en con-

serve seulement soixante-dix mille, il y en a trois cent trente
mille dont on devra effacer les noms des registres de l'administration. En tout état de cause, trois cent trente mille hommes
réclameront leur subsistance, tant que leur vie durera. Lorsqu'ils auront perdu tout espoir du côté du gouvernement, ils
n'auront plus aucune discipline ; ils susciteront un officier dont
ils feront leur chef; ils se porteront de tous côtés à main armée
et ils causeront tant d'affaires au gouvernement, que les trésors,
hérités des générations précédentes, seront épuisés pour venir
à bout des embarras créés par eux.

Il faut des hommes pour gouverner et on s'en procure avec
de l'or. Si une personne vient dire au souverain : Recueille l'or
et laisse les hommes de côté, elle sera certainement l'ennemie
du prince et elle cherchera à porter dans l'État le trouble et le
désordre: ce sont les hommes qui procurent l'or; il ne faut pas
écouter les discours d'un pareil personnage.

Il en est de même pour les fonctionnaires en inactivité de
service; il ne faut pas méconnaître les droits de ceux qui, ayant
occupé dans le gouvernement de grands emplois et rempli des
charges importantes, se sont acquis des titres par leurs services ;
ce ne serait ni utile, ni humain. Il est nécessaire de leur accorder
un emploi qui, en leur constituant un salaire, leur assurera les
moyens de vivre : ainsi les uns, grâce à leurs droits acquis, et les
autres pour leur mérite ne seront point privés du secours de l'État.

Il y a une autre catégorie de personnages qui est celle des
docteurs de la loi, des littérateurs, des gens capables sachant
écrire, des personnes ayant une noble origine, qui devraient recevoir une part sur le trésor, car ils sont dignes d'être
l'objet de marques de bienveillance et de recueillir des subsides.
Personne ne songe cependant à leur donner un emploi et ils ne
reçoivent ni pension, ni témoignage d'intérêt : ils demeurent
ainsi privés des moyens de vivre et ne reçoivent aucune assistance du gouvernement. Il arrivera un moment, comme cela

s'est présenté autrefois, où les fonctionnaires, servant le souverain, seront dépourvus de tout bon sentiment et privés de l'assistance de Dieu ; ils ne feront pas connaître au prince la situation de ceux qui sont dignes d'être secourus, et ils ne donneront aucun emploi aux gens en inactivité, aucun secours aux personnes appartenant à la noblesse, non plus qu'aux savants. Quand ils verront qu'ils n'ont rien à espérer du gouvernement, ils deviendront les détracteurs de la dynastie ; ils déverseront le blâme sur le personnel et les agents de l'administration et ils mettront la zizanie parmi les grands personnages attachés au roi. Ils prêteront leur aide au premier individu qui aura à sa disposition des armes, des soldats et de l'argent et ils se révolteront contre le souverain ; l'État sera troublé, comme il le fut sous le règne de Fakhr Eddaulèh.

Anecdote. — Il y avait à Rey, à l'époque de Fakhr Eddaulèh qui eut pour vizir le Sahib ibn Abbad, un Guèbre fort riche qui portait le nom de Bouzourdjoumid. Il s'était fait construire, sur le mont Thabarek [1], un mausolée qui existe encore aujourd'hui et porte le nom de Didèhi Sipahsalaran (l'observatoire des généraux). Ce mausolée s'élève au-dessus du tombeau, surmonté d'une coupole, de Fakhr Eddaulèh. Bouzourdjoumid éprouva beaucoup de tracas et dépensa des sommes considérables pour terminer, sur le sommet de la montagne, ce tombeau avec son double toit.

Il y avait à Rey un individu, nommé Ba Khorassan, ayant exercé les fonctions de lieutenant de police. Le jour où ce mausolée fut achevé, il gravit, sous un prétexte, la montagne, et arrivé au sommet, il fit entendre, à haute voix, l'appel à la

---

1. Thabarek est le nom d'une montagne voisine de Rey, à droite de la route qui mène dans le Khorassan : à gauche est la grande montagne de Rey, contiguë aux ruines de l'ancienne ville. Au sommet s'élevait une citadelle qui fut détruite en l'année 588 de l'hégire (1192). (*Dictionnaire géographique de la Perse*, p. 387.)

prière. Le tombeau fut dès lors détourné de sa destination et
reçut le nom de Didèhi Sipahsalaran.

Vers la fin du règne de Fakhr Eddaulèh, les agents de la
police lui signalèrent ce fait qu'un certain nombre de personnes
sortaient chaque jour de la ville, et se rendait à ce Didèhi Sipahsalaran. Elles y demeuraient jusqu'à ce que le soleil prît une
teinte jaune, puis elles descendaient de la montagne et se dis-
persaient dans la ville. Si on leur demandait pour quel motif
elles montaient sur le Thabarek, elles répondaient : C'est pour
nous distraire. Fakhr Eddaulèh donna l'ordre qu'on les lui
amenât et qu'on lui apportât tout ce que l'on trouverait en leur
possession. Une troupe de domestiques, attachés au service de
la cour, se dirigea vers la montagne, y monta, mais ne put en
atteindre le sommet ; arrivés au bas de cet observatoire, ces
gens se mirent à crier pour se faire entendre de ceux qui étaient
en haut. Ceux-ci jetèrent les yeux au-dessous d'eux et virent le
chambellan de Fakhr Eddaulèh, suivi d'une troupe de serviteurs. Ils firent descendre une échelle, pour que le chambellan
et sa suite pussent arriver jusqu'à eux; ceux-ci jetèrent les
regards autour d'eux et virent un jeu d'échecs, dont les pièces
étaient disposées sur le tapis, un jeu de trictrac, une écritoire,
des qalems, du papier, une nappe couverte de morceaux de
pain, une cruche d'eau et une natte étendue sur le sol.

Le chambellan dit à ces personnes : « Fakhr Eddaulèh vous
demande. » Ils se rendirent chez l'émir. Le vizir Sahib Kafy se
trouvait par hasard auprès de lui. « Qui êtes-vous, leur demanda-
t-il, et pourquoi vous rendez-vous tous les jours à cet observatoire? — C'est pour nous distraire, répondirent-ils. — Une pareille distraction, leur dit le vizir, est bonne pendant un jour ou
deux, mais voilà longtemps que vous agissez ainsi secrètement.
Dites la vérité, quelle est votre situation? — Tout le monde sait,
répondirent-ils, que nous ne sommes ni des voleurs, ni des assassins : jamais nous n'avons séduit ni les femmes, ni les en--

fants de qui que ce soit, et jamais personne n'est venu se plaindre à l'émir d'un méfait commis par nous. Si l'émir consent à
nous assurer la vie sauve, nous lui dirons qui nous sommes. — Je
vous le promets, leur dit Fakhr Eddaulèh, ainsi que toute sécurité pour vos biens, et il donna, par un serment, plus de poids
à ses paroles. — Nous sommes, dirent-ils alors, un certain nombre de commis comptables et de personnes au fait de l'administration ; privés de toute occupation par ce gouvernement, nous
sommes réduits à la misère. Personne ne nous confie d'emploi
et ne nous témoigne le moindre intérêt. Nous entendons dire
qu'il a paru, dans le Khorassan, un prince nommé Mahmoud. Il
attire auprès de lui les gens de mérite et les hommes éloquents
et il ne laisse pas leurs talents se perdre. Aujourd'hui, n'ayant
rien à espérer de ce gouvernement, nous avons accordé toutes
nos sympathies à Mahmoud. Chaque jour, nous nous rendons sur
le Thabarek pour nous raconter nos peines et pour nous plaindre
l'un à l'autre des rigueurs de la fortune. Nous demandons des
nouvelles de Mahmoud à quiconque vient à passer près de nous.
Nous écrivons des lettres à nos amis qui se trouvent dans le
Khorassan, et nous sollicitons (leur venue) pour nous rendre
dans cette province en leur compagnie, car nous sommes chargés de famille et notre situation est précaire ; c'est poussés par
la nécessité que nous abandonnerons notre terre natale. Maintenant, c'est à notre maître qu'il appartient de donner ses ordres. »

Après avoir entendu ces paroles, Fakhr Eddaulèh se tourna
vers le Sahib, son vizir : « Quelle est ton opinion sur tout ceci,
lui demanda-t-il, et comment devons-nous agir vis-à-vis de ces
gens? — Le prince, répondit Ibn Abbad, leur a accordé toute
sécurité ; ce sont des gens de plume, jouissant d'une certaine
notoriété et appartenant à de bonnes familles ; j'en connais plusieurs qui ont eu des rapports avec moi. Que le prince me les
abandonne, afin que je puisse faire à leur égard ce qui sera

nécessaire, et demain il aura de leurs nouvelles. — Conduis ces gens à la demeure du vizir, dit Fakhr Eddaulèh au chambellan, et confie-les à sa garde. » Le chambellan les emmena et revint après les avoir remis chez le vizir : tous ces individus avaient renoncé à l'espérance de conserver la vie.

A son retour (du palais), le vizir les fit paraître devant lui ; il fixa ses regards sur eux et les reconnut. Au bout de quelque temps, se présenta un ferrach qui se fit suivre par eux et les établit dans un appartement fort agréable et magnifiquement meublé.

Après quelques instants d'attente, on vit entrer des sommeliers qui leur offrirent des boissons parfumées; la nappe fut ensuite étendue, et après le repas, ils se lavèrent les mains ; on apporta ensuite le vin, les musiciens firent leur entrée et commencèrent à jouer de leurs instruments : on se livra alors au plaisir du vin. Personne ne pénétrait dans cet appartement, à l'exception du valet, et personne ne savait quel sort était réservé à ces gens. Toute la population de la ville, hommes et femmes, était dévorée d'inquiétude à leur sujet, et leurs enfants et leurs parents pleuraient sur leur destinée. Lorsque trois ou quatre jours se furent écoulés, un chambellan du vizir vint leur dire : Le vizir vous fait savoir que sa demeure n'est point une prison ; vous êtes ses hôtes aujourd'hui et la nuit qui vient : soyez sans aucune inquiétude et vivez en joie. Demain, lorsque le vizir reviendra du divan, il prendra les mesures nécessaires pour mettre vos affaires en ordre.

Le chambellan fit alors venir un tailleur qui coupa vingt robes de satin et dressa vingt turbans d'une fine étoffe de lin, puis l'ordre fut donné de faire venir vingt chevaux sellés et équipés ; le lendemain, lorsque le soleil parut au-dessus des montagnes, tout était achevé et prêt. Le Sahib (Ibn Abbad) fit appeler ses hôtes : il fit cadeau à chacun d'eux d'une robe, d'un turban, d'un cheval et de son équipement, et il lui donna un emploi à occuper. Quelques-uns obtinrent des pensions et tous, ayant reçu une gratification, furent renvoyés chez eux satisfaits et contents.

Le jour suivant, ils se rendirent tous, bien vêtus et bien parés, à la réception du vizir. « Maintenant, leur dit celui-ci, n'écrivez plus de requêtes à Sultan Mahmoud, cessez de désirer la ruine de notre royaume et renoncez à vos propos et à vos plaintes. »

Lorsque le Sahib Kafy se présenta devant Fakhr Eddaulèh, ce prince lui demanda ce qu'il avait fait à l'égard de ces gens-là ? « Je leur ai fait cadeau à tous, répondit-il, d'un cheval et de son équipement, une robe et un turban. J'ai enlevé une place à tous les commis de l'administration qui en avaient deux et je la leur ai donnée : si bien que tous sont retournés chez eux, pourvus d'une fonction et faisant des vœux pour vous. » Cette façon d'agir plut à Fakhr Eddaulèh ; il approuva la conduite de son ministre et lui dit : « Il n'eût pas été digne de faire moins : plût à Dieu que tu eusses fait, il y a deux ans, ce que tu as fait cette année, ces gens-là n'auraient alors jamais eu le désir de s'adresser à mes adversaires. »

Il ne faudra point confier désormais deux emplois à une même personne. Chacun ne possédera qu'une place, afin que tous ceux qui ont des qualités administratives soient pourvus d'un poste, et que toutes les situations soient brillamment occupées.

Si deux emplois sont confiés à un même individu, les personnes attachées à l'administration en éprouveront un vif déplaisir ; les gens qui font de l'opposition diront : Il n'est point resté d'hommes dans leur pays. Les sages n'ont-ils pas dit : Chaque emploi exige un homme.

Il y a, dans tout gouvernement, des affaires ou des fonctions de grande, de minime et de moyenne importance. Il faut les confier à des agents et à des administrateurs, selon la mesure du mérite et de la capacité de chacun d'eux, et si l'un d'eux désire quitter sa place et en sollicite une autre, il ne faudra pas

accueillir sa demande, ni lui donner l'autorisation de changer
de situation, afin de pouvoir couper court à pareil abus. Lorsque tous les agents de l'administration se livreront au travail,
l'empire sera prospère et les fonctionnaires en constitueront un
bel ornement.

Le chef de tous les agents et de tous les fonctionnaires en
service est le vizir. Lorsque celui-ci sera avide, déloyal, tyrannique, tous les employés lui ressembleront, et seront peut-être
encore plus mauvais que lui.

Si un percepteur connaît bien les règles de l'administration et
le maniment des affaires, au point de n'avoir point d'égal, et s'il
appartient à une secte réprouvée, telle que celles des juifs, des
chrétiens ou des Guèbres, s'il moleste les musulmans au sujet de
la perception des impôts et de la reddition des comptes, s'il les
traite avec mépris, il faudra le destituer, lorsque les musulmans
se plaindront des procédés de cet infidèle, et ne lui confier aucune situation qui lui permette de tyranniser le peuple. On n'invoquera pas le prétexte qu'on ne trouverait pas, dans le monde
entier, un écrivain et un comptable semblable à lui et que, s'il
venait à disparaître, personne ne serait capable de remplir ses
fonctions. Ces paroles sont des mensonges ; il ne faut point prêter l'oreille à de pareils propos ; il faut donner un remplaçant
à ce fonctionnaire, ainsi que fit le chef des croyants Omar (que
Dieu soit satisfait de lui !).

Anecdote. — Il y avait à l'époque de Saad ibn Abi Waqqas [1],
dans le Souad de Bagdad, de Wassith, d'Anbar, du Khouzistan et
de Baçrah, un juif chargé de prélever les impôts. Les habitants
de ces districts adressèrent un placet au prince des fidèles, Omar,

---

1. Le texte persan porte Saad ibn Waqqas. Il faut lire : Saad ibn Abi Waqqas.
Abou Ishaq Saad ibn Abi Waqqas embrassa l'islamisme à l'âge de dix-sept ans, et
prit part à tous les combats livrés par Mohammed. Il assista à la bataille de Qades-
siah et fut investi, sous le règne des khalifes Omar et Osman, de gouvernements
importants. Il mourut à Aqiq, près de Médine, vers l'an 58 de l'hégire (677). Son
corps fut transporté dans cette dernière ville et enterré dans le cimetière de Baqi.

pour se plaindre des procédés tyranniques de cet agent: « Sous
prétexte de remplir ses fonctions, disaient-ils, ce juif nous mal-
traite ; il nous accable de ses moqueries et des marques de son
mépris. Nous sommes à bout de forces et s'il n'y a pas d'autre
remède, prépose sur nous un agent qui soit musulman : peut-être
qu'étant notre coreligionnaire, sa conduite sera régulière ; il
n'usera pas de violence à notre égard ; mais s'il venait à en agir
autrement, nous préférons supporter la violence et le mépris
de la part d'un musulman, plutôt que de celle d'un juif. »

Le prince des fidèles lut cette requête : « Le juif, dit-il, vit en sécurité dans ce monde, c'est bien ; mais qu'il ne se conduise pas de
manière à fouler les musulmans et à les opprimer. » A l'instant
même, il fit rédiger pour Saad ibn Abi Waqqas, une lettre rédigée en ces termes : « Destitue le juif et confère ses fonctions à
un musulman. » Après avoir pris connaissance de ces lignes,
Saad ibn Abi Waqqas désigna un cavalier qui fut chargé d'a-
mener à Koufa ce juif, partout où on le trouverait ; d'autres cavaliers furent envoyés de tous côtés, pour conduire à Koufa les
percepteurs musulmans établis dans la province de l'Iraq Adjemy.
On fit comparaître ce juif en présence de tous les agents des
finances ; on ne trouva personne, parmi les Arabes, qui pût être
chargé de cet emploi et, parmi les fonctionnaires persans, il ne
se rencontra personne aussi capable que ce juif. Nul mieux
que lui n'était au courant de l'expédition des affaires, du prélèvement des impôts et de la construction des édifices publics ;
personne ne connaissait mieux les hommes et ne savait quel
était le montant des revenus et la quantité de l'arriéré.

Saad, ne pouvant le remplacer, lui conserva son emploi et écrivit au prince des croyants : « J'ai fait venir devant moi le juif : il
n'y a eu, parmi les Arabes, personne qui fût, comme lui, au courant de l'expédition des affaires et de la manière d'administrer.
J'ai été contraint de lui laisser son emploi, afin d'éviter de voir
se produire quelques troubles dans la conduite des affaires. »

Cette lettre causa au prince des croyants le plus grand étonnement. « Ce qu'il y a de plus singulier dans tout ceci, dit-il, c'est
qu'une volonté soit substituée à la mienne, et que l'on trouve
quelque chose de meilleur que ce que j'ai trouvé bon. »

Il prit un qalem, écrivit ces deux mots au haut de la lettre :
Mat el-yahoudy (le juif est mort) et la renvoya à Saad ibn Abi
Waqqas. Ces mots signifiaient que chaque homme est sujet
à la mort, et pour un fonctionnaire, la destitution est la mort.
Lorsqu'un fonctionnaire vient à décéder ou à être destitué, il ne
faut pas laisser sa place vacante, il faut désigner aussitôt son
remplaçant. Pourquoi as-tu été trop faible et incapable d'agir?
Suppose que le juif est mort. Lorsque cette lettre parvint à
Saad ibn Abi Waqqas, il révoqua immédiatement le juif et le
destitua de son emploi, et il fit partir un musulman pour le
remplacer.

Au bout d'une année, on s'aperçut que ces fonctions étaient
mieux remplies par un musulman, les impôts rentraient, la
population était satisfaite et la prospérité était plus grande.
Saad ibn Abi Waqqas dit, en conséquence, aux émirs arabes :
« Omar est un personnage d'un génie éminent : nous avons
écrit, au sujet de ce juif, un long chapitre ; pour lui, il nous a
répondu en deux mots. »

Deux personnes ont prononcé deux paroles qui, ayant obtenu
un assentiment universel, seront citées comme des proverbes
jusqu'au jour de la résurrection, chez les Arabes et les peuples
étrangers.

L'un de ces mots est celui d'Abou Bekr : Mohammed est mort.
Il a dit du haut du minber : Pour celui qui adorait Mohammed,
certes Mohammed est mort; mais pour celui qui adore le Dieu
de Mohammed, ce Dieu est vivant et ne mourra pas. Ces paroles
ont plu aux musulmans et elles ont passé en proverbe chez les
Arabes. Le second mot est celui qui a été dit par Omar : Le
juif est mort.

Lorsque l'on voudra destituer un fonctionnaire ou un agent connaissant bien son métier, mais qui se sera montré avide, tyrannique, ou sera affilié à une secte hétérodoxe, on dira : Le juif est mort. Mais si nous revenons à notre récit, nous dirons : La manière dont les fonctionnaires s'acquittent de leurs devoirs dépend du vizir, et un bon vizir procure au souverain une excellente renommée et lui inspire une sage conduite. Tous les princes, qui ont été de grands rois et dont le nom sera cité avec éloges jusqu'au jour de la résurrection, sont ceux qui ont eu de bons ministres. Il en est de même pour les prophètes : Salomon a eu pour ministre Asef, fils de Barkhia ; Moïse, son frère Aaron; Jésus, Siméon, et Mohammed Moustafa, Abou Bekr le juste.

Keï Khosrau a eu Gouderz et Menoutchehr a eu Sam ; Afrassiab, Piran fils de Vyssèh; Gouchtasp, Djamasp ; Rustem, Zewarèh ; Behram Gour, Khoundèh Rouz ; et Nouchirevan, Bouzourdjmihr.

Les khalifes abbassides ont confié les affaires à la famille de Barmek, les Samanides aux Belamy; Sultan Mahmoud a eu pour ministre, Ahmed fils de Hassan ; Fakhr Eddaulèh, le Sahib Ismayl fils d'Abbad ; le sultan Toghroul, Abou Naçr Kondoury ; Alp Arslan et Melik Châh, Nizam oul-Moulk. Il y en a eu tant d'autres [1].

Il faut que le vizir ait des opinions religieuses exemptes de toute erreur, qu'il appartienne à la secte d'Abou Hanifèh, ou à celle de Chafiy, que sa religion soit pure ; qu'il soit capable, au courant de la conduite des affaires, généreux et affectionné au souverain. Il sera préférable qu'il soit fils de vizir ; car, depuis l'époque d'Ardchir, fils de Babekan, jusqu'à celle de Yezdedjird, le dernier des rois de Perse, de même que les rois étaient fils de roi, les vizirs étaient fils de vizir. Lorsque la dynastie persane prit fin, la dignité de ministre échappa à la famille des vizirs.

---

1. Ces deux paragraphes contiennent des erreurs et exigent quelques détails. J'ai cru devoir donner les uns et rectifier les autres dans l'Appendice.

Anecdote. — On rapporte qu'un jour Souleyman, fils d'Abd-el-Melik, tenait cour ouverte. Les hauts dignitaires de l'État et ses courtisans étaient présents. Il lui échappa de dire : « Si mon royaume n'est pas plus grand que celui de Salomon, fils de David, il n'a pas une moindre étendue. Seulement, les animaux féroces, les divs et les péris étaient à ses ordres et ils ne sont point aux miens. Aujourd'hui, dans tout l'univers, personne ne possède autant de trésors, n'est plus magnifique, ne domine sur plus de royaumes et n'a plus d'autorité que moi. » Un des grands seigneurs présents lui dit : « Notre prince n'a point ce qu'il y a de meilleur dans un gouvernement, et ce que tous les anciens rois ont possédé. — Qu'est-ce? demanda le khalife. — C'est un vizir digne de toi, lui fut-il répondu, et tu ne l'as pas. — Comment? répartit Souleyman. —Tu es un souverain, fils de souverain ; il faut que ton vizir soit fils de vizir, qu'il soit capable et que ses ancêtres aient, pendant dix générations, exercé le ministère. —Où pourrai-je trouver un ministre réunissant toutes les qualités dont tu viens de parler? — Tu le peux. — Où donc?—A Balkh. — Et qui est-ce? — Djafer, fils de Barmek[1], dont les ancêtres ont exercé le vizirat depuis Ardchir, fils de Babek ; le Nau Béhar de Balkh, qui est un ancien pyrée, est entre leurs mains à titre de fondation pieuse.

Lors de l'apparition de l'islamisme et lorsque la souveraineté échappa à la dynastie des rois de Perse, les ancêtres de Djafer se fixèrent à Balkh et établirent leur résidence dans cette ville. Les fonctions de vizir s'étaient transmises, à titre d'héritage, dans leur famille dont les membres avaient composé des traités sur les règles et les devoirs du vizirat, et ces ouvrages étaient mis entre les mains de leurs enfants, lorsqu'ils apprenaient à lire, faisaient leur éducation et étudiaient les belles-lettres, afin

---

1. Le lecteur trouvera tous les renseignements relatifs aux Barmécides, dans une note placée dans l'Appendice. Barmek, et non Djafer, se présenta à la cour de Abdelmelik, père de Souleyman.

qu'ils les apprissent par cœur et en fissent, selon la règle suivie par leurs ancêtres, la base de leur conduite. Dans tout l'univers, personne n'est plus digne que lui de remplir, auprès de vous, les fonctions de vizir. Maintenant le prince des croyants sait mieux que nous ce qu'il doit faire. »

Il n'y a point eu, parmi les Omeyyades et les descendants de Merwan, de prince plus grand et plus puissant que Souleyman, fils d'Abd el-Melik.

Après avoir entendu ces paroles, Souleyman, fils de Merwan prit en lui-même la ferme résolution de faire venir de Balkh, Djafer, fils de Barmek, et de lui confier les fonctions de vizir.

Il pensa qu'il était peut-être Guèbre ; il prit donc des informations à ce sujet et lorsqu'on lui eut dit qu'il avait embrassé l'islamisme, il en éprouva de la joie et fit écrire au gouverneur de Balkh une lettre lui enjoignant de faire partir Djafer pour Damas et de tirer du trésor public et de lui donner, s'il le fallait, cent mille dinars, pour le faire venir à la cour avec le train et la pompe les plus splendides. Après avoir eu connaissance de cet ordre, le gouverneur de Balkh fit prendre à Djafer la route de Damas ; dans chaque ville où celui-ci faisait son entrée, les notables se portaient à sa rencontre et mettaient à sa disposition des provisions de voyage. Il en fut ainsi jusqu'à son arrivée à Damas.

Souleyman donna l'ordre à tous les grands de l'État et aux troupes de se porter à la rencontre de Djafer pour le recevoir, et de le faire entrer dans la ville en lui rendant les plus grands honneurs et en déployant la plus grande magnificence. On le fit descendre dans un superbe palais et, au bout de trois jours, on le conduisit devant Souleyman qui, après avoir jeté les yeux sur lui, fut satisfait de son aspect et de sa prestance.

Djafer, introduit dans la salle d'audience, fut présenté au khalife ; à peine se fut-il assis, que celui-ci lui lança un regard courroucé ; la mauvaise humeur se peignit sur son visage et il s'é-

cria : « Sors de devant moi. » Les chambellans enlevèrent promptement Djafer de sa place et l'entraînèrent au dehors. Personne
ne connaissait le motif de cet ordre. Le khalife se livra jusqu'à la
prière de l'aube au plaisir du vin ; les grands personnages étaient
venus prendre part à cette partie et ses commensaux y assistaient.
Les mains se tendirent pour recevoir les coupes de vin qui circu-
lèrent plusieurs fois à la ronde et la gaîté régna dans l'assemblée.

Lorsque l'on vit que Souleyman avait repris sa bonne humeur,
un des courtisans de son intimité lui dit : « Si le prince des
croyants a fait venir Djafer, que l'on a comblé de si grands honneurs et de tant de marques de déférence, c'était pour lui confier une haute fonction. Quand il eut pris place devant le prince
des fidèles, pourquoi a-t-il été, sur un cri poussé par celui-ci,
entraîné hors de sa présence ? Quel a été le motif de son expul-
sion? cela a étonné tous les dignitaires de l'État. »

« S'il ne venait pas de faire un long voyage, répondit Souleyman, s'il n'était pas le fils d'un haut personnage, j'aurais, à
l'instant même, donné l'ordre de lui trancher la tête, parce
qu'il portait sur lui un poison mortel et me l'apportait comme
cadeau, la première fois qu'il se présentait devant moi. — Un
des courtisans les plus qualifiés dit au khalife : « Accorde-
moi la permission de me rendre auprès de Djafer, afin de
l'interroger sur ce qui vient d'arriver et de me rendre compte
de ce qu'il dira. Avouera-t-il la vérité ou bien la niera-t-il ? — Va
le trouver, dit le khalife. » Le courtisan se leva aussitôt et courut
auprès de Djafer.— « Lorsque tu t'es présenté aujourd'hui devant
Souleyman, lui-dit-il, avais-tu donc du poison sur toi ? — Certainement, répondit Djafer, et je l'ai encore ; le voici; il est sous
le chaton de ma bague. Je l'ai recueilli dans l'héritage de mon
père. Jamais cette bague n'a fait le moindre mal à la plus humble
fourmi et, à plus forte raison, je n'aurais pas consenti à m'en
servir pour ôter la vie à une créature humaine semblable à moi.
Nous avons conservé ce poison par prudence et par manière de

précaution. Mes ancêtres ont eu souvent à souffrir dans leurs richesses et dans leurs biens. Lorsque Souleyman m'a appelé, je ne savais pas, en vérité, pourquoi il me faisait venir auprès de lui. Je supposais qu'il me demanderait la liste de mes trésors, qu'il exigerait de moi quelque chose que je ne pourrais lui donner, ou bien qu'il m'infligerait une souffrance que je n'aurais pas la force de supporter. J'aurais alors ôté cette bague de mon doigt et j'aurais avalé le poison, pour échapper à la douleur et à l'avilissement. »

Le courtisan écouta tout ce que Djafer lui dit et se rendit aussitôt auprès de Souleyman, auquel il fit part de la situation.

Souleyman fut émerveillé de la prudence, de la perspicacité et de la prévoyance de Djafer ; il lui rendit ses bonnes grâces, lui fit ses excuses et donna l'ordre qu'on lui conduisît un des chevaux réservés à sa personne, pour l'amener auprès de lui, en lui prodiguant toutes les marques de déférence, d'honneur et de respect.

Lorsque Djafer parut devant Souleyman, il lui présenta ses hommages. Le khalife le reçut avec faveur ; il mit sa main dans la sienne, le questionna sur les fatigues qu'il avait éprouvées dans son voyage, lui donna les meilleures assurances et le fit s'asseoir. A l'instant même, il le fit revêtir du vêtement d'honneur du vizirat, fit placer l'écritoire devant lui, de sorte qu'il traça, en sa présence (sur des pièces officielles), plusieurs chiffres du khalife.

Jamais on n'avait vu Souleyman aussi content que ce jour-là.

Lorsque le prince eut mis fin à son audience, il se livra au plaisir du vin. On orna la salle avec des vases d'or, des objets enrichis de pierreries et des tapis tissés en fils d'or, tels que personne n'en avait jamais vu de pareils, puis on prit place pour se mettre à boire.

Au milieu de cette fête, Djafer demanda au khalife comment; au milieu de plusieurs milliers d'hommes, il avait pu reconnaître que c'était lui qui portait du poison. « Je possède, répondit Souleyman, quelque chose dont je ne me sépare jamais et qui m'est plus précieux que tous les trésors et tous les biens de la terre. Ce sont dix petites coquilles qui, sans être de celles que l'on appelle *djeza* [1], leur ressemblent : elles proviennent du trésor des anciens rois et je les porte à mon bras. Elles ont une propriété particulière ; si quelqu'un a du poison sur soi et si l'on en met dans des mets ou dans des boissons, lorsque l'odeur vient à se répandre autour de ces coquilles, elles se mettent immédiatement à s'agiter, à se choquer et elles cessent d'être immobiles. Grâce à elles, j'ai su que tu portais du poison. Au moment où tu t'es présenté devant moi, ces coquilles se sont mises en mouvement, et plus tu te rapprochais de moi, plus elles s'agitaient. Lorsque tu te fus assis devant moi, elles s'entre-choquèrent et il ne me resta plus aucun doute que tu avais du poison sur toi. Si une autre personne eût été à ta place, je ne lui aurais pas fait grâce de la vie. Lorsque tu t'es levé et que tu t'es éloigné, ces coquilles ont repris leur immobilité. » Souleyman en détacha alors deux, et les montrant à Djafer, il lui dit : « As-tu jamais vu dans le monde chose plus merveilleuse que celle-ci ? »

Djafer et les grands personnages de la cour les examinèrent avec étonnement ; puis, Djafer prit la parole : « Il m'a été donné d'être témoin dans ce monde, dit-il, de deux choses extraordinaires, que je n'avais jamais vues et dont je n'avais jamais entendu parler. Voici, l'une est celle que j'ai sous les yeux en présence du khalife, l'autre est celle dont j'ai eu le spectacle chez le gouverneur du Tabarestan. — Fais-nous en le récit, s'écria Souleyman. — Lorsque le gouverneur de Balkh, dit Djafer, reçut du khalife l'ordre de me faire partir pour Damas, je fis les préparatifs de mon voyage ; je me mis en route et je me dirigeai de Nichabour vers le Tabarestan. Le gouverneur de cette province se porta à ma rencontre et me fit descendre dans son palais, dans

---

1. *Djeza* est le nom du coquillage appelé conque de Vénus.

la ville d'Amol. Il me fit remettre tout ce qui m'était nécessaire et, chaque jour, nous nous trouvions réunis, soit à table, soit dans des parties de plaisir. Un jour que nous étions échauffés par le vin, il me demanda si j'avais jamais fait de promenades en mer. — Non, lui répondis-je. — Je t'invite, me dit-il alors, à faire une partie. — C'est à toi, répliquai-je, à donner des ordres. — Le gouverneur commanda alors aux matelots de préparer des bateaux et de les tenir bien équipés. Le lendemain, le gouverneur me conduisit sur le rivage : nous prîmes place dans un navire ; les musiciens entonnèrent leurs chansons, les matelots le firent avancer et les échansons nous offrirent des coupes de vin.

« Nous étions assis si près l'un de l'autre, le gouverneur et moi, que personne n'aurait pu prendre place entre nous deux. Il avait au doigt une bague dont le chaton était formé par un rubis rouge extrêmement beau et pur, et d'une couleur telle que jamais je n'en avais vu de plus parfait. Le gouverneur s'aperçut que je regardais sa bague, et il comprit qu'elle me plaisait. Il la tira de son doigt et la plaça devant moi. Je le remerciai, baisai l'anneau et le posai devant lui. — Une bague qui a quitté mon doigt, me dit le gouverneur, pour être offerte en cadeau et en présent, n'y revient plus. — Cette bague, lui répondis-je, est digne d'orner la main d'un prince, et je la replaçai devant lui. Il la mit une dernière fois devant moi et je lui dis, à cause de son extrême beauté et de son haut prix : Le gouverneur m'offre cette bague en cadeau, alors qu'il est échauffé par le plaisir et excité par le vin ; mais il ne faut pas que demain, lorsqu'il aura recouvré son sang-froid, il vienne à se repentir et à éprouver du chagrin dans son cœur, et je remis encore la bague devant lui. Le gouverneur la prit et la lança dans la mer. — Hélas ! quel dommage, m'écriai-je, si j'avais su que le prince ne l'aurait pas remise à son doigt et l'aurait jetée dans la mer, je l'aurais acceptée, car jamais je n'ai vu un pareil rubis. — Je l'ai placée bien

souvent devant toi, reprit le gouverneur; lorsque je me suis
aperçu que tu ne cessais de la regarder, je l'ai retirée de mon
doigt et te l'ai offerte en cadeau. Bien que j'en estimasse la
beauté, si elle n'avait pas paru à tes yeux plus belle qu'aux
miens, je ne te l'aurais pas offerte. Ta faute est de ne l'avoir pas
acceptée. Lorsque je l'ai jetée dans la mer, tu en as éprouvé du
regret, mais je vais employer un moyen pour te la rendre.

« Va, dit-il alors à un esclave, monte dans une barque et lorsque
tu auras atteint le rivage, saute à cheval et cours en toute hâte au
palais. Dis au trésorier que je désire avoir certain petit coffret
d'argent. Prends-le et rapporte-le promptement. » Il dit ensuite
à un homme de l'équipage : « Jette l'ancre et mets le navire en
panne ici, jusqu'à ce que je te dise ce qu'il faudra faire. » Nous
nous livrâmes alors au plaisir du vin, jusqu'au retour de l'esclave qui apporta le petit coffret et le plaça devant le gouverneur. Celui-ci avait une bourse attachée à sa ceinture; il l'ouvrit et y prit une clef d'argent avec laquelle il ouvrit le coffret,
dont il retira un poisson d'or qu'il jeta dans la mer. Le poisson
disparut sous l'eau et plongea de façon à atteindre le fond.
Au bout de quelque temps, il revint à la surface ayant, dans la
bouche, la bague du gouverneur. Celui-ci la prit et me la jeta;
je la passai à mon doigt. Il remit, de son côté, le petit poisson
d'or dans le coffret, qu'il renvoya à son palais après avoir
refermé le cadenas et remis la clef dans sa bourse. Tous ceux
qui virent cette scène demeurèrent stupéfaits. »

Djafer retira alors une bague de son doigt et la plaça devant
Souleyman, en lui disant : « La voici ». Souleyman la prit, l'examina et la rendit à Djafer, en lui disant : « On ne saurait détruire un souvenir qui rappelle un tel acte de générosité. »

Mon intention, en écrivant ce livre, n'est pas de raconter des
anecdotes; mais lorsqu'il s'en présente une qui, en étant extraordinaire et merveilleuse, a trait au sujet que je traite, je crois
devoir la rapporter. Mon but, en les mettant sous les yeux du lec-

teur, est de montrer que, lorsque naîtra une brillante époque et que la fortune ne sera point adverse, le signe caractéristique en sera l'apparition d'un souverain plein de mansuétude, qui punira les fauteurs de troubles. Son vizir et ses fonctionnaires seront des gens honnêtes. Chaque emploi sera confié à un homme versé dans les affaires et capable, et le prince ne chargera pas une même personne de deux fonctions différentes; car, au jour du jugement dernier, il sera interrogé sur la manière dont il aura gouverné ses sujets. Il ne faut pas qu'il élève les gens de peu aux grades supérieurs; mais il devra régler ses affaires, en consultant les vieillards et les personnes ayant de l'expérience. Que chaque affaire reçoive la suite qu'elle comporte, d'après les règles qui lui sont propres, afin que le spirituel et le temporel soient bien en ordre. Il devra donner des fonctions à celui qui, dans la mesure de ses forces, sera capable de les remplir.

Qu'il n'autorise rien de ce qui sera contraire à ces règles; plus il aura d'affaires, plus il les terminera après les avoir placées dans la balance de l'équité et d'une sage administration, et cela avec l'assistance du Dieu tout glorieux.

CHAPITRE XLIII

Des femmes qui vivent derrière les rideaux; attention qu'il faut donner au rang des chefs de l'armée et des officiers supérieurs.

Il ne faut pas que les serviteurs infimes du souverain deviennent des personnages haut placés, car ce fait provoquerait des troubles sérieux et le prince perdrait toute autorité et tout prestige. J'entends parler particulièrement des femmes qui vivent en état de réclusion, et ne jouissent pas d'une complète intelligence. On leur demande de perpétuer la noblesse de la race: plus elles sont de haute origine, plus elles sont dignes des faveurs du roi, et plus elles vivent retirées, plus elles sont dignes de louanges.

Chaque fois que les femmes du prince donnent des conseils, ils leur sont suggérés par des gens mal intentionnés, qui se rendent compte, par leurs propres yeux, de ce qui se passe au dehors, tandis qu'elles ne peuvent rien voir. Elles suivent les avis donnés par les personnes qui sont attachées à leur service, telles que la dame de compagnie, l'eunuque, la femme de chambre, et les ordres qu'elles donnent seront nécessairement contraires à ce qui est juste et vrai, et ils feront naître (dans l'État) la mésintelligence et la discorde. Le prestige du prince en sera atteint, le peuple souffrira, le gouvernement et la religion seront ébranlés, la fortune publique sera détruite et les grands du royaume seront persécutés.

A une époque ancienne, la femme d'un roi prit un grand ascendant sur lui : il n'en résulta que discordes, troubles et séditions.

Je ne dirai que peu de chose sur ce sujet, car on peut prendre connaissance de beaucoup de faits semblables.

Le premier homme, qui obéit à une femme et ne recueillit de sa soumission que dommage, chagrin et malheur, fut Adam qui mangea du froment, à la suggestion d'Ève.

Il fut chassé du paradis et il passa deux cents ans à se lamenter, jusqu'à ce que Dieu eut pitié de lui et fut touché de son repentir.

Anecdote. — Soudabèh, femme de Keï Kaous, avait pris de l'empire sur son mari : celui-ci envoya un messager à Rustem, pour lui réclamer son fils, Siawouch, dont il avait fait l'éducation et qui était arrivé à l'âge viril. Il fit dire à Rustem : « Envoie-le-moi parce que je brûle du désir de le voir. »

Rustem envoya donc Siawouch à son père Keï Kaous. Siawouch avait une figure extrêmement agréable et Soudabèh, qui le vit de derrière un rideau, en devint éperdument amoureuse :

« Ordonne-lui, dit Soudabèh à Keï Kaous, de venir dans le gynécée, afin que ses sœurs puissent le voir. — Entre dans le harem, dit Keï Kaous à son fils, parce que tes sœurs désirent te
voir. »

« Il appartient à mon seigneur de donner des ordres, dit Siawouch, mais ne vaut-il pas mieux que mes sœurs demeurent
dans le gynécée et que je reste dans la salle ouverte (à tous). —
Il faut te rendre dans le harem », répondit Keï Kaous.

Lorsque Siawouch y eut pénétré, Soudabèh s'avança vers lui
et l'attira à elle, dans l'intention d'avoir un tête-à-tête. Indigné,
il repoussa son étreinte, sortit du harem et rentra dans sa
demeure. Soudabèh, craignant qu'il ne dévoilât sa conduite à
Keï Kaous, se dit : « Il vaut mieux que je prenne les devants. »
Elle se présenta donc à son mari : « Siawouch a voulu commettre
un attentat contre ma personne, lui dit-elle ; il m'a serré dans
ses bras, mais j'ai échappé à son embrassement. » Keï Kaous eut
le cœur navré et sa colère fut telle qu'il dit à son fils : « Il faut
que tu subisses l'épreuve du feu, pour que mon cœur éprouve de
nouveau du plaisir à te voir. — Il appartient au roi d'ordonner,
répondit Siawouch, je suis prêt à faire tout ce qu'il me commandera. »

On disposa donc, dans la plaine, une si grande quantité de
bois que la superficie d'une demi-parasange carrée en était couverte, et on y mit le feu. Lorsque le brasier fut ardent et que
les flammes s'élevèrent à la hauteur d'une montagne, on dit à
Siawouch : « Allons, traverse le feu. » Siawouch était monté
sur Chebrengue ; il invoqua le nom de Dieu, lança son coursier
dans le feu et disparut à tous les yeux. Au bout d'un long
espace de temps, il sortit par le côté opposé du bûcher, sans
que, par la volonté de Dieu, un seul poil de son corps eût été
atteint et sans que son cheval eût éprouvé le moindre mal.

Le peuple tout entier fut plongé dans la stupéfaction : les mobeds recueillirent de ce feu et le transportèrent dans leur pyrée,

où il existe encore, parce que son jugement fit éclater la vérité.

Keï Kaous confia à Siawouch, après cette épreuve, le gouvernement de Balkh.

La conduite de Soudabèh avait aigri l'esprit de Siawouch contre son père et, pendant toute sa vie, il fut la proie de la tristesse et du chagrin. Il prit la résolution de ne point demeurer en Perse, et il forma, dans son cœur, le funeste projet de se rendre, ou dans l'Inde, ou dans le Khita, ou dans la Chine méridionale.

Piran, qui était alors le vizir d'Afrassiab, eut connaissance du secret désir de Siawouch; il alla lui-même le trouver et lui fit, de la part d'Afrassiab, les plus belles promesses. Siawouch accepta ses offres et fit acte de soumission en se disant : « La maison est la même, car Keï Kaous et Afrassiab ont une même origine. »

Afrassiab témoigna une affection plus vive à Siawouch qu'à aucun de ses enfants ; il lui donna l'assurance que, lorsqu'il le voudrait, il le réconcilierait avec son père pour pouvoir retourner en Perse, qu'il servirait d'intermédiaire et conclurait avec Keï Kaous un solide traité, et qu'alors il le renverrait comblé de marques d'honneur et de respect.

Siawouch se rendit de Balkh dans la Transoxiane ; Afrassiab lui accorda sa fille et lui donna tant de témoignages de considération que son frère, Guersivez, en devint jaloux. Celui-ci accusa Siawouch d'un crime devant Afrassiab et cet innocent fut mis à mort dans le Turkestan.

L'Iran retentit de chants funèbres et de lamentations ; l'âme des héros fut en proie au trouble et au désespoir. Rustem quitta le Sistan pour se rendre à la cour de Keï Kaous ; il pénétra, sans en avoir obtenu la permission, dans le gynécée de ce roi ; il en tira Soudabèh par les cheveux et la mit en pièces, sans que personne osât lui dire qu'il avait mal fait.

Puis, Rustem se ceignit les reins pour le combat et partit afin de venger Siawouch. La guerre se prolongea pendant de longues années et, des deux côtés, des milliers et des milliers de têtes furent séparées des corps. Toutes ces calamités furent provoquées par Soudabèh, qui avait subjugué le cœur de son époux.

De tout temps, les souverains et les hommes, jouissant d'un jugement solide, qui se sont engagés dans la voie du bien, l'ont parcourue sans avoir jamais initié ni les femmes, ni les gens faibles d'esprit, au secret de leur cœur. Ils ont été inaccessibles aux conseils, aux passions et aux ordres des femmes ; ils n'ont jamais subi leur ascendant. Telle fut la conduite d'Alexandre, au sujet duquel on raconte l'anecdote suivante.

Anecdote. — L'histoire rapporte qu'Alexandre, venu du pays de Roum, battit et mit en fuite Darius, fils de Darius, et tua un de ses serviteurs. Darius avait une fille d'une grande beauté, ayant les formes les plus gracieuses et les plus parfaites. Sa sœur lui ressemblait, ainsi que d'autres charmantes jeunes filles de sa race, qui étaient enfermées dans son palais. On dit à Alexandre : « Il est bon que tu franchisses le seuil du gynécée de Darius, afin de jouir de la vue de ces beautés, au visage de lune et au corps de péri, et principalement de la vue de la fille de Darius, dont la beauté est sans égale. » Le but de ceux qui parlaient ainsi était qu'Alexandre la vît et que, séduit par ses charmes, il l'épousât. « Nous avons vaincu les soldats de Darius, répondit Alexandre, il ne faut pas que leurs femmes nous subjuguent », et il refusa d'entrer dans le gynécée de Darius.

Il y a également les aventures de Khosrau, de Chirin et de Ferhad, qui sont le sujet d'un récit agréable. Khosrau aima Chirin avec tant de passion, qu'il lui abandonna les rênes du gouvernement et qu'il souscrivit à toutes ses volontés ; celle-ci ne connut plus de frein et, malgré toute la puissance et l'amour de Khosrau, elle s'éprit de Ferhad.

Anecdote. — On questionna Bouzourdjmihr sur la cause de la ruine de l'empire des Sassanides : « Tu as été l'homme d'État de cette dynastie, lui dit-on, et aujourd'hui, il n'y a, dans le monde, personne qui puisse t'être comparé pour la rectitude du jugement, la conduite des affaires, l'intelligence et le savoir. — Deux causes, répondit ce vizir, ont amené la chute des Sassanides : la première, c'est qu'ils ont confié les affaires à des gens d'infime condition et de grande ignorance, et l'autre, c'est qu'ils n'ont pas ¡cherché à s'attacher les gens de science et de bon jugement et qu'ils ont abandonné la direction des affaires à des femmes et à des enfants, personnes qui n'ont ni connaissances, ni expérience. Sache que chaque fois que les intérêts d'une dynastie tomberont entre leurs mains, le pouvoir devra lui échapper. »

Tradition. — Il faut, pour qu'une entreprise ait un heureux résultat, faire le contraire de ce que disent les femmes. Voici le texte de la tradition qui le prescrit : « Consultez-les, mais agissez en sens contraire. » Le Prophète n'eût pas tenu ce langage, si les femmes avaient joui d'une intelligence complète.

Il est rapporté, dans le recueil des traditions, que la maladie du Prophète s'aggravant, sa faiblesse fut extrême au moment où il devait faire en public la prière canonique. Ses compagnons, assis dans la mosquée, l'attendaient pour faire avec lui la prière obligatoire. Aïcha et Hafça étaient toutes les deux à son chevet ; Aïcha s'adressa à lui : « O prophète de Dieu, lui dit-elle, le moment de la prière est très rapproché et tu n'as pas la force de te rendre à la mosquée : à qui ordonnes-tu de faire les fonctions d'imam ? — A Abou Bekr », répondit-il. Aïcha lui en fit de nouveau la demande. — « A Abou Bekr », répéta-t-il. Aïcha dit alors à Hafça : « Moi, je lui ai parlé deux fois. Quant à toi, parle-lui une fois ; dis-lui : Abou Bekr a un caractère faible et un cœur sensible ; il a plus d'affection pour toi que tous tes autres compagnons. Lorsque ceux-ci se tiendront debout pour faire la prière et qu'il verra ta place inoccupée, il se mettra à fondre en larmes et la prière perdra son efficacité, et pour lui et pour l'assistance. C'est l'affaire d'Omar, qui est dur et dont le cœur est fort. Donne l'ordre que ce soit lui

qui remplisse les fonctions d'imam; cela sera sans inconvé-
nient. » Ces paroles d'Aïcha et de Hafça excitèrent le courroux du
Prophète; son visage s'empourpra : « Vous ressemblez, leur dit-
il, à Youssouf et à Kirisf. Je ne ferai point ce que vous me dites,
j'agirai pour le bien des musulmans ; allez et dites à Abou Bekr
de faire la prière publique. » Malgré la grandeur, la science, la
dévotion et la piété qui étaient l'apanage d'Aïcha, le Prophète
donna des ordres contraires à ce qu'elle demandait. Voyez par là
dans quelle mesure on doit tenir compte de l'opinion et des
connaissances des autres femmes. Voici l'histoire de Youssouf
et de Kirisf.

Anecdote. — On raconte que, du temps des fils d'Israël, il était
constant que Dieu exauçait trois vœux, formés par un homme
qui, pendant quarante ans, n'ayant commis ni péchés mortels ni
péchés véniels, avait observé le jeûne, fait la prière aux heures
prescrites et n'avait porté préjudice à personne. Il y avait à
cette époque, parmi les fils d'Israël, un homme dévot et pratiquant le bien, nommé Youssouf. Sa femme, comme lui religieuse
et chaste, portait le nom de Kirisf. Ce Youssouf, se conformant aux
ordres du Dieu très-haut, se livra pendant quarante ans aux pratiques religieuses. Il se dit alors : Que vais-je maintenant demander à Dieu. Il me faudrait pouvoir consulter un ami, pour m'entendre avec lui sur le souhait qu'il me vaudrait mieux former.

Malgré toutes ses recherches, il ne trouva personne répondant
à son idée, si bien qu'il rentra chez lui. Ses yeux tombèrent sur
sa femme : Personne au monde, pensa-t-il, ne m'est plus affectionné que mon épouse ; elle est ma compagne et la mère de
mes enfants, et mon bonheur sera le sien. Personne ne me
donnera de meilleurs conseils qu'elle : je vais la consulter.
Puis, s'adressant à elle, il lui dit : « Tu sais que, pendant
quarante ans, j'ai obéi aux ordres de Dieu et que j'ai le
droit d'exprimer trois souhaits. Il n'y a pas, dans tout l'univers, de personne qui me soit plus dévouée que toi. Dis-moi,

que demanderai-je au Dieu très-haut? — Tu sais, lui répondit sa
femme, que dans ce bas monde, toi seul existes pour moi et tu
es la lumière de mes yeux; tu sais que l'homme aime à contempler la femme, et ta vue se repose sur moi : ton cœur éprouve
toujours de la joie à me voir, et ma compagnie te rend la vie
agréable. Demande à Dieu de m'accorder une beauté telle qu'il
n'en a jamais donné à aucune femme. Chaque fois que tu fran-
chiras le seuil de la porte et que tes yeux tomberont sur moi, mes
charmes porteront la joie dans ton cœur, et nous passerons le
reste de notre vie dans l'allégresse.»

Youssouf approuva ces paroles; il exprima un souhait en
disant : « O Seigneur, donne à cette femme, qui est la mienne,
une beauté telle que n'en a jamais eu aucune femme. » Ce
vœu fut exaucé; le lendemain, lorsque l'épouse de Youssouf se
leva, ce n'était plus la même créature que celle qui s'était en-
dormie la veille. On n'avait jamais vu des traits aussi ravissants
que les siens. Youssouf, en les voyant, fut plongé dans la stupéfaction et peu s'en fallût qu'il ne s'envolât de joie. Chaque jour,
sa femme devenait plus belle : au bout d'une semaine, ses charmes étaient devenus si irrésistibles que personne n'avait la force
d'en soutenir la vue. La renommée de sa beauté se répandit
dans tout l'univers; hommes et femmes accouraient pour la
contempler, et venaient des contrées les plus éloignées pour en
repaître leurs yeux.

Un jour, elle jeta les yeux sur un miroir; elle y vit ses
traits ravissants et la perfection de ses charmes. Elle en fut
toute joyeuse et la vanité et l'orgueil pénétrèrent dans son cœur.
Quelle est aujourd'hui, dans le monde entier, se dit-elle, la
créature qui me ressemble? Qui possède une pareille beauté et
de tels appas? Et pourtant, je suis la compagne et l'égale de ce
pauvre homme qui se nourrit de pain d'orge et qui n'a ni moyens
de vivre, ni moyens de gagner. C'est un vieillard qui n'a aucune
part des biens de ce monde, et la vie que je mène avec lui est

une existence de misère. Un roi me conviendrait pour mari et, aujourd'hui, il me couvrirait d'or, de pierreries et d'étoffes précieuses et me comblerait de marques de tendresse.

Ces réflexions firent naître, dans l'esprit de Kirisf, l'orgueil et l'espérance. Elle commença par se conduire vis-à-vis de son mari d'une manière peu convenable et elle fit preuve d'un mauvais caractère. Elle montra de la désobéissance et les choses en arrivèrent à ce point qu'elle accablait son mari de grossièretés et lui disait: « Pourquoi suis-je ta compagne, toi qui n'as même pas assez de pain pour en manger à satiété? »

Youssouf avait trois ou quatre jeunes enfants. Sa femme renonça à veiller sur eux et sa conduite devint tellement odieuse que son mari en fut excédé et fut incapable de la supporter.

Il tourna alors son visage vers le ciel et s'écria : « Seigneur! métamorphose cette femme en ourse! » et elle reçut ainsi le châtiment qu'elle méritait. Elle se mit à se promener devant la porte et le long des murs et de la terrasse de la maison, sans s'en éloigner toutefois, et pendant toute la journée, les larmes coulaient de ses yeux.

Youssouf fut désolé d'avoir fait cette demande à Dieu dans ces termes. Les soins qu'il devait donner à ses enfants ne lui permettaient plus de s'acquitter de ses devoirs d'obéissance à l'égard de Dieu, et il lui était impossible de faire sa prière aux heures canoniques. Cédant à la nécessité, il éleva son visage et ses mains vers le ciel et s'écria : « O Seigneur, rends à cette ourse sa forme primitive ; fais qu'elle soit, comme autrefois, pleine d'un dévouement affectueux, afin qu'elle puisse prodiguer ses soins à ses enfants et que moi, ton serviteur, je puisse m'occuper de t'adorer. » A l'instant même Kirisf redevint femme comme elle l'avait été ; elle fut, comme autrefois, pleine de tendresse pour ses enfants et elle s'occupa d'eux avec la plus grande sollicitude. Jamais elle ne parla de ce qui lui était arrivé, et elle s'imagina avoir vu en songe ce qui s'était passé. Grâce aux idées et aux caprices de sa femme, les quarante années de dévotion de Youssouf furent comme une poussière que disperse le vent.

Cette histoire a été, dans la suite, citée comme un apologue, afin qu'ici-bas personne n'obéisse aux injonctions des femmes.

Anecdote. — Le khalife Mamoun dit un jour : « Puisse-t-il ne se jamais trouver un monarque qui permette aux femmes de dire leur mot sur les affaires de l'État, sur celles de l'armée et des finances et y faire sentir leur ingérence. Si elles viennent à protéger une personne, à faire chasser une autre, à faire punir celui-ci et à faire donner un emploi à celui-là, tout le monde se tournera nécessairement vers elles et leur soumettra des requêtes. Lorsque les femmes verront cet empressement et leur demeure remplie par la foule des militaires et des gens de condition civile, elles concevront dans leur esprit des espérances difficiles à réaliser ; les méchants et les intrigants se frayeront promptement un accès auprès d'elles, et il ne s'écoulera pas bien longtemps avant que le prestige du souverain ne disparaisse, que le respect et la majesté de la cour ne soient réduits à néant, et que le prince ne soit dépouillé de toute grandeur. Les embarras surgiront alors de toutes parts, le gouvernement sera livré au désordre ; le pouvoir du vizir n'aura aucune stabilité et l'armée sera blessée dans ses sentiments. Qu'est-ce qui pourra dissiper ces appréhensions et ces embarras ? C'est de voir le souverain se conformer aux prescriptions que nous avons mentionnées plus haut ; elles ont été observées par des princes illustres, doués d'un jugement sain, ayant agi suivant la parole du Dieu très-haut qui a dit : « Les hommes sont supérieurs aux femmes ; nous avons donné aux hommes la supériorité sur les femmes, pour les garder, et si elles avaient pu se conduire elles-mêmes, Dieu n'aurait point accordé à l'homme le pouvoir de les dominer, et ne lui aurait point assuré la prééminence sur elles [1]. »

_____

1. *Qoran,* ch. IV, v. 38.

Anecdote. — Tout monarque, a dit Keï Khosrau, qui voudra voir sa dynastie durer, qui ne souhaitera pas la ruine de son État et désirera que son prestige et sa dignité demeurent intacts, ne donnera aucune liberté aux femmes et ne leur permettra de ne parler que de ce qui concerne leurs subordonnés et les gens de leur service. Les anciennes règles seront observées, afin que l'on soit délivré de toute préoccupation. Voici une parole d'Omar ibn el-Khattab (que Dieu soit satisfait de lui !) : « Les paroles des femmes doivent être cachées comme leur personne ; de même qu'il est inconvenant de les laisser voir au public, de même il ne faut pas laisser se divulguer les propos qu'elles ont tenus. »

Tout ce qui vient d'être rapporté sur ce sujet est suffisant : on pourrait citer de nombreux exemples, mais on fera son profit de ce que nous venons de dire.

Des subordonnés. — Dieu a créé le souverain, pour être le supérieur de toutes les créatures humaines et pour les voir toutes soumises à son autorité. C'est de lui qu'elles tiennent leurs moyens de subsistance, ainsi que le rang auquel elles parviennent. Il faut qu'il les gouverne de telle façon qu'elles ne se méconnaissent pas, qu'elles ne retirent point de leurs oreilles l'anneau de la soumission, et qu'elles ne se considèrent pas comme autorisées à faire tout ce qui leur plaît. Chaque homme devra connaître la mesure qu'il doit observer et la place qu'il doit tenir ; le prince, de son côté, devra s'informer de la situation de chacun, pour savoir s'il ne sort pas du cercle de l'obéissance et s'il ne fait que ce qui lui a été ordonné.

Anecdote. — Bouzourdjmihr dit un jour à Nouchirevan : « Le royaume appartient au roi et le roi a confié à l'armée la garde du territoire, mais il ne lui a pas livré la population. Si les soldats ne traitent pas le pays avec douceur, s'ils n'ont ni pitié, ni sollicitude pour les habitants, si tous leurs efforts tendent à remplir leur bourse, sans avoir aucun souci des sujets ; si ce sont les soldats qui les maltraitent, qui les chargent de chaînes, les

emprisonnent, les tyrannisent et les accablent d'extorsions, si
ce sont eux qui destituent et investissent les fonctionnaires,
quelle différence y aura-t-il entre le roi et l'armée? L'exercice
du pouvoir a toujours été le propre du souverain et non celui de
l'armée. Il ne faut point la laisser disposer de la puissance.
De tout temps, personne n'a eu, à l'exception des souverains,
le privilège de porter une couronne d'or, et d'avoir des étriers et
une coupe en ce même métal. Ils peuvent seuls s'asseoir sur un
trône et battre monnaie.» On a dit aussi : Si le roi veut avoir plus
de gloire que ses égaux et leur être supérieur, qu'il réunisse en
sa personne les qualités qui en doivent faire l'ornement. Et,
quelles sont-elles? demanda Nouchirevan. — Qu'il repousse, lui
répondit-on, la haine, l'envie, l'orgueil, la colère, la concupis-
cence, la convoitise, les espérances trompeuses, l'esprit de con-
testation, le mensonge, l'avarice, la méchanceté, la violence,
l'égoïsme, la précipitation, l'ingratitude et la légèreté. Les qualités sont : la modestie, l'égalité de caractère, la douceur, la
clémence, l'humilité, la générosité, la loyauté, la patience, la
reconnaissance, la commisération, l'amour de la science et
l'équité. Toutes les fois qu'il sera reconnu que la réunion de ces
qualités préside à la conduite des affaires, il n'y aura alors nul
besoin d'avoir un conseiller pour prendre part au gouvernement.

CHAPITRE XLIV

*On fait connaître la situation des hérétiques qui sont les
ennemis de l'État et de l'islamisme.*

J'ai voulu consacrer quelques chapitres aux révoltes des hérétiques, afin que tous les mortels sachent quelle a été ma sollicitude pour la dynastie actuelle, le zèle et la constante préoccupation que j'ai eus pour le gouvernement des Seldjoucides et

particulièrement pour le maître du monde, que Dieu éternise son règne! pour ses enfants et pour sa famille, puisse le mau_ vais œil ne pas les atteindre !

Il y a eu, à toutes les époques et dans tous les pays de l'univers, des dissidents qui se sont mis en état de rébellion contre les rois et les prophètes. Mais, aucune secte n'est plus funeste, plus impie et plus pernicieuse que celle des Bathiniens. Que le prince sache que, cachés derrière les murailles, ils méditent la ruine de cet empire et cherchent à porter le trouble dans la religion. Ils ont l'oreille tendue pour percevoir le moindre bruit, et l'œil aux aguets pour épier la moindre occasion.

Si, ce qu'à Dieu ne plaise, un événement fâcheux venait à se produire dans ce puissant gouvernement, si une calamité, que Dieu veuille la détourner! venait à fondre sur lui, ces chiens sortiraient de leurs cachettes, se révolteraient et répandraient les doctrines chiites. Ils sont plus puissants que les Rafizy et les Khourremdiny, et on verra se produire tout ce qui est possible en fait de débats, de discussions et d'innovations dangereuses. Ils ne laisseront rien subsister. Ils se disent musulmans, mais, en réalité, ils se conduisent comme des infidèles. Leurs pensées intimes, que Dieu les maudisse ! sont en contradiction avec leur apparence extérieure et leurs paroles sont en opposition avec leurs actes.

Il n'y a point, pour la religion de Mohammed, d'ennemis plus néfastes et plus odieux ; ils sont aussi les pires ennemis pour le maître du monde. Les gens qui, aujourd'hui, n'ont aucun pouvoir dans le gouvernement, et qui font de la propagande pour les croyances chiites, appartiennent à cette secte : ils font ses affaires en secret, lui donnent de la force, se livrent au prosélytisme, et entretiennent le maître du monde dans l'idée d'anéantir la dynastie des Abbassides.

Si je voulais soulever le couvercle qui couvre cette marmite, que d'ignominies on en verrait sortir ! Mais les machinations de ces gens ayant procuré de l'argent au maître du monde, ils l'ont engagé dans leur voie, à cause des économies qu'ils lui ont fait entrevoir et ils l'ont rendu avide et intéressé. Pour moi, ils me représentent comme animé d'intentions malveillantes, et les conseils que je donne dans ces circonstances ne sont point agréables. On ne se rendra compte de leurs intrigues et de leurs ruses que lorsque j'aurai disparu, et on connaîtra alors seulement l'étendue de mon loyalisme pour ce gouvernement victorieux, et les soucis que m'ont donnés l'existence et les projets de cette secte. J'ai constamment soumis cette situation au jugement élevé du prince et je ne lui ai rien caché.

Quand je vis que mes discours n'étaient point goûtés, je consacrai aux Bathiniens un court chapitre dans ce traité historique, car il est important de connaître cette secte, son origine, ses croyances et ses opinions religieuses, le nombre de ses révoltes et les défaites que leur a constamment fait subir le prince qui a été le dominateur du monde.

Ce que j'écris restera, après ma mort, comme un souvenir entre les mains de celui qui est le souverain du monde et de la religion. Cette secte maudite s'est manifestée en Syrie, dans le Yémen et en Espagne et elle y a commis bien des massacres.

Je ne parlerai pas de tous ces événements, mais si le prince désire se rendre compte de tout ce qui concerne ces hérétiques, il n'aura qu'à lire les chroniques et spécialement l'histoire d'Ispahan. Il verra ce qu'ils ont fait dans la Perse, qui est la plus belle partie de l'empire du seigneur de l'univers.

Pour moi, je ne mentionnerai qu'un fait sur cent, depuis leur apparition jusqu'à cette époque-ci, afin que le roi du monde en soit instruit.

CHAPITRE XLV

Apparition de Mazdek, ses doctrines religieuses ; façon dont Nouchirevan le Jus'c le fit périr.

La première personne qui répandit dans le monde des doctrines religieuses perverses, fut un homme qui parut en Perse. Il portait le titre de mobed des mobeds et son nom était Mazdek, fils de Bamdad. Il voulut, sous le règne de Qobad, fils de Pirouz et père de Nouchirevan le Juste, abolir les croyances des Guèbres et tracer dans le monde une voie mauvaise. Ce Mazdek fut guidé par le motif suivant : fort versé dans l'astrologie, il avait acquis l'assurance, d'après la marche des astres, que de son temps apparaîtrait un homme qui établirait une religion abolissant les croyances des Guèbres, celles des juifs, des chrétiens et des idolâtres et qui, par ses miracles et sa puissance, imposerait à l'humanité une religion devant subsister jusqu'au jour du jugement dernier. Il voulut être cet homme et il s'attacha, dans son cœur, à la pensée de savoir comment il organiserait sa propagande et comment il créerait un culte nouveau. Il considéra qu'il jouissait d'une haute estime auprès du roi et des grands seigneurs et jamais, avant qu'il eût émis la prétention de passer pour un prophète, personne ne lui avait entendu tenir de propos inconsidérés.

Il donna l'ordre à ses esclaves de creuser un souterrain à partir d'un endroit caché à tous les yeux, d'excaver peu à peu le sol, de façon à faire aboutir la très petite ouverture de ce souterrain au milieu du pyrée, juste à l'endroit où l'on tenait le feu allumé. Il afficha publiquement alors sa prétention d'être un prophète. « On m'a envoyé, disait-il, pour rajeunir la religion de Zoroastre, car le peuple a oublié le sens du Zend-

Avesta et il ne se conforme plus aux commandements de Yezdan, tels que Zoroastre les a fait connaître. Ainsi, pendant quelque temps, les fils d'Israël n'ont point exécuté les ordres de
Dieu, tels que Moïse (sur qui soit le salut!) les avait consignés
dans le Tourah. Ils agissaient à leur encontre et Dieu envoya un
prophète qui, se conformant à la loi, brisa la résistance des
fils d'Israël, remit le Tourah en vigueur et fit rentrer le peuple
dans le droit chemin. »

Ces paroles parvinrent aux oreilles de Qobad qui, un jour suivant, convoqua les grands du royaume et les mobeds, constitua
une cour plénière et fit appeler Mazdek devant cette assemblée. Il lui adressa la parole en ces termes : « Tu émets la prétention d'être un prophète. — Certainement, répondit Mazdek ;
je suis venu parce que l'on agit presque constamment contrai-
rement à la loi de Zoroastre. Il y a beaucoup de points douteux
que j'éclaircirai ; le sens du Zend-Avesta n'est pas celui auquel
on se conforme, je l'expliquerai. — Quel miracle fais-tu? lui
demanda Qobad. — Mon miracle, répondit-il, consiste à faire
parler le feu qui est votre qiblèh et votre mihrab, et je demanderai à Dieu d'ordonner au feu de rendre témoignage de ma
mission prophétique, de manière qu'il soit entendu par le roi et
par les personnes qui l'accompagneront. — O vous tous, grands
personnages et mobeds, dit Qobad, que dites-vous à ce sujet?
— En premier lieu, répondirent les mobeds, Mazdek nous
invite à nous conformer aux règles de notre religion et à suivre
les prescriptions du Livre et il ne repousse pas l'autorité de
Zoroastre. Il y a, dans le Zend-Avesta, des phrases dont chaque
mot est susceptible de recevoir dix significations, et chaque
mobed en donne vingt interprétations et explications. Il est
possible que Mazdek fournisse, pour chacun de ces mots, une
meilleure interprétation et une explication plus satisfaisante.
Mais voici! il affirme qu'il fera parler le feu, objet de notre
culte ; ceci est une chose extraordinaire et qui n'est point au

pouvoir de l'homme. Du reste, le roi sait tout mieux que nous.
— Si tu fais parler le feu, dit alors Qobad, je témoignerai que tu
es un prophète. — Que le roi fixe une heure, répondit Mazdek,
et qu'à cette heure, il se rende au pyrée, avec les mobeds et les
seigneurs de la cour, afin que Dieu, exauçant alors ma prière,
fasse parler le feu. Qu'il en soit ainsi aujourd'hui et à l'instant
même. — Nous avons résolu, répondit Qobad, d'aller tous demain au pyrée. » Le jour suivant, Mazdek envoya un prêtre se
placer à l'orifice du souterrain : « Toutes les fois, lui dit-il, que
j'invoquerai Yezdan, approche-toi de l'ouverture du trou et dis :
Le bien des adorateurs de Yezdan sur la terre exige que vous
vous conduisiez conformément aux paroles de Mazdek, afin de
jouir du bonheur dans ce monde et dans l'autre. »

Qobad et les grands dignitaires se rendirent donc au pyrée.
Le roi appela Mazdek qui accourut et se plaça au bord du feu. Il
invoqua Yezdan à haute voix, entonna les louanges de Zoroastre
et se tut. Une voix s'éleva alors du milieu du feu et prononça
les paroles que nous avons rapportées plus haut. Le roi et les
seigneurs les entendirent et furent stupéfaits : Qobad forma (dès
lors), dans son cœur, le projet de croire en Mazdek. A son retour
du pyrée, il le fit venir auprès de lui ; chaque jour, il lui accordait
une plus grande intimité et ajoutait plus de foi à ses paroles. Il fit
faire pour lui un siège en or incrusté de pierreries et le fit placer
sur l'estrade du trône, dans la salle d'audience; toutes les fois que
Qobad tenait sa cour et prenait place sur son trône, il faisait asseoir Mazdek sur ce siège qui était beaucoup plus élevé que le sien.

Une partie de la population adopta les doctrines de Mazdek,
pour donner libre cours à ses appétits et à ses passions, une
autre partie, pour être d'accord avec le roi. On accourait à la
capitale de toutes les provinces et de tous les districts, et on
embrassait, soit en secret, soit ouvertement, la religion de
Mazdek. Les militaires montrèrent peu d'empressement à
l'adopter, mais ils ne manifestèrent aucune opposition, à cause

de leur respect pour le souverain. Aucun mobed n'accueillit les doctrines de Mazdek. « Voyons, dirent-ils, ce qu'il fera sortir du Zend-Avesta. » Lorsque l'on sut que Qobad avait embrassé les principes de Mazdek, les gens qui étaient près ou loin s'y rallièrent. Ils mirent leurs biens en commun ; la richesse, disait Mazdek, doit être partagée entre les hommes, car tous sont les serviteurs du Dieu très haut et les enfants d'Adam : il faut que les biens soient départis à l'un et à l'autre, selon ses besoins, de manière que personne ne soit privé de subsistance et incapable de se procurer les moyens de vivre et afin qu'il y ait égalité dans la situation de chacun.

Lorsque Qobad fut plus complètement engagé dans cette voie et que Mazdek l'eut fait consentir à la communauté des biens, celui-ci dit alors : « Il faut que vous reconnaissiez que vos femmes sont, comme vos biens, une propriété commune, afin que personne ne soit privé des plaisirs et des voluptés terrestres, et que la porte de l'accomplissement des désirs soit ouverte pour tout le monde. » La communauté des biens et des femmes excita alors plus d'empressement, particulièrement parmi le bas peuple. Il fut établi comme règle que, si un individu amenait chez lui, en qualité d'hôtes, vingt personnes, s'il leur servait à manger du pain et de la viande, et si, après leur avoir donné du vin et des fruits secs, il leur procurait le divertissement des musiciens, ses hôtes pouvaient, l'un après l'autre, se rendre auprès de sa femme, sans que leur action fût trouvée répréhensible. La règle était que celui qui pénétrait dans l'appartement intérieur plaçât son bonnet sur la porte ; cette vue écartait tout individu qui ne pouvait entrer avant que celui qui l'avait précédé ne fût sorti.

Cependant, Nouchirevan envoyait secrètement des émissaires aux mobeds pour leur dire : « Pourquoi gardez-vous le silence? pourquoi montrez-vous de la faiblesse à l'égard de Mazdek? pourquoi ne parle-t-on pas et pourquoi ne donnez-vous pas de conseils à mon père et ne lui dites-vous pas : Quelle est

la situation dans laquelle vous vous trouvez, et pourquoi vous
êtes-vous laissé mettre dans le sac par les discours hypocrites
de ce fourbe? Ce chien a bouleversé toutes les fortunes ; il a
déshonoré toutes les femmes et il a donné tout pouvoir à la
populace. Demandez au moins à Mazdek sur quels faits prouvés
il base sa conduite, et en vertu de quels ordres il agit. Si vous
continuez à garder le silence, vos biens et vos femmes vous
seront ravis, et le pouvoir et la souveraineté cesseront d'appartenir à notre dynastie. Il faut que vous alliez trouver mon père,
que vous lui fassiez connaître cette situation et que vous lui
donniez vos conseils. Il est nécessaire que vous ayez un débat
avec Mazdek et que vous examiniez les arguments qu'il fournira. »

Nouchirevan fit aussi parvenir des messages aux notables et
aux grands personnages de l'État. « De funestes idées noires,
disait-il, dominent l'esprit de mon père et son intelligence en a
été ébranlée ; il ne distingue pas ce qui lui est nuisible de ce
qui lui est utile ; prenez les mesures nécessaires, afin de lui procurer un remède et pour que, n'écoutant plus les propos de
Mazdek, il ne règle plus sa conduite sur ses paroles. Vous aussi,
ne vous laissez pas séduire comme mon père, car Mazdek n'est
pas guidé par la vérité, mais bien par l'imposture : l'imposture
n'a pas de durée et demain ne vous profitera pas. »

Ces paroles impressionnèrent vivement les grands personnages de l'État, et bien que plusieurs d'entre eux eussent formé
le projet d'adopter les nouvelles doctrines, ils les repoussèrent
à cause de Nouchirevan et n'en devinrent pas les adeptes. Nous
verrons, dirent-ils, jusqu'où ira Mazdek et quel motif fait parler
Nouchirevan.

Nouchirevan était, à cette époque, âgé de dix-sept ans. Les
grands dignitaires et les mobeds, après s'être réunis, allèrent
trouver Qobad et lui dirent : « Nous n'avons pas lu dans l'histoire, depuis les temps les plus reculés jusqu'à nos jours, et
nous n'avons point entendu dire que tous les prophètes, qui ont

paru en Syrie, aient parlé comme lui et donné des ordres semblables aux siens. Tout cela provoque de notre part la plus grande répulsion. — Dites-le à Mazdek », répondit Qobad. Mazdek fut appelé. « Sur quelles bases, lui dit le roi, appuies-tu ce que tu dis et ce que tu fais? — Sur ce que Zoroastre a ordonné. Et il est dit ainsi dans le Zend-Avesta, mais on ne sait point l'interpréter : Si vous ne croyez pas fermement en moi, interrogez de nouveau le feu. » On se rendit une seconde fois au pyrée et on interrogea le feu. Une voix s'éleva du milieu des flammes : « Il en est ainsi que dit Mazdek et non point ainsi que vous dites. » Les mobeds furent de nouveau couverts de confusion et, le lendemain, ils se rendirent auprès de Nouchirevan pour lui faire savoir ce qui s'était passé. « Ce Mazdek, dit Nouchirevan, s'est mis à affirmer que ses préceptes concordent avec ceux de Zoroastre, à l'exception de ces deux (qui concernent la communauté des biens et celle des femmes). » Quelque temps s'écoula après cet incident ; un jour, dans le cours d'une conversation entre Qobad et Mazdek, ce dernier laissa échapper ces paroles : « Le peuple a témoigné de l'empressement pour embrasser la nouvelle religion ; si Nouchirevan montrait le même zèle et l'adoptait, ce serait bien. — Il ne s'est donc pas converti? demanda Qobad. — Non, répondit Mazdek. — Amenez Nouchirevan, s'écria Qobad, faites-le venir le plus promptement possible. — Ame de ton père, dit Qobad à Nouchirevan, aussitôt qu'il fut arrivé, ne t'es-tu pas rallié aux doctrines de Mazdek ? — Non, grâces à Dieu, lui répondit-il. — Et pourquoi? — Parce qu'il ment et que c'est un fourbe. — Quelle fourberie a-t-il commise, lui qui fait parler le feu? — Il y a quatre éléments, reprit Nouchirevan, l'eau, le feu, la terre et l'air. Commande-lui de faire parler l'eau, la terre et l'air comme il fait parler le feu, afin que je croie en lui et que je me laisse entraîner par ses paroles. — Tout ce que dit Mazdek, répliqua Qobad, est une explication du Zend-Avesta. — Le Zend-Avesta n'a point prescrit la communauté des biens et celle des femmes et, depuis l'époque de Zoroastre jusqu'à nos jours, aucun savant n'a donné une pareille interprétation. La religion commande de sauvegarder la propriété des biens et la vertu des femmes. Si elles sont mises en commun, quelle différence entre les hommes et les animaux, car une pareille conduite est celle des bêtes qui ont une même façon de pâturer et de s'accoupler : il n'en est point ainsi pour l'homme qui est doué d'intelligence.— Mais, répondit Qobad, pourquoi me fais-tu de l'opposition, à moi qui suis ton père ? — C'est de toi que je l'ai apprise ; jamais pareille chose n'avait été mise en pratique ; lorsque j'ai vu que tu avais fait de l'opposition à ton père, je t'en ai fait à toi-même. Renonce à ce que tu as adopté afin que, moi-même, je change de conduite. »

La conclusion de la conversation entre Qobad, Nouchirevan et Mazdek, fut que Nouchirevan serait sommé de produire une preuve décisive, établissant la fausseté des doctrines de Mazdek et démontrant leur vanité, ou de présenter une personne dont les arguments seraient plus forts et plus concluants que ceux de Mazdek. Si ces conditions n'étaient pas remplies, Nouchirevan serait mis à mort pour servir d'exemple. « Accordez-moi, dit Nouchirevan, un délai de quarante jours, afin que je puisse produire des preuves, ou faire venir quelqu'un qui donnera réponse aux arguments de Mazdek. — C'est bien, lui fut-il répondu, nous t'avons accordé ce délai », et ils se séparèrent.

Nouchirevan, après avoir quitté son père, fit partir, le même jour, pour la ville de Kouvel, dans le Fars [1], un courrier chargé de remettre à un mobed, qui était un vieillard instruit, une lettre dans laquelle il lui disait : « Viens au plus vite, car il se passe telle et telle chose entre mon père, Mazdek et moi. »

Au quarantième jour, Qobad tint sa cour et prit place sur son

---

1. Kouvel, au rapport de Yaqout, était le nom d'un village dans le district de Chiraz. (*Moudjem el-Bouldan*, tome V, Introd., p. 28.)

trône : Mazdek entra dans la salle, se dirigea vers le trône et
s'assit sur son siège. On amena Nouchirevan. « Demandez-lui,
dit Mazdek à Qobad, ce qu'il a apporté. — Qu'as-tu à répondre?
s'écria Qobad. — J'ai à faire une proposition, dit Nouchirevan.
— Le temps des propositions est passé, saisissez-le et conduisez-
le au supplice », dit Mazdek. Qobad garda le silence. On s'élança
sur Nouchirevan qui saisit avec ses mains la balustrade placée
au bas de la salle, et apostropha son père en ces termes : « Pourquoi vous hâtez-vous de me mettre à mort? Le délai qui m'a été
accordé n'est point expiré. — Et comment cela? lui dit-il. — J'ai
dit quarante jours francs, répondit Nouchirevan : ce jour m'appartient et lorsqu'il sera écoulé, alors vous ferez ce que vous
voudrez. » Les chefs militaires et les mobeds élevèrent la voix
et s'écrièrent : « Il a raison. — Laissez-lui la liberté aujour-
d'hui », dit Qobad. Les mains qui s'étaient abattues sur Nouchirevan le lâchèrent, et il fut délivré des griffes de Mazdek.

Qobad se leva de son trône, les mobeds se dispersèrent,
Mazdek s'éloigna et Nouchirevan regagna sa demeure. Le mobed que Nouchirevan avait appelé du Fars arriva alors monté
sur un dromadaire. Il descendit à la porte du palais et il en
franchit le seuil. « Va, dit-il à un eunuque, annoncer l'arrivée
du mobed du Fars. » L'eunuque courut à l'appartement réservé de Nouchirevan pour lui donner cette nouvelle. Celui-ci
sortit et, transporté de joie, s'élança au devant du mobed
qu'il pressa dans ses bras. « Sache, ô mobed, s'écria-t-il, que
je dois quitter aujourd'hui ce bas monde » et il lui fit connaître
quelle était la situation dans laquelle il se trouvait. « Que ton
esprit ne soit pas préoccupé, lui dit le mobed, car si tout est
ainsi que tu me l'as dit, la raison est de ton côté et Mazdek est
dans l'erreur ; je le confondrai et je ferai abandonner ses fausses
doctrines à Qobad. Mais fais en sorte que je puisse voir le roi
avant que Mazdek soit informé de mon arrivée. — C'est chose
facile, répondit Nouchirevan, et il se rendit, dans l'après-midi

au palais de son père et lui demanda audience : admis en sa présence, il lui présenta ses hommages. « Mon mobed, lui dit-il, qui doit répondre aux arguments de Mazdek, est arrivé du Fars, mais il désire tout d'abord voir le roi et avoir avec lui un entretien secret. — C'est bien, répondit Qobad, amène-le. » Nouchirevan s'en retourna et, lorsqu'il fut nuit, il conduisit le mobed au palais. Celui-ci entonna les louanges de Qobad, fit l'éloge de ses aïeux, puis il dit au roi : « Ce Mazdek est dans l'erreur : personne ne lui a confié la mission dont il se dit chargé : je le connais bien et je sais quelle est la valeur de sa science. Il a quelques connaissances en astrologie, mais il s'est trompé sur les décrets des astres.

« Dans la période qui va s'ouvrir, apparaîtra un homme qui se dira prophète et apportera avec lui un livre extraordinaire. Il fera des miracles étonnants, il séparera la lune en deux et invitera les peuples à suivre la voie droite : il fondera une religion pure et abolira celle des Guèbres et des autres peuples. Il promettra le paradis, inspirera la crainte de l'enfer et rendra inviolable, par ses préceptes religieux, la légitime possession des biens et des femmes. Il soustraira les hommes au pouvoir des divs ; il aura des rapports affectueux avec l'ange Sourouch, détruira les temples du feu et les pagodes, et sa religion, qui se répandra dans tout l'univers, durera jusqu'au jour de la résurrection. Le ciel et la terre rendront témoignage de sa mission. Mazdek s'est imaginé aujourd'hui qu'il était cet homme : mais ce prophète ne doit point être d'origine persane et, tout d'abord, Mazdek est persan. Il interdira, en outre, le culte du feu et reniera Zoroastre. Mazdek suit ses doctrines et prescrit d'adorer le feu. Ce prophète ne permettra pas de rechercher la femme et de s'emparer, sans en avoir le droit, du bien d'autrui, et il ordonnera de couper la main de celui qui aura dérobé. Mazdek, au contraire, proclame la communauté des biens et celle des femmes. Les ordres reçus par ce prophète émaneront du ciel, et les paroles lui en seront

transmises par l'ange Sourouch. Ce que dit Mazdek vient du
feu ; ses doctrines n'ont aucun fondement; demain, je le cou-
vrirai de confusion devant le roi, car tout ce qu'il avance est
faux ; son but est de ravir le pouvoir à ta maison, de dissiper
tes trésors, de te rendre l'égal du plus humble des hommes,
et de s'emparer de la souveraineté. »

Les paroles du mobed firent une bonne impression sur Qobad, et son cœur les agréa. Le lendemain, il se rendit à la salle
d'audience ; Mazdek s'y présenta aussi et prit place sur son
siège. Nouchirevan se tint debout devant le trône. Les grands
seigneurs et les mobeds firent leur entrée, et furent suivis par
le mobed de Nouchirevan. « Qui doit le premier poser les
questions? demanda-t-il à Mazdek ; est-ce toi ou moi? — C'est
toi qui m'interrogeras, dit celui-ci, et moi qui te répondrai. —
En ce cas, répartit le mobed, viens à la place où je suis, et moi
j'irai là, où tu te trouves. — Mazdek répliqua tout confus : J'occupe la place que le roi m'a accordée ; interroge-moi, je te
répondrai. — Tu as décrété la communauté des biens, lui dit le
mobed ; mais n'est-ce point dans l'espérance d'être récompensé dans l'autre monde, que l'on a construit ces caravansérails,
ces ponts, ces pyrées et ces édifices consacrés à la bienfaisance?
— Certainement, répondit Mazdek. — Lorsque tous les biens
seront répartis entre les hommes et que l'on voudra fonder des
œuvres pies, qui en paiera les frais? — Mazdek ne sut que
répondre. — Lorsque les femmes, continua le mobed, seront
une propriété commune, et que l'une d'elles, après avoir eu commerce avec vingt hommes, deviendra enceinte et accouchera, à
qui appartiendra l'enfant qu'elle aura mis au monde ? — Mazdek
garda le silence. — Le prince qui est assis sur le trône, continua le mobed, et exerce le pouvoir, est le fils du roi Firouz
qui avait reçu la souveraineté de son père, qui lui-même la tenait
de son père. Lorsque dix hommes auront connu la femme du
roi, et lorsque celle-ci donnera le jour à un enfant, qui en sera

le père ? La filiation royale sera rompue, et il n'y aura alors aucun rejeton de la famille souveraine. Une haute position et une
humble situation sont inséparables de la richesse et de la pau-
vreté. Lorsqu'un homme est pauvre, le dénûment et la nécessité lui font une loi de se mettre au service d'un homme riche,
et de recevoir de lui un salaire. Lorsque les biens seront mis en
commun, les positions supérieures et inférieures disparaîtront
de ce monde, et le pouvoir royal deviendra chose vaine. Toi, tu
es venu pour arracher la souveraineté des mains des rois de
Perse. — Mazdek demeura silencieux. — Réponds-lui, s'écria
Qobad. — Ma réponse est celle-ci, répliqua Mazdek : Donne
l'ordre qu'on lui tranche la tête sur-le-champ. — On ne peut
trancher la tête de qui que ce soit, répondit Qobad, sans avoir
des preuves contre lui. — Interrogeons le feu, dit Mazdek, pour
connaître ses ordres, car je ne puis prononcer sur cela de moi-
même. » Les personnes qui avaient conçu des craintes au sujet
de Nouchirevan éprouvèrent un mouvement de joie en voyant
qu'il avait échappé à la mort. Mazdek conçut de la haine contre
Qobad, parce qu'il avait dit à ce prince de faire mourir le mobed, et qu'il n'avait point obtempéré à son ordre. Il se dit à lui-
même : Je conquerrai aujourd'hui ma délivrance : j'ai dans le
peuple et dans l'armée, à ma disposition, un nombre considérable d'épées. Faire disparaître Qobad est la mesure qu'il
faut adopter. Il fit donc prendre à Nouchirevan et à ceux qui
lui faisaient de l'opposition, la résolution de se rendre le lendemain au pyrée, pour être instruit des ordres du feu. On se sépara
sur cette décision.

   Lorsque la nuit tomba, Mazdek appela auprès de lui deux religieux imbus de ses doctrines. Il leur prodigua l'or et les promesses, et prit vis-à-vis d'eux l'engagement de les élever au
grade de sipahsalar. Il leur fit prêter le serment de ne révéler à
personne ce qu'il allait leur dire et, en leur remettant deux sabres, il leur adressa ces paroles : « Lorsque Qobad, accompagné

par les grands de l'État et par les mobeds, se rendra demain
au pyrée, si le feu vient à donner l'ordre de faire périr Qobad,
tirez l'un et l'autre promptement vos sabres et tuez Qobad, car
personne ne franchit le seuil du pyrée en portant des armes. —
Nous obéirons », répondirent-ils.

Le jour suivant, les grands seigneurs et les mobeds se rendirent au temple du feu : Qobad y alla de son côté. Le mobed
avait dit à Nouchirevan : « Donne l'ordre à dix de tes gardes
particuliers de cacher des sabres sous leurs vêtements et de
t'accompagner au pyrée. »

Toutes les fois que Mazdek désirait y aller, il apprenait
d'abord à son affidé ce qu'il avait à dire à l'orifice du souterrain.
Lorsqu'il eut pénétré dans le pyrée, il dit au mobed : « Interroge le feu, afin qu'il te réponde. » Le mobed se conforma à
cette injonction, mais le feu ne lui donna aucune réponse. « O feu,
s'écria alors Mazdek, décide entre nous et témoigne de la vérité
de tous mes discours. » Une voix s'éleva du milieu du feu. « Depuis hier, disait-elle, je suis la proie d'une extrême faiblesse.
Donnez-moi tout d'abord un morceau du cœur et du foie de
Qobad, afin que je puisse vous dire ensuite ce qu'il y aura à
faire. Mazdek est celui qui vous indique la voie à suivre pour
arriver aux félicités de l'autre monde. — Donnez de la force
au feu », s'écria Mazdek. A ces mots, les deux hommes tirèrent
leur sabre et se précipitèrent sur Qobad. Le mobed dit à Nouchirevan : « Vole au secours de ton père. » Les dix gardes, ayant
mis le sabre à la main, se placèrent devant les deux hommes de
Mazdek et ne leur permirent pas de toucher Qobad. Mazdek
criait que le feu parlait au nom de Yezdan.

L'assemblée se divisa en deux partis : les uns disaient :
« Jetons dans le feu Qobad mort ou vivant. » Les autres disaient :
« Prenons, à ce sujet, le temps de la réflexion. » A la chute du
jour, chacun se retira. Qobad se prit alors à dire : « J'ai peut-
être commis un péché, pour que le feu me réclame pour devenir

sa nourriture. Il vaut mieux être brûlé dans ce monde que dans l'autre. » Le mobed eut encore une fois un entretien secret avec Qobad : il lui parla des faits et gestes des mobeds et des rois qui l'avaient précédé ; il tira un exemple de la conduite de chacun d'eux et il lui démontra, en s'appuyant sur des preuves, que Mazdek, loin d'être un prophète, était un ennemi de la maison royale. « La première preuve que j'en donnerai, dit-il, est qu'il a essayé d'attenter à la vie de Nouchirevan ; n'ayant point réussi, il a voulu vous faire périr. Sans les mesures que j'ai prises, il vous aurait mis à mort aujourd'hui. Quant à vous, votre esprit s'imagine qu'une voix s'élève du feu ; je trouverai le moyen de dévoiler cette ruse aux yeux du roi, et je lui ferai connaître que le feu n'adresse la parole à personne. » Le mobed fit si bien que le roi témoigna du repentir de sa conduite. « Ne croyez pas, continua-t-il, que Nouchirevan soit un petit enfant ; il donne des ordres au monde entier, et n'allez pas au delà de ce que son jugement aura trouvé bon ; si vous voulez que la souveraineté demeure dans votre famille, ne dévoilez pas à Mazdek le secret de votre cœur. » Le mobed dit ensuite à Nouchirevan : « Emploie tous tes soins et fais tous tes efforts pour mettre la main sur un serviteur de Mazdek ; séduis-le en lui prodiguant l'argent, afin qu'il te dévoile ce qui se passe à propos du feu, et que tous les doutes de ton père soient complètement dissipés. »

Nouchirevan mit la main sur un individu, qui se lia avec un des acolytes de Mazdek et réussit à l'amener à ce prince. Celui-ci le reçut en secret et lui offrit mille dinars en lui disant : « Tu seras désormais mon ami et mon frère, et je te ferai tout le bien possible. Je veux, dès maintenant, t'adresser une question et, si tu me réponds franchement, je te donnerai ces mille dinars, je t'attacherai à ma personne et je t'élèverai à une haute dignité. Si tu ne me dis pas la vérité, je séparerai ta tête de ton corps. » Cet homme, saisi de crainte, dit à Nouchirevan : « Si je parle, tiendras-tu ta promesse ? — Je la tiendrai, lui répondit-il, et je ferai encore plus que ce que je t'ai promis. Dis-moi, de quelle ruse Mazdek use-t-il pour que le feu lui adresse la parole ? — Si je te le fais savoir, auras-tu la force de ne pas dévoiler ce secret ? — J'en suis capable, répondit Nouchirevan. — Il y a, dit cet homme, auprès du pyrée, un terrain que l'on a entouré d'une haute muraille et on a pratiqué, au milieu de l'endroit où brûle le feu, une ouverture extrêmement petite. Mazdek envoie là une personne à laquelle il enseigne la manière de placer sa bouche à cet orifice qui s'ouvre au-dessous du feu, et de dire tout ce qu'il désire. Quand on entend s'élever cette voix, on peut croire que le feu parle. »

Cet aveu enchanta Nouchirevan : il vit qu'il était l'expression de la vérité ; il fit don des mille dinars à cet individu et, la nuit venue, il le conduisit chez son père, afin qu'il lui fournît tous les détails sur ce qui se passait. Qobad fut stupéfait de la fourberie et de l'audace de Mazdek, et tous les doutes qu'il avait dans l'esprit se dissipèrent complètement. Il envoya chercher le mobed du Fars, le combla d'éloges et lui fit connaître la situation.

« J'ai représenté au roi, dit le mobed du Fars, que ce Mazdek était un intrigant. — C'est maintenant un fait avéré, dit Qobad. Quel moyen devons-nous mettre en œuvre pour le faire périr ? — Il ne faut pas qu'il sache, reprit le mobed, que tu t'es repenti de tes erreurs. Convoque encore une fois une assemblée, pour que j'aie encore un débat avec lui ; je m'avouerai vaincu, je confesserai mon impuissance et je retournerai dans le Fars. Il faudra faire ensuite tout ce que Nouchirevan jugera bon et utile, afin de couper court à cette affaire. »

Au bout de quelques jours, Qobad convoqua les grands de l'État, fit comparaître les mobeds, auxquels il recommanda de ne faire qu'un avec le mobed du Fars. Le lendemain, l'assemblée se réunit ; Qobad s'assit sur son trône et Mazdek prit place sur son siège. Les mobeds prirent la parole, et celui qui était venu du Fars s'exprima ainsi : « Je suis étonné d'entendre parler le feu. — Cela, répliqua Mazdek, provient de la puissance divine et n'a rien d'extraordinaire. N'as-tu point vu que Moïse, sur qui soit le salut ! a changé un morceau de bois en serpent, et a fait jaillir douze sources d'un rocher. Il s'est écrié : O Seigneur ! fais périr Pharaon et son armée dans les flots, et la mer les a engloutis. Dieu a soumis la terre aux ordres de Moïse, qui a dit : O terre, fais disparaître Qaroun, et Qaroun a disparu dans son sein. Jésus a rendu la vie à un mort. Rien de tout cela n'est au pouvoir de l'homme ; c'est l'œuvre de Dieu dont je suis l'envoyé et qui a commandé au feu de m'obéir. Acceptez avec soumisssion tout ce que je vous dirai ou ce que vous dira le feu, sinon Dieu vous châtiera et vous fera tous périr. »

Le mobed du Fars se leva alors et dit : « Je ne puis lutter avec un homme qui parle au nom du Dieu très haut et du feu et auquel cet élément obéit. Je confesse mon impuissance ; désormais, je n'oserai plus rien dire. Je pars, et vous, vous savez ce que vous aurez à faire. » Le mobed quitta l'assemblée et se dirigea vers le Fars.

Qobad leva la séance ; les mobeds s'en retournèrent et Mazdek, au comble de la joie, se rendit au pyrée où il demeura sept jours pour servir le feu.

Quand la nuit fut venue, Qobad appela Nouchirevan. « Le mobed est parti, lui dit-il, il m'a confié à toi, car toi seul es capable d'anéantir cette secte. Que faut-il faire ? — Si mon seigneur veut bien m'abandonner le soin de cette affaire, sans en parler à qui que ce soit, je prendrai des mesures qui me permettront de faire disparaître de ce monde Mazdek et ses sectateurs. — Je ne parlerai de tout ceci qu'à toi seul, répondit Qobad. — Le mobed du Fars est parti et les adhérents de Mazdek, au comble de la joie, ont repris une nouvelle assurance. Toutes les résolutions que, désormais, nous prendrons à leur égard seront jus-

tifiées. Tuer Mazdek est chose facile, mais il a de nombreuses
épées à sa disposition; quand nous l'aurons mis à mort, ses partisans prendront la fuite et se disperseront; ils feront de la propagande parmi le peuple, s'installeront solidement quelque part,
et créeront de nombreux embarras à nous et au gouvernement.
Il faut donc trouver un moyen de les faire périr tous en une
seule fois, sans qu'aucun d'eux puisse demeurer vivant et échapper au tranchant de nos sabres. — Que faut-il faire? demanda
Qobad. — La mesure à laquelle il faut s'arrêter est celle-ci,
dit Nouchirevan : lorsque Mazdek, après être sorti du pyrée, se
présentera devant le roi, que celui-ci lui accorde une dignité
nouvelle, et le reçoive avec plus d'honneur qu'il ne lui en a jamais témoigné. Il devra avoir avec lui un entretien secret, dans
lequel il lui dira: Depuis le jour où le mobed du Fars s'est avoué
vaincu, Nouchirevan s'est grandement adouci; il a l'intention
d'embrasser tes doctrines et il témoigne du repentir de tout ce
qu'il a dit. »

A la fin de la semaine, Mazdek alla trouver Qobad qui le
reçut avec honneur, lui témoigna une extrême déférence et lui
parla de Nouchirevan, dans les termes que nous avons rap-
portés. « La plupart des hommes, ajouta-t-il, ont les yeux fixés
sur lui et les oreilles tendues de son côté, pour recevoir ses ordres ; lorsqu'il se sera converti à mes principes religieux, tout
le monde les adoptera. J'ai invoqué l'intercession du feu, pour
que Yezdan lui fasse la grâce d'adopter cette religion. — Tu as
bien fait, répondit Qobad, car il est mon héritier présomptif ;
il est l'objet de l'affection de l'armée et du peuple et, lorsqu'il
se sera converti, personne ne pourra invoquer de prétexte
pour ne pas suivre son exemple. Quant à moi, je ferai construire pour lui une haute tour au sommet de laquelle j'établirai
un pavillon doré, qui sera plus brillant que le soleil. Je suivrai
en cela l'exemple de Gouchtasp qui fit bâtir un kiosque pour
Zoroastre. — Donnez-lui ce conseil, reprit Mazdek, afin que je

puisse prier et faire des vœux pour lui, et j'ai le ferme espoir qu'ils seront exaucés par Yezdan. »

Lorsque la nuit fut venue, Qobad rendit compte à Nouchirevan de ce qui s'était passé. Nouchirevan se mit à rire et dit à son père : « Lorsque cette semaine se sera écoulée, que le roi fasse appeler Mazdek et lui tienne ce langage : Hier au soir, Nouchirevan a eu un songe qui l'a rempli d'effroi. Le lendemain matin, il est venu me trouver pour me dire : J'ai vu en rêve un grand feu qui se dirigeait vers moi. Je cherchais un refuge lorsqu'un être d'une grande beauté vint à ma rencontre. — Que me veut ce feu ? lui dis-je. — Le feu est irrité contre toi, me répondit-il, car tu l'as accusé de mensonge. — Qu'en sais-tu ? — Sourouch, répliqua-t-il, a connaissance de toute chose. — Je me réveillai alors. — Maintenant, continuera le roi, Nouchirevan a l'intention de se rendre au temple du feu et d'y porter du musc, de l'aloès et de l'ambre qu'il fera brûler, en servant le feu pendant trois jours et en célébrant les louanges de Yezdan. » Qobad rapporta toutes ces paroles à Mazdek, qui en ressentit la joie la plus vive. Une semaine se passa après cette conversation ; Nouchirevan dit alors à son père : « Rapporte à Mazdek les paroles suivantes. Nouchirevan m'a fait un aveu en ces termes : Je suis convaincu de la vérité de la religion de Mazdek et de la réalité de la mission que lui a donnée Yezdan, mais je crains que la plus grande partie du peuple ne lui soit opposée, ne se révolte contre nous et ne nous dépouille violemment du pouvoir. Plût à Dieu que je connusse le nombre de ceux qui ont embrassé ses doctrines et quels gens ils sont. S'ils sont forts et nombreux, je m'engagerai au milieu d'eux, sinon je patienterai jusqu'à ce qu'ils aient acquis le nombre et la force : je leur fournirai alors tout ce qui leur sera nécessaire en munitions et en armes et, disposant ainsi d'une grande puissance, je ferai profession publique de cette religion que nous imposerons au peuple par la violence et le tranchant de nos sabres. Si Mazdek te répond : Nous sommes devenus fort nombreux, dis-lui : Ouvre un registre et relève tous les noms afin qu'il n'y ait personne qui me demeure inconnu. »

Mazdek se conforma à cet avis et apporta à Qobad le registre demandé. Le nombre des sectateurs de Mazdek qui y fut relevé s'éleva à douze mille, tant civils que militaires. Qobad s'adressa à Mazdek : « J'appellerai ce soir Nouchirevan, lui dit-il, je lui présenterai ce registre, et le signal qui fera savoir que Nouchirevan a adopté ta religion, sera que je donnerai l'ordre de battre immédiatement le tambour et de faire sonner les trompettes. Cela t'apprendra que Nouchirevan a fait sa profession de foi. » Mazdek regagna sa demeure. Le soir, Qobad fit venir Nouchirevan et, après lui avoir présenté le registre, il lui dit : « Je suis convenu de tel signal avec Mazdek. — C'est parfaitement bien, répondit Nouchirevan, donnez l'ordre de battre du tambour et demain, lorsque vous verrez Mazdek, annoncez-lui que Nouchirevan s'est converti à sa foi et qu'après avoir vu le registre renfermant la liste de ses partisans, il a dit : S'il y en avait eu cinq mille, ce nombre n'aurait point été suffisant : maintenant que le chiffre de ses adhérents s'élève à douze mille, nous n'avons rien à craindre, quand bien même l'univers se lèverait contre nous. Tant que nous serons parfaitement unis, nous n'aurons rien à redouter. »

Lorsque la première veille de la nuit se fut écoulée, Mazdek exulta de joie en entendant le bruit des tambours et des trompettes. « Nouchirevan s'est converti », se dit-il. Le lendemain, il se rendit à la cour et Qobad lui répéta tout ce qu'avait dit Nouchirevan. Sa satisfaction en fut des plus vives et, à sa sortie de l'audience, Qobad appela Mazdek dans son appartement réservé où Nouchirevan vint les retrouver ; il offrit à Mazdek un grand nombre de bijoux en or et d'objets élégamment travaillés, et il le pria d'agréer ses excuses pour tout ce qui s'était passé. Toutes les mesures à prendre furent organisées et on s'arrêta à ce parti proposé par Nouchirevan : « Vous êtes, dit-il, le seigneur et maître du monde et Mazdek est le prophète de Dieu : donnez-moi autorité sur ses adhérents et bientôt il n'y aura personne dans le monde qui ne se soit converti. — Je t'accorde ce pouvoir, lui dit Qobad. — Le plan qu'il faut adopter, continua Nouchirevan, est celui-ci : Mazdek devra envoyer dans toutes les villes et toutes les provinces dont les habitants ont cru en lui, des gens qui leur diront que d'ici à trois mois, tel jour de telle semaine, tous ceux qui sont près ou loin devront se trouver réunis, afin que nous avisions à leur fournir des approvisionnements, à les équiper et à les armer, de telle façon que personne n'ignore la nature de nos occupations. Le jour où ils seront réunis, on dressera des tables pour un repas auquel tous prendront part, puis on les fera passer dans un autre palais où ils se livreront au plaisir du vin. Après leur en avoir fait vider sept coupes, on les divisera en troupes de cinquante et de vingt ; chacun d'eux recevra un vêtement, un cheval avec son équipement et des armes. Nous nous lèverons alors en masse et nous proclamerons le nouveau culte. Celui qui l'adoptera aura toute sécurité, mais nous mettrons à mort celui qui refusera d'y adhérer. — Ceci est parfaitement bien, dirent Qobad et Mazdek, et ils se levèrent après s'être mis d'accord. Mazdek expédia en tous lieux des lettres pour faire savoir à tous ceux qui se trouvaient éloignés ou rapprochés que, tel mois et tel jour, ils devraient se présenter à la cour pour y recevoir un vêtement, un équipement, des armes et un cheval ; car, disait-il, aujourd'hui tout tourne au gré de nos désirs et le prince marche à notre tête. Ces douze mille hommes arrivèrent au jour fixé et se rendirent au palais du roi. Ils y trouvèrent une nappe étendue, telle qu'on n'avait jamais vu la pareille. Qobad s'assit sur son trône, Mazdek prit place sur son siège et Nouchirevan, ayant ceint ses reins, se tenait au milieu des convives, pour indiquer qu'il était l'hôte qui les recevait. Mazdek était transporté de joie et Nouchirevan faisait mettre chacun à sa place.

Après que tous se furent assis et eurent pris part au repas, ils se rendirent de ce palais dans un autre, où ils virent des salles disposées pour une réunion bachique, telle qu'on n'en avait jamais vu.

Les musiciens firent entendre leurs chants qu'ils modulèrent sur les airs les plus agréables, et les échansons apportèrent le vin. Lorsque les coupes eurent circulé plusieurs fois, des esclaves et des valets se présentèrent au nombre de deux cents. Ils étaient porteurs de pièces de satin et de rouleaux d'une fine étoffe de lin. Ils se tinrent debout, pendant quelque temps, devant les convives, puis Nouchirevan leur dit : « Portez ces étoffes dans un autre palais, car il y a foule ici. » Les sectateurs de Mazdek devaient se rendre dans cet autre palais, par pelotons de vingt ou de trente, pour y recevoir et revêtir leurs habits, puis se retirer et attendre que tout le monde eut été mis en possession de ces vêtements.

Qobad et Mazdek devaient se rendre au Meïdan, y jeter les yeux et jouir de ce spectacle. On devait alors ouvrir les portes de ce palais et apporter les armes.

Nouchirevan avait précédemment envoyé des gens dans des villages, pour y requérir trois cents hommes qui, armés de pioches, devaient nettoyer les palais et les jardins. Lorsque ces hommes arrivèrent de la campagne, il les réunit dans le Meïdan, dont il ferma solidement les portes, et il leur dit : « Je veux, qu'aujourd'hui et la nuit prochaine, vous ayez creusé dans le Meïdan un grand nombre de fosses, ayant chacune une ou deux coudées de profondeur, et que vous laissiez auprès de chacune d'elles la terre que vous en aurez retirée. » Il ordonna ensuite aux portiers de consigner tous les gens qui auraient travaillé, et de veiller à ce qu'aucun d'eux ne pût sortir. Pendant la nuit, il donna des armes à quatre cents hommes qu'il fit cacher dans

le Meïdan et dans le palais. « Conduisez, dit-il, par pelotons
de vingt ou de trente, dans l'autre Meïdan, les hommes que je
vous enverrai de la salle où l'on se livre au plaisir du vin,
dépouillez-les de leurs vêtements, enterrez-les dans les fosses
jusqu'au nombril, la tête en bas et les pieds en l'air, et cou-
vrez-les solidement de terre. » Lorsque les officiers de la
garde-robe vinrent dans le premier palais, on y amena deux
cents chevaux dont les harnais étaient couverts d'or et d'argent, ainsi que les boucliers et les baudriers des sabres. Nouchirevan donna l'ordre de les emmener dans l'autre palais, ce
qui fut fait.

Il forma ensuite des pelotons de vingt et de trente personnes
qu'il expédia dans ce troisième palais ; on les faisait alors passer
dans cette place au Meïdan et là, on les précipitait la tête en bas
dans les fosses que l'on comblait de terre. Les partisans de
Mazdek périrent tous de la même façon. Nouchirevan se rendit
alors auprès de Mazdek et de son père. « J'ai fait donner à tous
ces gens, leur dit-il, un vêtement d'honneur et ils se tiennent
tous dans le Meïdan, couverts de superbes habits ; levez-vous,
venez jouir de ce spectacle, car personne n'a jamais vu plus belle
fête. » Qobad et Mazdek se levèrent, passèrent dans l'autre palais et se rendirent ensuite dans le Meïdan. Ils y virent, d'un bout
à l'autre, des pieds levés en l'air. Nouchirevan se tourna vers
Mazdek : « Les soldats dont tu es le chef, lui dit-il, ne pouvaient
avoir un plus beau costume ; tu es venu parmi nous pour détruire
nos richesses, exterminer nos personnes et ravir à notre famille
le pouvoir souverain. Attends ! ajouta-t-il, je vais te faire donner
aussi un vêtement d'honneur. » Nouchirevan avait fait élever,
au milieu du Meïdan, une haute estrade dans laquelle on avait
pratiqué une excavation ; on y précipita Mazdek la tête en bas et
on la remplit de terre. Il avait dit à Mazdek : « Promène tes regards sur tes sectateurs et contemple-les », et s'adressant à son
père : « Ceci est la décision prise par les sages », lui dit-il ; puis

il ajouta : « Il est de ton intérêt que, pendant quelque temps, tu demeures isolé dans ton palais, pour que l'apaisement se fasse dans le peuple et dans l'armée, car c'est la faiblesse de ton esprit qui a fait naître cette situation troublée. » Il confina donc son père dans son palais. Nouchirevan donna l'ordre que les villageois venus pour creuser les fosses fussent relâchés, que les portes du Meïdan fussent ouvertes, afin que les habitants de la ville et de la province ainsi que les soldats pussent se rendre compte de ce qui s'était passé.

Nouchirevan, après avoir emprisonné son père, convoqua les grands seigneurs et s'empara du pouvoir, après avoir connu leur décision. Il ouvrit les mains pour distribuer des dons et des largesses. On a recueilli le souvenir de ces événements, afin que les gens intelligents les lisent et en gardent la mémoire.

CHAPITRE XLVI

Revolte de Sinbad le Guèbre contre les musulmans.

Aucun partisan de Mazdek, jusqu'à l'époque de Haroun er-Rechid, ne perça dans le monde. Il était arrivé que la femme de Mazdek, Khourremèh, fille de Fadèh, avait réussi à s'enfuir de Medaïn avec deux personnes et s'était réfugiée dans la campagne de Rey. Elle fit là de la propagande, en invoquant le nom de son mari et elle réussit à attirer, dans son parti, un nombre considérable de gens auxquels on donna le nom de Khour-remdiny. Ils tenaient leurs croyances secrètes et cherchaient une occasion de se soulever et de manifester leurs opinions au grand jour.

Le khalife Abou Djafer Mançour mit à mort à Bagdad Abou Mouslim, le maître de la vocation, en l'année 138 de l'hégire du Prophète (755). Il y avait alors à Nichabour un Guèbre, nommé

Sinbad, qui y remplissait les fonctions d'administrateur des finances ; il avait été longtemps au service d'Abou Mouslim, avec lequel il avait entretenu des relations d'amitié. Celui-ci avait montré beaucoup de goût pour lui et l'avait élevé à la dignité de sipahsalar. A la nouvelle du meurtre d'Abou Mouslim, Sinbad se rendit de Nichabour à Rey et appela à lui les Guèbres de cette ville et ceux du Tabarestan. Il savait que les habitants du Kouhistan de l'Iraq étaient Rafizy, Ramestehy, ou sectateurs de Mazdek. Il prit donc la résolution de leur faire connaître ses doctrines et de les inviter à s'y rallier. Il massacra tout d'abord Abou Obeïdah el-Hanefy, gouverneur de Rey au nom du khalife Mançour, et il se rendit maître des trésors qu'Abou Mouslim avait déposés dans cette ville. Lorsqu'il se sentit assez fort, il fit publier qu'il allait venger le sang d'Abou Mouslim et il se donna comme son envoyé ; il annonça aux populations du Khorassan et de l'Iraq qu'Abou Mouslim n'était pas mort ; qu'Abou Djafer Mançour avait voulu le tuer, mais qu'au moment de succomber, il avait invoqué le nom suprême de Dieu et avait été changé en une colombe blanche qui, en s'envolant, avait échappé aux mains de Mançour. Abou Mouslim était, disait-il, en la compagnie du Mehdy, dans un château de cuivre et ils en devaient bientôt sortir tous les deux. Abou Mouslim précéderait le Mehdy dont Mazdek serait le vizir. « J'ai reçu à ce sujet, disait-il, une lettre d'Abou Mouslim. »

Lorsque ces propos se furent propagés, les Rafizy, les Qadary, les Mouaththils et les partisans de Mazdek vinrent se ranger en foule autour de Sinbad, et son parti devint tellement fort qu'il vit réunis, obéissant à ses ordres, cent mille cavaliers et gens de pied.

Lorsqu'il parlait aux Guèbres dans l'intimité, il leur disait : « Le règne des Arabes a pris fin, ainsi que le prédit un livre des Sassanides. Je ne renoncerai point à mon entreprise, tant que je n'aurai point détruit la Kaabah dont le culte a été substitué à celui du soleil, et nous prendrons, comme autrefois, cet astre pour qiblèh.» Il disait aux Khourremdiny : « Mazdek est devenu chiite et il nous enjoint de venger le sang d'Abou Mouslim.»

Le khalife Mançour fit, à plusieurs reprises, marcher contre eux des troupes commandées par des chefs énergiques : elles furent battues par Sinbad, et plusieurs généraux furent tués. Au bout de sept années de luttes [1], Mançour investit du commandement Djomhour, fils d'Aly, qui réunit les troupes du Khouzistan à celles du Fars et se rendit à Ispahan. Il y fit une levée en masse et agit de même à Qoum et à Adjlian-Kouh.

Il emmena tout ce monde avec lui et se présenta devant Rey, où il livra un combat qui dura, sans interruption, pendant trois jours et trois nuits. Le quatrième jour, Sinbad fut tué de la main de Djomhour et ses partisans se dispersèrent. Les Khourremdiny se confondirent avec les Guèbres et tinrent ensemble, dans la suite, des conciliabules secrets. Cette secte communiste prit chaque jour une plus grande extension.

Après la mort de Sinbad, Djomhour entra à Rey ; il massacra tous les Guèbres qu'il y trouva, s'empara de leurs maisons et emmena et garda en esclavage leurs femmes et leurs enfants.

CHAPITRE XLVII

Apparition des Qarmathes et des Bathiniens dans le Kouhistan de l'Iraq et dans le Khorassan.

Voici quelle fut l'origine de la secte des Qarmathes et des Bathiniens. Djafer Sadiq eut un fils nommé Ismayl. Celui-ci mourut avant lui, en laissant un enfant, appelé Mohammed, qui

---

1. La révolte de Sinbad ne dura pas sept années. Le récit de ce soulèvement est donné dans l'Appendice.

vécut jusqu'au temps de Haroun er-Rechid; un membre de la famille de Zobéir dénonça Djafer au khalife, en disant qu'il faisait de la propagande, nourrissait des projets de révolte et aspirait au khalifat. Haroun fit venir Djafer à Bagdad et ne cessa de se méfier de lui.

Mohammed, petit-fils de Djafer, avait un serviteur originaire du Hedjaz, nommé Moubarek, qui écrivait, avec beaucoup de talent, les lettres déliées qu'on appelle *mouqarmath*. Ce talent lui fit donner le surnom de Qarmathouièh sous lequel il était connu. Un individu d'Ahwaz, nommé Abdallah, fils de Meïmoun el-Qaddah (l'oculiste), se lia avec Moubarek et lui dit un jour en secret : « Ton maître Mohammed, fils d'Ismayl, était mon ami et il m'a confié ses secrets. » Moubarek se laissa séduire et manifesta un vif désir de les connaître. Abdallah, fils de Meïmoun, exigea de lui le secret le plus absolu et le serment de ne révéler les choses qu'il lui dirait qu'à des personnes dignes de les entendre. Il lui adressa alors des discours obscurs, dans un langage mélangé de mots étrangers, et il lui tint des propos empruntés aux imams, aux matérialistes et aux libres-penseurs. La plupart avaient trait au Prophète, aux anges, à la tablette céleste, au qalem, au trône de Dieu et au ciel qui s'étend au-dessus de ce trône. Puis il se sépara de Moubarek qui se rendit à Koufah; quant à lui, il gagna le Kouhistan de l'Iraq.

A cette époque, les chiites étaient persécutés à cause de Moussa ibn Kazim qui avait été jeté en prison. Moubarek fit en secret de la propagande et recruta des adhérents dans la campagne de Koufah. Ses partisans furent appelés par les uns, Moubarcky et par les autres, Qarmathy.

Abdallah, fils de Meïmoun, prêcha ses doctrines dans le Kouhistan de l'Iraq; il était passé maître dans l'art de la magie blanche et il faisait des tours de sorcellerie. Mohammed ibn Zekeria l'a cité dans son ouvrage, intitulé *Mekhariq oul-enbia* (les tours merveilleux des prophètes), et il le met au rang des plus célèbres bateleurs.

Abdallah désigna ensuite, pour son lieutenant, un individu nommé Khalef. « Rends-toi, lui dit-il, à Rey, à Qoum, à Kachan, à Abèh, et gagne le Tabarestan et le Mazandéran. Les chiites et les hérétiques y sont nombreux ; invite-les à adopter nos doctrines et, s'ils répondent à notre appel, tu acquerras bientôt une haute situation. » Abdallah, ayant alors conçu des craintes pour sa sûreté personnelle, se réfugia à Basrah.

Khalef, de son côté, se rendit à Rey et s'établit aux environs de cette ville, dans le canton de Nichabouièh, dans le village de Goulben. Il se logea dans la maison d'un maître frangier, qui y exerçait son industrie et chez lequel il demeura pendant quelque temps, sans oser révéler ses doctrines à son hôte. Il se rendit maître, au prix de mille efforts, de l'esprit d'un individu auquel il commença à les dévoiler ; il les présenta comme étant celles de la famille du Prophète et lui recommanda de les tenir secrètes, jusqu'à l'apparition du Mehdy. « Il sera possible alors, disait-il, de les professer publiquement. Sa venue est prochaine et sera manifestée ; aujourd'hui il faut vous instruire, afin que, lorsque vous le verrez, vous ayez connaissance de ses commandements. » Les habitants de cette localité commencèrent à se faire instruire. Un jour, le chef du village, en se rendant à un endroit, entendit une voix s'élever d'une mosquée en ruines ; il y trouva Khalef occupé à initier un individu. A son retour, il dit aux habitants : « O hommes ! ne vous laissez pas prendre dans ses filets. Ne vous groupez pas autour de lui ! Ce qui a frappé mes oreilles me fait craindre que le village ne soit sous son influence. Je lui ai entendu dire : Une porte en dedans de laquelle sera la miséricorde et le supplice au dehors [1]. »

---

1. *Qoran*, ch. LVII, v. 13.

Ce Khalef avait un défaut dans la langue qui l'empêchait de parler haut et distinctement. Se voyant découvert, il s'enfuit du village de Goulben à Rey, ensuite à Merv, où il mourut. Les habitants du village étant devenus ses prosélytes, il avait désigné, pour lui succéder, son fils Ahmed qui suivait les mêmes errements que lui.

Celui-ci réussit à convertir un individu, nommé Ghiath, qui était versé dans la connaissance de la littérature et des sciences grammaticales. Il en fit son lieutenant pour le seconder dans sa propagande.

Ce Ghiath orna les principes fondamentaux de la secte de citations de versets du Qoran, de traditions du Prophète, de proverbes des Arabes, de morceaux de poésie et d'anecdotes. Il publia, sous le titre d'*El-Beian* (la démonstration), un ouvrage dans lequel il donna l'explication du sens que l'on doit attribuer à la prière, au jeûne, à la purification, au zekat et il disposa les termes de la loi religieuse, comme on le fait dans un vocabulaire. Il eut, ensuite, des colloques avec les sunnites et fit répandre le bruit qu'un controversiste venait de se manifester aux yeux du public, qu'il s'appelait Ghiath, annonçait une bonne nouvelle et instruisait le peuple selon les nouvelles doctrines. Les habitants des villes témoignèrent de l'inclination pour elles et les adoptèrent. Ceux qui les embrassaient étaient appelés par les uns, Khalefy, par les autres, Bathiny. C'est en l'année 200 de l'hégire (815) que cette secte se manifesta au grand jour.

En cette année eut lieu, en Syrie, la rébellion d'un individu auquel on avait donné le nom de Sahib el-Khal (l'homme au grain de beauté). Il se rendit maître de la plus grande partie de cette contrée.

Quant à Ghiath, dont nous venons de parler, il prit la fuite, se rendit dans le Khorassan et fixa sa résidence à Merv er-Roud, où il entreprit la conversion de l'émir Housseïn, fils d'Aly el-Mervezy,

et réussit à lui inculquer ses principes. Cet émir Housseïn jouissait d'une grande autorité dans le Khorassan, particulièrement
à Thaliqan, à Meimènèh, à Hérat, dans le Ghardjestan et dans le
Ghour; il fit embrasser, par la population de ces provinces, les
idées auxquelles il s'était rallié. Ghiath établit à Merv er-Roud
un *alter ego*, pour y faire de la propagande; quant à lui, il
retourna à Rey où il s'occupa à recruter des adhérents : il prit
pour lieutenant un individu de Nichabour, nommé Bou Hatim
Maarouf, qui avait une connaissance étendue de la poésie et des
récits historiques des Arabes. Comme il avait été dans le Khorassan, il avait promis qu'au bout de peu de temps, dans une
année qu'il désigna, on verrait paraître le Mehdy; les Qarmathes attendirent l'accomplissement de cette promesse. Les sunnites, de leur côté, furent informés du retour de Ghiath et de ses
efforts pour obtenir des conversions. Il arriva que l'époque fixée
pour l'apparition du Mehdy fut dépassée; Ghiath fut taxé de
mensonge; les chiites se soulevèrent contre lui, l'accablèrent
de critiques et se séparèrent de lui. Il s'enfuit et personne n'eut
plus de ses nouvelles.

Plus tard, un certain nombre de gens se réunirent dans la
ville de Rey, se groupèrent autour d'un petit-fils de Khalef et
vécurent sous sa direction. Lorsqu'il mourut, on lui donna pour
successeur son fils, nommé Bou Djafer Maarouf. Atteint d'hy-
pocondrie, il choisit pour son substitut Bou Hatim le Bathinien.
Lorsque Bou Djafer eut recouvré la santé, Bou Hatim lui enleva
la direction de la secte et ne tint aucun compte de lui. L'autorité religieuse échappa à la famille de Khalef et Bou Hatim envoya des missionnaires dans toutes les provinces, telles que le
Tabarestan, le district d'Ispahan et l'Azerbaïdjan et il invita les
populations à embrasser ses doctrines. L'émir de Rey, Ahmed
ibn Aly, les adopta et devint bathinien.

Il arriva ensuite que les gens du Deïlem se soulevèrent contre
les Alides du Tabarestan. « Vous êtes des novateurs, leur

disaient-ils; vous arguez que la science est sortie de votre famille. La science est une chose universelle qui ne peut disparaître. Si vous étudiez, vous apprendrez et si une personne qui nous est étrangère étudie, elle apprendra et saura ainsi que la science ne se transmet pas par héritage. Le Dieu très-haut et très-honoré a envoyé, au même titre, le Prophète, sur qui soit le salut, à tous les peuples et il n'a point fait choix, parmi tous les hommes, d'une nation particulière. Il est évident pour nous que vous proférez des mensonges. » L'émir du Tabarestan appuyait les Alides ; ceux-ci se révoltèrent aussi contre lui. Les Deïlémites alléguèrent qu'ils avaient fait venir de Bagdad et des villes du Khorassan un fetva et un mémoire, établissant que les Alides professaient des opinions religieuses qui n'étaient pas dépourvues d'erreurs, et ne se conformaient point aux commandements de Dieu et du Prophète. « Pour nous qui sommes des montagnards et des gens habitant les forêts, répondaient ceux-ci, nous n'avons qu'une connaissance superficielle de la loi religieuse. »

Il advint que, dans ces conjonctures, Bou Hatim le Bathinien se rendit de Rey dans le Tabarestan, puis il gagna le Deïlem. Le prince qui gouvernait le Tabarestan, à cette époque, était Chervin, fils de Verdavendy. Bou Hatim, qui s'unit à lui, dépeignait les Alides sous les plus affreuses couleurs et ne cessait de les poursuivre de ses calomnies; il disait qu'ils n'avaient aucune croyance religieuse et qu'ils appartenaient à une secte détestable. « Dans peu de temps, disait-il, on verra paraître un imam dans le Deïlem. Je connais ses doctrines et ses opinions. » Les Deïlemites montrèrent un certain empressement à adopter ses idées. A l'époque de Merdavidj, les habitants du Deïlem et du Guilan se mirent sous la gouttière pour éviter [la pluie. Ils acceptèrent ces funestes innovations et vécurent pendant quelque temps sous la direction de Bou Hatim. Lorsque l'époque prédite pour l'apparition du Mehdy fut passée, ces gens se

18

dirent : « Cette croyance n'a aucun fondement ; on peut sup-
poser qu'elle est celle de Mazdek. » Ils abandonnèrent donc Bou
Hatim et, revenus à leur ancienne foi pour la famille du Prophète, ils voulurent le mettre à mort. Bou Hatim s'enfuit et,
après sa mort, la situation de ses partisans s'affaiblit ; beaucoup d'entre eux renoncèrent à leurs croyances et abjurèrent
leurs erreurs. Pendant quelque temps, le trouble régna parmi
les chiites qui se réunissaient en secret. A la fin, la direction
de leur secte échut à deux personnes : l'une d'elles était Abdallah Kaukeby et l'autre Ishaq, qui avait établi sa résidence
dans la ville de Rey.

*Apparition des Bathiniens dans le Khorassan et dans le Ma-vera-
oun-nehr.*

Housseïn, fils d'Aly el-Mervezy, que Ghiath avait converti à
ses doctrines pendant son séjour dans le Khorassan, confia, au
moment de mourir, le soin de les propager à Mohammed ibn
Ahmed Nakhcheby ; il en fit son substitut. Ce Mohammed était
un des libres-penseurs du Khorassan et il maniait fort habilement
la parole. Housseïn, fils d'Aly, lui recommanda de tout mettre
en œuvre pour établir un lieutenant dans le Khorassan, et quant
à lui, de franchir le Djihoun et de se rendre à Boukhara et à Samarqand, afin de faire adopter, par la population de ces provinces, les croyances des Bathiniens. Il lui recommanda également de faire tous ses efforts pour convertir quelques-uns des
grands personnages de la cour de l'émir Naçr, fils d'Ahmed.
Mohammed ibn Ahmed Nakhcheby recueillit donc la succession
de Housseïn, fils d'Aly el-Mervezy ; il appela à lui et convertit
un grand nombre d'habitants du Khorassan.

Il y avait alors à Merv er-Roud un individu, appelé le fils
de Sevarèh, qui, s'étant enfui de Rey, s'était retiré auprès
de Housseïn, fils d'Aly. Il était l'un des chefs des Bathiniens.

Mohammed Nakhcheby en fit son suppléant et lui-même passa le Djihoun et se dirigea vers Boukhara. Il n'y eut aucun succès et il se rendit à Nakhcheb, où il convertit Bou Bekr Nakhcheby, commensal de l'émir du Khorassan; il fit adopter ses doctrines à Abou Bekr Ba Achath, secrétaire intime de ce prince, et qui avait le rang d'un de ses commensaux, et il en fut de même pour l'inspecteur général, Bou Mançour Tchaghany, qui avait épousé la sœur d'Achath. Aytach, le chambellan particulier de l'émir, qui avait des relations d'amitié avec ces personnages, suivit leur exemple. Ceux-ci dirent ensuite à Mohammed Nakhcheby : « Il est inutile que tu demeures à Nakhcheb. Pars et rends-toi à la cour de Boukhara et nous agirons de telle sorte que ta situation s'y élèvera jusqu'au ciel, et que tes opinions seront adoptées par des personnages considérables. » Mohammed Nakhcheby partit donc et gagna Boukhara. Il y fréquenta les gens haut placés dont nous venons de parler et les endoctrina. Il détourna de leurs croyances les sunnites et les amena par degrés à celles des chiites, à tel point que le reïs de Boukhara, le percepteur de l'impôt, le Dèhqan et les gens du bazar embrassèrent ses idées, ainsi que Housseïn Melik, un des officiers du service particulier du prince, le gouverneur d'Aylaq et Zerad. Le plus grand nombre des personnes, que nous venons de citer, étaient des grands seigneurs et des gens jouissant de la confiance du souverain. Lorsque le nombre de ses partisans fut considérable, il résolut d'entreprendre la conversion de l'émir et il persuada, à tous ceux qui étaient admis dans son intimité, de faire son éloge dans toutes les circonstances qui se présenteraient. Ils parlèrent si souvent de lui et se constituèrent si bien ses agents que l'émir Naçr éprouva le désir de le voir. Mohammed Nakhcheby fut donc introduit auprès de l'émir du Khorassan, car on l'avait entretenu de ses connaissances dans les termes les plus flatteurs.

L'émir du Khorassan se laissa fasciner et lui témoigna les

plus grandes attentions. Chaque fois qu'il s'adressait au prince, tous les courtisans approuvaient toutes ses paroles et toutes les explications qu'il donnait. Chaque jour, Naçr, fils d'Ahmed, lui témoignait plus d'égards et accueillait favorablement toutes ses idées. Il acquit sur son esprit un tel pouvoir que celui-ci faisait tout ce qu'il lui disait.

La position de Nakhcheby devint telle qu'il put se livrer publiquement à sa propagande. Les Turcs éprouvèrent un vif déplaisir en apprenant que l'émir était devenu qarmathe. Les docteurs de la loi de Boukhara se réunirent, se rendirent auprès des officiers et des soldats et leur dirent : « Revenez à vous, car l'islamisme a été anéanti. — Retournez chez vous, leur répondirent les officiers, car cette affaire recevra une bonne solution. »

Le lendemain, ils allèrent parler au prince, mais leur entrevue n'amena aucun résultat. Une discussion s'ensuivit et les officiers tombèrent d'accord sur ce point qu'il fallait dire au grand sipahsalar : « Nous ne voulons point d'un souverain infidèle; toi, qui es le général en chef, empare-toi du pouvoir et nous te suivrons. » Le grand sipahsalar accepta cette proposition, pour le salut de la religion et pour satisfaire en même temps son ambition. « Il faut, leur dit-il, nous réunir quelque part et nous mettre d'accord sur la manière dont nous entamerons cette affaire, sans que le prince en ait connaissance. » Parmi les chefs de l'armée se trouvait un vieil officier, nommé Thouloun Ouka. « Voici, dit-il, les mesures auxquelles il faut s'arrêter dans les circonstances actuelles : il faut que toi, qui es le général en chef, tu dises à l'émir : Les principaux officiers désirent que je leur offre un festin. Le prince ne te dira pas de refuser. Il te dira : Donne ce banquet si tu as tout ce qui t'est nécessaire. Réponds lui : J'ai tout ce qu'il me faut en fait de mets et de boissons, mais la vaisselle, les meubles de luxe, les vases d'or et d'argent et les tapis me font défaut. Le prince te dira alors : Emprunte-les au trésor, à l'échansonnerie et au garde-meuble. Tu devras ajouter,

afin de détourner tout soupçon : Ce banquet sera donné à la condition que les convives, après avoir fait leurs préparatifs pour
la guerre sainte, m'accompagneront à Belassagoun [1], car les
Turcs infidèles se sont emparés de ce pays et les plaintes des
opprimés ont dépassé toute limite. Occupe-toi alors des détails
de ton festin, fixes-en le jour, donne rendez-vous aux officiers
et dis-leur : Soyez, tel jour, exacts au rendez-vous. Transporte
alors dans ta demeure tout ce que le trésor renferme d'objets d'or
et d'argent et, lorsque tous les invités se seront rendus chez toi,
ferme les portes, en prétextant l'encombrement et la foule, introduis les grands personnages dans une pièce réservée, en leur
disant qu'ils vont boire du djulab, et fais savoir publiquement que
ceux qui sont la racine, seront avec toi et ceux qui sont les
branches, ne seront point avec toi. Lorsqu'ils nous entendront
dire ce seul mot, ils se mettront d'accord avec nous et embras-
seront notre parti. Tous prêteront serment, te jureront fidélité
et te reconnaîtront pour souverain. Nous sortirons alors de
l'appartement réservé, nous prendrons part au repas, puis nous
formerons une réunion pour nous livrer au plaisir du vin :
chacun de nous videra trois ou quatre coupes, puis après avoir
abandonné aux officiers les objets en or et en argent, ainsi
que les tapis et les meubles, nous sortirons, nous déposé-
rons l'émir, nous parcourrons les villes et les campagnes, nous
massacrerons les Qarmathes, partout où nous les rencontrerons
et nous te placerons sur le trône. — Voilà ce que nous devons
faire », répondit le grand sipahsalar.

Le lendemain, celui-ci dit à Naçr, fils d'Ahmed : « Les officiers
de l'armée désirent que je leur offre un banquet. — Donne-le,
si tu as tout ce qu'il te faut, répondit Naçr. — J'ai tout ce qui
m'est nécessaire en fait de mets et de boissons, mais la vaisselle et les tapis me manquent, ajouta le sipahsalar. — Prends

---

1. Belassagoun était une ville fortifiée, située sur la frontière du Turkestan,
non loin de Kachgar et sur la rive droite du Sihoun.

dans le trésor, répartit Naçr, fils d'Ahmed, tout ce dont tu auras besoin. »

Le sipahsalar remercia et fit porter chez lui, avec les tapis et la vaisselle, tout ce qui se trouva dans le trésor et l'échansonnerie, en fait d'objets d'or et d'argent ; il fit faire des provisions pour un festin tel qu'on n'avait jamais vu le pareil à cette époque, et il invita tous les chefs de l'armée avec leurs gardes et leurs suivants.

Lorsqu'ils furent arrivés, il fit fermer la porte et entrer les grands personnages et les officiers dans une chambre réservée, où il leur fit prêter serment et où ils lui jurèrent fidélité ; puis ils sortirent et s'assirent autour de la nappe.

Un homme réussit à s'échapper de la maison en s'élançant du haut de la terrasse. Il alla prévenir Nouh, fils de Naçr, de ce que faisaient, en ce moment, les officiers de l'armée. Nouh sauta à cheval et se rendit en toute hâte au palais de son père : « N'as-tu point appris, lui dit-il, que les chefs de l'armée se sont engagés par serment vis-à-vis du sipahsalar, et qu'ils lui ont juré fidélité. Ils doivent, après le festin et après avoir vidé trois coupes de vin, mettre au pillage tout ce qui a été emprunté à ton trésor ; puis, après leur sortie de la demeure du sipahsalar, ils assailliront notre palais et te mettront à mort, toi, moi et tous ceux qu'ils rencontreront. Ce festin n'a d'autre but que celui de consommer notre perte. — Quelle mesure devons-nous prendre dans cette conjoncture? demanda Naçr.—Voici, répartit Nouh, ce qu'il y a à faire. Envoie dès maintenant, avant que l'on ait pris place au banquet et qu'on ait commencé à se livrer au plaisir du vin, un eunuque qui dira à l'oreille du sipahsalar : Le prince te fait dire ceci : Tu as déployé aujourd'hui le plus grand luxe et tu as offert une hospitalité magnifique ; je possède les vases nécessaires à un service à vin, ils sont en or et enrichis de pierreries ; ils étaient déposés dans un endroit autre que le trésor ; hâte-toi de venir à l'instant auprès de moi, afin que je puisse te les remettre, avant que tes hôtes ne se mettent à boire le vin. Le sipahsalar viendra promptement ici, dans l'espoir de posséder ces objets précieux. A peine arrivé, nous lui trancherons la tête et je ferai savoir alors ce qu'il conviendra de faire. » Naçr fit partir, au moment même, deux eunuques chargés de transmettre ce message. Les convives prenaient encore part au banquet du sipahsalar. Celui-ci communiqua à une ou deux personnes l'avis qui lui était donné. « Rends-toi au palais, lui dirent-elles, rapporte ce service, car aujourd'hui, tout cela est profit pour nous. » Le sipahsalar courut en toute hâte au palais de l'émir; on l'introduisit dans une chambre secrète et l'ordre fut donné de lui couper la tête et de la mettre dans un sac. Nouh dit alors à son père : « Lève-toi, allons au palais du grand sipahsalar et portons-y ce sac. Tu abdiqueras en présence des grands et tu me constitueras ton héritier, afin que je puisse leur tenir tête et faire en sorte que le pouvoir souverain demeure dans notre maison, car tous ces officiers ne seront point d'accord. » Naçr et son fils montèrent donc à cheval et se dirigèrent vers le palais du sipahsalar. En les voyant franchir la porte, les officiers se levèrent et se portèrent à leur rencontre. Tout le monde ignorait ce qui se passait. L'émir, se disait-on, a probablement manifesté le désir d'assister à ce banquet. Naçr, fils d'Ahmed, s'avança et prit place ; les écuyers, chargés de ses armes, se rangèrent derrière lui et Nouh s'assit à sa droite. « Asseyez-vous, dit-il aux officiers et achevez votre repas, puis abandonnez la table au pillage. » Lorsque le banquet eut pris fin, que les reliefs eurent disparu, Naçr, fils d'Ahmed, leur adressa la parole en ces termes: « Sachez que je suis au courant de toute votre conduite : lorsque j'ai appris l'attentat que vous méditiez, mon cœur s'est détourné de vous. Désormais, vous ne m'inspirez aucune sécurité et je ne vous en inspire aucune. Si j'ai dévié de la voie droite, si j'ai adopté des croyances perverses et si cette faute m'a valu votre inimitié, Nouh n'a eu,

dans ces circonstances, aucune défaillance. — Certainement
non, s'écria-t-on avec unanimité. — Désormais, reprit Naçr,
Nouh sera votre souverain; je l'ai constitué l'héritier qui doit
me succéder. Je veux, si j'ai bien ou mal fait, être occupé désormais à implorer le pardon de mes fautes, à faire acte de
contrition et à faire tous mes efforts pour que Dieu m'accorde
la remise de mes péchés. Quant à celui qui vous a incité à agir
comme vous l'avez fait, il a déjà reçu sa punition », et il ordonna que l'on tirât du sac la tête du sipahsalar et qu'on la jetât
devant l'assemblée. Il descendit alors de son siège et alla s'asseoir sur un tapis de prière. Nouh, de son côté, se dirigea vers
le trône et y prit la place de son père. Témoins de ce spectacle
et entendant ces paroles, les chefs de l'armée ne purent invoquer ni prétexte, ni excuse. Ils se prosternèrent sans exception devant Nouh, lui firent agréer leurs félicitations et tous
imputèrent ce crime au sipahsalar. « Nous sommes tous vos
esclaves, s'écrièrent-ils, nous obéirons à vos ordres. — Sachez,
leur dit alors Nouh, que tout ce qui vient de se passer, à quelque titre que ce soit, est passé. Je tiens pour bonnes actions
toutes les fautes que vous avez commises; vous avez obtenu de
moi tout ce que vous désiriez, obéissez donc à mes ordres et
soyez heureux de vivre. »

Nouh fit apporter ensuite des chaînes et les fit river aux
pieds de son père, que l'on conduisit sur-le-champ au Kouhendiz où il fut emprisonné. « Levez-vous, dit alors Nouh aux officiers, et rendez-vous dans la salle où l'on boira le vin. Lorsqu'ils
eurent pris place et que chacun eut vidé trois coupes, il ajouta
ces mots : « Vous vous étiez faussement imaginés qu'après avoir
bu trois coupes de vin, vous pourriez piller tout ce qui est
dans cette salle. Je ne vous donnerai point l'ordre de faire
main basse sur tous ces objets, mais je vous en fais cadeau ;
enlevez-les et partagez-les également entre vous. » Les officiers
se jetèrent sur tout ce qui se trouvait dans la salle ; ils en em-

plirent un sac qui fut scellé et confié à une personne sûre. L'émir Nouh leur dit ensuite : « Si le sipahsalar a conçu de coupables pensées, il en a été puni ; si mon père a dévié du droit chemin, il en a été châtié. Vous vous étiez accordés sur ce point qu'à la suite de votre festin, vous vous dirigeriez sur Belassagoun pour combattre les infidèles turcs. Nous avons à faire chez nous une expédition contre les mécréants. Marchons contre eux et exterminons tous ceux qui, dans le Ma-vera-ounnehr et dans le Khorassan, sont devenus des impies et font partie de la secte à laquelle mon père était affilié. Partout où nous rencontrerons un infidèle, ou un sectateur de Mazdek, nous les massacrerons jusqu'au dernier, et leurs biens et leurs richesses seront notre partage. Je vous ai fait don de ce qui se trouvait dans cette salle, en fait d'objets d'or et d'argent : demain, je vous ferai distribuer ce que renferme le trésor, car tout ce qui appartient aux Bathiniens ne peut qu'être livré au pillage. Lorsque nous aurons terminé cette expédition à l'intérieur, nous nous tournerons contre les Turcs. Je veux que vous fassiez périr Mohammed Nakhcheby et les commensaux de mon père. Parcourez donc la ville et ses environs. » Mohammed Nakhcheby, le day et tous les commensaux de l'émir Naçr furent massacrés, ainsi que tous ceux qui faisaient profession de communisme.

Le même jour, un émir fut envoyé à Merv er-Roud avec un fort corps de troupes, pour s'emparer du fils de Sevarèh et le mettre à mort ; il devait faire subir le même sort à tous les missionnaires des Bathiniens, partout où on les découvrirait. L'émir Nouh ajouta : « Faites attention ! je vous recommande de ne point tuer un musulman de propos délibéré ; si le fait vient à se produire, j'appliquerai la loi du talion. » On se livra à des recherches jour et nuit et on ne fit périr les hérétiques qu'à bon escient. Leur propagande prit fin dans le Khorassan et le Ma-vera-ounnehr, et leur secte ne subsista qu'à l'état de société secrète.

Apparition des Bathiniens dans la Syrie et dans le Maghreb.

Nous arrivons au récit des événements de Syrie. Le fils d'Abdallah ibn Meïmoun, qui portait le nom d'Ahmed, partit pour
Basrah avec son père qui se livra, dans cette ville, à une propagande secrète. Il y vécut et y mourut. Ahmed gagna alors la
Syrie et se rendit de cette contrée dans le Maghreb, où il fut
parfaitement reçu et où ses doctrines furent favorablement ac-
cueillies. Il revint ensuite en Syrie et se fixa dans la ville de
Selimyèh. On dit qu'il lui naquit, dans cette ville, un fils qui
reçut le nom de Mohammed. Lorsque Ahmed mourut, son enfant
était en bas âge. Son frère Saïd fut son successeur; il se rendit
dans le Maghreb, où il changea de nom et prit celui d'Abdallah
ibn el-Housseïn. Il envoya chez les Benou Aghleb et dans les
pays occupés par eux un individu, nommé Bou Abdallah Mouhtessib. Celui-ci fit de la propagande parmi les populations de
ces contrées qui, pour la plupart, habitent le désert. Le nombre
de ses adhérents augmenta dans une proportion considérable :
« Désormais, leur dit-il, que le sabre soit votre moyen d'action et
tuez quiconque ne se ralliera pas à vos croyances. » Obéissant à
ses excitations, les Benou Aghleb se réunirent en grand nombre,
fondirent sur les campagnes, attaquèrent les villes, les mirent
au pillage et en massacrèrent les habitants; ils s'emparèrent
d'un grand nombre de cités et devinrent les maîtres de la plus
grande partie du Maghreb. Un sunnite, nommé Aly, fils de
Vèhssoudan du Deïlem, qui était le général en chef, fut envoyé à
l'improviste, avec l'armée de Syrie, pour combattre Bou Abdallah Mouhtessib. Celui-ci prit la fuite et un nombre considérable
des Benou Aghleb perdirent la vie ou se dispersèrent. Bou
Abdallah se réfugia dans une ville où il jeta sur ses épaules le
theïlessan, à la manière des dévots, et il vécut au milieu des habitants qui le traitèrent avec égards.

En cette année, parut en Syrie un homme, appelé Zikrouièh Sahib el-Khal (au grain de beauté). Il se rendit maître de la plus grande partie de cette contrée, puis il alla se fixer dans le pays des Benou Aghleb, dont il fit sa patrie. Les Benou Aghleb lui payaient l'impôt légal. A sa mort, son fils lui succéda et cette règle de succession se maintint.

Apparition des Qarmathes et des partisans de Mazdek dans la province de Hérat et dans le Ghour.

En l'année 295(907) de l'hégire, Mohammed ibn Harthamah fit savoir à l'émir Adil (Ismayl) le Samanide qu'un individu, nommé Bou Bilal, venait de paraître au bas du versant des montagnes du Ghour et du Ghardjestan ; des gens de toute espèce s'étaient réunis autour de lui. Il se qualifiait de Dar el-Adl (demeure de la justice) et un nombre considérable d'habitants de la banlieue de Hérat et des environs s'étaient ralliés à lui et lui avaient juré fidélité : ses adhérents étaient au nombre de plus de dix mille, « Si on néglige cette affaire, ajoutait Mohammed ibn Harthamah, les partisans de Bou Bilal devenant plus nombreux, il sera plus difficile d'en venir à bout. On dit que ce Bou Bilal est un des intimes de Yaqoub ibn Leïs et qu'il fait, en son lieu et place, de la propagande au profit des hérétiques. » Informé de ces faits, l'émir Adil s'écria : « Je sais que le sang de Bou Bilal est en ébullition. » Il donna l'ordre à Zikry, son chambellan, de choisir cinq cents ghoulams turcs d'un courage éprouvé : « Fais-leur distribuer de l'argent, lui dit-il, et confie le commandement à Bighich qui est un ghoulam intelligent, fais-leur remettre dix mille dirhems et fais charger cinq cents cuirasses sur des chameaux. Rends-toi demain avec cette troupe à Djouy-Moulian, afin que je puisse les passer en revue avant leur départ. »

Le chambellan Zikry exécuta ses ordre. L'émir Ismayl écrivit une lettre à Bou Aly el-Mervezy, pour lui enjoindre de payer

ses soldats et de sortir de la ville de Merv, avant que les ghoulams n'y fussent arrivés et ne l'eussent rejoint, ainsi que Mohammed ibn Harthamah. Il manda aussi à ce dernier de se tenir
prêt, de sortir de Hérat, afin que Bou Aly et Bighich pussent
faire sa jonction avec lui.

« Si tu es victorieux, dit l'émir Ismayl à Bighich, je t'accorderai un gouvernement » ; puis il ajouta, en s'adressant aux ghoulams : « Cette guerre ne ressemble pas à celle d'Aly Cherwin, ni
à celle d'Amr, fils de Leïs, ni à celle de Mohammed Herewy
qui avaient des troupes nombreuses et disposaient de munitions
considérables. J'ai, dans cette conjoncture, une confiance absolue en vous. Les hérétiques se sont montrés dans les vallées qui
s'étendent au pied des montagnes de Hérat, et ils professent au
grand jour les doctrines des Kharidjy et celles des Qarmathes.
La plupart d'entre eux sont des bergers et des laboureurs. Quand
vous reviendrez vainqueurs, je vous ferai don de vêtements
d'honneur, je vous accorderai des gratifications. » Il désigna un
intendant pour veiller à leurs besoins matériels.

Lorsque Bighich arriva à Merv er-Roud, Bou Aly fit immédiatement sa jonction avec lui ; ils coupèrent toutes les routes, afin
que les Kharidjy ne fussent point informés de leurs mouvements. Lorsqu'ils s'approchèrent de Hérat, Mohammed ibn Harthamah en sortit avec ses troupes, et tous interceptèrent les
chemins, afin que Bou Bilal ne pût savoir ce qu'ils faisaient, puis
ils entrèrent dans les montagnes et, après avoir employé trois
jours à franchir péniblement des défilés, ils atteignirent les ennemis, les enveloppèrent à l'improviste et les exterminèrent
jusqu'au dernier. Bou Bilal, Hamdan et dix autres de leurs
chefs furent faits prisonniers.

Les vainqueurs revinrent dans leurs foyers, après une expédition qui avait duré soixante-dix jours. Bou Bilal, enfermé dans
le Kouhendiz, y demeura prisonnier jusqu'à sa mort. Les autres
chefs, envoyés dans différentes villes, y furent attachés au gibet

et, pendant quelque temps, on n'entendit parler de cette secte
ni dans le Ghour, ni dans le Ghardjestan. L'émir Ismayl mourut en cette même année et Ahmed[1], son fils, lui succéda.
Nous avons parlé de ce prince précédemment.

Révolte suscitée par Aly ibn Mohammed Borqouy dans le
Khouzistan et à Basrah, avec l'aide des Zendjs.

En l'année 255 de l'hégire (868), Borqouy se révolta dans
l'Ahwaz et à Basrah. Cette sédition dura pendant de longues
années. Borqouy avait séduit les Zendjs par sa propagande et
par les promesses qu'il leur avait prodiguées. La sédition éclata
le jour qui fut convenu et les Zendjs, ayant fait cause commune
avec Borqouy, s'emparèrent tout d'abord d'Ahwaz et de Basrah,
ainsi que de tout le Khouzistan. Ils firent main basse sur leurs
maîtres et les massacrèrent, puis ils commirent toutes sortes
d'actes violents et tyranniques. Le khalife Moutemid fit, à
plusieurs reprises, marcher contre eux des troupes qui furent
mises en déroute.

Borqouy exerça le pouvoir en maître absolu, pendant une
période de quatorze ans, quatre mois et six jours; à la fin,
Mouwaffaq, frère du khalife Moutemid, le fit prisonnier en usant
d'un stratagème. Tous les Zendjs furent massacrés et Aly ibn
Mohammed Borqouy, conduit à Bagdad, fut attaché au gibet.
Ses doctrines étaient celles de Mazdek, de Babek et des Qarmathes et, à bien des égards, elles étaient encore plus détestables.

Révolte de Bou Saïd Djennaby et de son fils, Bou Tahir,
à Bahreïn et à Lahssa.

Ce fut sous le règne de Moutacim que Bou Saïd Housseïn ben

---

1. Le texte persan porte : Naçr. Ce nom doit être supprimé. L'émir Ismayl eut
pour successeur son fils Ahmed, qui fut le père de Naçr.

Behram el-Djennaby se révolta à Bahreïn et à Lahssa. Il fit de
la propagande parmi les chiites auxquels nous donnons le nom
de Bathiniens; il leur fit abandonner la route qu'ils suivaient, et,
lorsque ses affaires eurent pris une tournure favorable et que
son autorité fut bien établie, il se mit à battre les routes et à proclamer la communauté des biens. Au bout d'un certain temps, il périt
de la main d'un eunuque et, depuis cette époque, on n'accorde
aucune confiance à ces gens, ni à Bahreïn ni à Lahssa. Son fils,
nommé Bou Tahir, lui succéda : il eut, pendant quelque temps,
une conduite régulière. Il ignorait les propositions des chiites
et il se tenait éloigné de toute intrigue. A la fin, il expédia quelqu'un auprès des Days et il leur demanda le livre qui porte le
titre de *Kenz belaghat es-sabi'* (le trésor des communications élo-
quentes du septième imam). Il étudia cet ouvrage et devint,
comme eux, un chien impur.

Il dit (un jour) aux gens de Lahssa et de Bahreïn : « Prenez
vos armes, car j'ai quelque chose à vous donner à faire. »
On n'était point éloigné de l'époque du pèlerinage. La population se rassembla autour de lui; il l'entraîna et l'emmena
à la Mekke, où se trouvait un nombre immense de pèlerins.
Il donna l'ordre de mettre l'épée à la main et de massacrer tous
ceux que l'on rencontrerait et « tâchez, dit-il, de tuer le plus
grand nombre des Moudjavirs qui se sont fixés à la Mekke. »
Ses gens tirèrent tout à coup leurs sabres, se précipitèrent sur
les pèlerins et en massacrèrent une foule.

Des habitants de la Mekke se réfugièrent dans le Harem, dont
ils fermèrent les portes ; les uns se mirent à lire le Qoran, dont
ils avaient placé des exemplaires devant eux, les autres couru-
rent aux armes et attaquèrent Bou Tahir. Celui-ci leur dépêcha
un envoyé, chargé de leur dire : « Nous sommes venus ici pour
accomplir le pèlerinage et non pour nous battre. Vous avez
commis la faute de nous interdire l'entrée de l'enceinte sacrée,
et de nous forcer à faire usage de nos armes. Ne nous molestez

pas, nous qui sommes des pèlerins ; nous désirons nous acquitter des cérémonies du pèlerinage : si la voie en est fermée, vous aurez un fâcheux renom. Ne nous troublez pas, laissez-nous. » Les habitants de la Mekke s'imaginèrent que les compagnons de Bou Tahir disaient la vérité. Il fut décidé que, des deux côtés, on déposerait les armes et on jura que l'on renoncerait à tout acte d'hostilité. On se dépouilla des armes et les pèlerins se mirent à faire les processions autour de la Kaabah.

Bou Tahir, voyant se disperser les gens qui étaient armés, cria à ses partisans : « Allez, saisissez vos épées, précipitez-vous dans l'enceinte sacrée et massacrez tout ce que vous trouverez au dedans et au dehors. » Les gens de Bou Tahir se jetèrent dans le Harem et mirent à mort tous ceux qu'ils y trouvèrent. Pour échapper au sabre, les uns se jetaient dans les puits, les autres gagnaient le sommet des montagnes. La pierre noire fut enlevée de la Kaabah, la gouttière d'or fut arrachée.

« Puisque votre Dieu est au ciel, criaient-ils, il n'a que faire d'une maison sur la terre : il faut que nous la mettions au pillage. » Ils enlevèrent le voile qui couvrait la Kaabah et le déchirèrent pour s'en partager les morceaux. Ils se livraient à toutes sortes de moqueries, en disant aux pèlerins : « Celui qui est entré (dans l'enceinte sacrée) est en sécurité, et il les a rassurés de toute crainte [1]. Pourquoi n'avez-vous pas trouvé de protection contre nos sabres, lorsque vous étiez entrés dans la maison de Dieu? Si vous aviez eu un Dieu, il vous aurait garantis des atteintes de nos épées. » Tels étaient leurs propos. Les femmes et les enfants des musulmans furent réduits en captivité ; on fit le dénombrement des gens tués ; on en trouva plus de vingt mille, sans compter ceux qui s'étaient jetés dans les puits. Bou Tahir donna l'ordre de précipiter sur eux les cadavres des morts, afin de les étouffer sous leur poids. Les Qarmathes s'emparèrent de tous

1. *Q ran*, chap. III, v. 91, et chap. CVI, v. 4.

les objets en or et en argent, de tous les parfums et de tout ce qui avait du prix, et, à leur retour à Lahssa, ils envoyèrent aux Days une immense quantité de cadeaux, provenant de ces richesses. L'islamisme vit ces événements s'accomplir en l'année 317 (929), sous le règne du khalife Mouqtedir. Les Qarmathes firent parvenir des présents à Bou Saïd, au Maghreb. Bou Saïd, qui était devenu grand, était l'un des fils d'Abdallah ibn Meïmoun el-Qaddah dont le vrai nom était Ahmed. Sa mère avait été épousée par Abdallah qui fit élever le fils, l'employa, lui apprit la morale et la littérature, lui fournit un grand train et en fit son héritier. Il lui fit connaître les doctrines des Days et lui donna des signes pour se faire reconnaître.

Bou Saïd partit, se dirigea vers le Maghreb et s'établit dans la ville de Sidjilmassèh, où il acquit une haute situation et convertit, tantôt par la force, tantôt par la douceur, les peuples à ses doctrines. Il proclama qu'il était le Mehdy et qu'il descendait d'Aly. Il établit de lourds impôts, autorisa l'usage du vin et permit d'avoir commerce avec sa mère et avec sa sœur. Il donna l'ordre de maudire les Omeyyades et les Abbassides. Si nous voulions parler du sang injustement versé et des lois détestables imposées par lui, notre récit serait singulièrement allongé. Le souverain qui règne aujourd'hui en Égypte est un de ses descendants.

Pendant leur règne à Lahssa, Bou Saïd et Bou Tahir firent jeter dans la campagne tous les exemplaires du Pentateuque, de l'Évangile et du Qoran que l'on put trouver, et on les couvrit d'immondices. Bou Tahir disait : « Trois personnages ont abusé l'humanité : un berger, un médecin et un chamelier, et le dernier a été le plus grand bateleur des trois. »

Il déclara qu'il était permis d'avoir des rapports avec sa sœur, sa mère et sa fille. Il professa publiquement les doctrines de Mazdek. Il brisa en deux la pierre noire, il mit chacun de ces deux morceaux sur l'un des bords du trou d'une latrine, et lorsqu'il se rendait dans cet endroit, il y plaçait les pieds. Il ordonna de maudire les envoyés et les prophètes de Dieu. Les Arabes supportèrent difficilement cette prétention. Il exigea ensuite que ceux-ci eussent commerce avec leurs mères et avec leurs sœurs; un grand nombre d'entre eux s'empoisonnèrent avec de l'arsenic et du soufre, pour ne point commettre un pareil crime ; mais les habitants du Maghreb et les gens du désert, qui étaient plongés dans l'ignorance, acceptèrent, bon gré mal gré, tout ce qu'il disait.

Les Qarmathes de Lahssa fondirent de nouveau sur les caravanes des pèlerins et en massacrèrent un grand nombre. Lorsque les peuples de l'Iraq et du Khorassan formèrent le projet de les attaquer par terre et par mer, ils furent saisis de crainte. Ils renvoyèrent la pierre noire qu'ils jetèrent dans la grande mosquée de Koufah. Des gens, entrant dans cette mosquée, la trouvèrent brisée en deux. Ils l'enlevèrent et la raccommodèrent au moyen de clous en fer; elle fut transportée à la Mekke, où elle fut remise à la place qu'elle occupait. Bou Tahir fit ensuite venir d'Ispahan un Guèbre, nommé Guibrèh, auquel il confia le soin du gouvernement. Ce Guèbre, après s'être assuré du pouvoir, mit à mort sept cents des principaux personnages du pays, et il forma le projet de faire périr Bou Tahir et son frère. Bou Tahir, qui en fut informé, l'assassina en usant d'un stratagème et ressaisit le pouvoir. Si nous voulions mentionner les malheurs dont ce chien fut la cause dans les pays de l'islamisme, le nombre d'hommes massacrés par lui, ce récit ne pourrait trouver place dans un livre aussi abrégé que celui-ci. Cette révolte de Bou Tahir dura jusqu'à l'époque du khalife Razy. C'est aussi sous le règne de ce prince que parurent les Deïlemites.

J'ai rapporté tous ces faits pour que le maître du monde, que Dieu éternise son règne! connaisse tout ce que ces impies ont fait au temps de l'islamisme, et sache que l'on ne peut avoir con-

fiance, ni dans leurs paroles, ni dans leurs serments. Toutes les
fois que les Qarmathes ont été les maîtres, ils ont massacré les
populations.

C'est aussi à cette époque que Mouqanna, natif de Merv, fit son
apparition dans le Ma-vera-oun-nehr. Il commença par détourner ses partisans de la voie de l'observation de la loi religieuse, et fit profession des principes des Bathiniens. Bou Saïd
Djennaby, Bou Saïd Maghreby et Mohammed Alewy Borqouy,
ainsi que Mouqanna et leurs missionnaires, avaient les mêmes
opinions et vivaient à la même époque. Ils étaient unis par les
liens de l'amitié et correspondaient ensemble.

Mouqanna, natif de Merv, fabriqua un talisman au moyen
duquel il faisait apparaître, au sommet d'une montagne, au
moment du lever de la lune, quelque chose qui ressemblait à
cet astre et que les gens de ce pays pouvaient contempler. Il
usa pendant longtemps de ce stratagème.

Dans le principe, ses opinions furent celles des Bathiniens,
puis, lorsqu'il eut fait disparaître toute idée religieuse et détruit
toute notion de l'islamisme, il aspira à se faire reconnaître
comme Dieu. Des flots de sang furent versés de son temps, et
de longues guerres furent allumées entre lui et les musulmans.

Mouqanna exerça, pendant de nombreuses années, un pouvoir
sans limites. Si je voulais rappeler ses faits et gestes, le récit en
serait bien long. L'histoire de chacun de ces chiens remplirait
un gros volume.

Les Bathiniens ont suscité des troubles à toutes les époques
et, chaque fois, on les a désignés par un nom différent. Dans
chaque pays, ils ont reçu une appellation particulière. A Alep et
au Caire, on les a appelés Ismayly; à Bagdad, dans la Ma-vera-
oun-nehr et à Ghaznah, Qarmathy; à Koufah, Moubareky; à
Basrah, Ravendy et Borqouy; à Rey, Khalefy; dans le Gourgan,
Mouhammarèh; en Syrie, Moubayyadèh; dans le Maghreb,

Saïdy; à Lahssa et à Bahreïn, Djennaby; à Ispahan, Bathiny. Quant à eux, ils se donnent le nom de Ta'limy.

Tous n'ont qu'un seul désir, celui d'arriver à ruiner l'islamisme. Ils sont les ennemis de la religion et de la famille du Prophète, et ils détournent les peuples de la voie droite. Que Dieu les accable de sa malédiction!

Révolte des Khourremdiny à Ispahan et dans l'Azerbaïdjan.

Je dirai maintenant et brièvement quelques mots au sujet des Khourremdiny, afin que le maître du monde puisse avoir une idée de leur condition. Les Khourremdiny se sont manifestés à toutes les époques et, leurs principes étant les mêmes que ceux des Bathiniens, ils ont fait cause commune avec eux et leur ont donné un puissant appui; car leur origine était commune.

En l'année 166 de l'hégire (782-783), pendant le règne du khalife Mehdy, les Bathiniens du Gourgan, auxquels on donne le nom de Drapeaux rouges, s'unirent aux Khourremdiny. Ils proclamèrent qu'Abou Mouslim était vivant, qu'ils allaient se rendre maîtres du pouvoir et, ayant mis à leur tête Aboul Gharra, fils d'Abou Mouslim, ils s'avancèrent jusqu'à Rey. Ils ne faisaient aucune distinction entre ce qui est permis et défendu, et ils admettaient la communauté des femmes.

Le khalife Mehdy envoya, à leur sujet, des lettres aux gouverneurs de toutes les provinces. Il ordonna à Amrou ibn el-Ala, gouverneur du Tabarestan, de se joindre à eux et de marcher contre les Khourremdiny qui furent mis en déroute.

Pendant le second voyage de Haroun er-Rechid dans le Khorassan, les Khourremdiny se révoltèrent à Ispahan, à Termideïn, à Kapoulèh, à Fabek et dans d'autres localités. Un grand nombre d'adhérents vinrent se joindre à eux, de Rey, de Hamadan, de Deslèh et de Guerèh : leur nombre s'éleva à plus de cent mille et Haroun er-Rechid fit partir du Khorassan, pour les com-

battre, vingt mille cavaliers commandés par Abdallah ibn Moubarek. Les Khourremdiny prirent peur et chaque contingent
regagna ses foyers. Abdallah ibn Moubarek écrivit une lettre
au khalife pour lui dire : « Le secours de Bou Doulaf nous est
indispensable. » Le khalife lui répondit par une entière approbation. Abdallah et Bou Doulaf s'unirent donc. Les Khourremdiny et les Bathiniens s'étaient rassemblés en grand nombre et se livraient au pillage et au désordre. Bou Doulaf Idjly
et Abdallah ibn Moubarek fondirent sur eux, en massacrèrent
un nombre immense et emmenèrent à Bagdad leurs enfants
qui y furent vendus.

Révolte de Babek.

Neuf années se passèrent après ces événements ; alors éclata
la révolte de Babek dans l'Azerbaïdjan ; les Khourremdiny voulurent d'abord se joindre à lui, mais, ayant appris que les
routes qu'ils devaient suivre étaient interceptées, la frayeur les
saisit et ils se dispersèrent. Une autre année, qui fut l'an 212
de l'hégire (827), les Khourremdiny se soulevèrent dans la province d'Ispahan : les Bathiniens s'unirent à eux, et ils gagnè-
rent l'Azerbaïdjan où ils firent cause commune avec Babek.

Mamoun fit marcher contre Babek Mohammed ibn Hamid et-
Thay auquel il avait donné l'ordre de combattre Zeriq Aly ibn
Sadaqah qui, ayant levé l'étendard de la rébellion, parcourait la
partie montagneuse de l'Iraq, en commettant mille déprédations
et en pillant les caravanes. Mohammed ibn Hamid partit en toute
hâte et, sans demander aucun subside au trésor de Mamoun, il
paya ses troupes et marcha à la rencontre de Zeriq qu'il fit prisonnier, et dont il dispersa et extermina l'armée. Mamoun lui fit
cadeau de Qazbin et de l'Azerbaïdjan. Mohammed ibn Hamid
livra à Babek six grandes batailles ; il fut tué dans la dernière

et la situation de Babek devint prépondérante. Les Khourremdiny retournèrent alors à Ispahan. Le khalife Mamoun ressentit un vif chagrin de la mort de Mohammed ibn Hamid et il désigna sur-le-champ, pour le remplacer et pour marcher contre
Babek, Abdallah, fils de Tahir, gouverneur du Khorassan, auquel
il fit en même temps présent du Kouhistan et de l'Azerbaïdjan.
Abdallah, fils de Tahir, pénétra dans cette province. Babek, se
voyant incapable de lui résister, se réfugia dans un château fort
et ses soldats se dispersèrent. En l'année 218 (833), les Khourremdiny se révoltèrent de nouveau à Ispahan, dans le Fars, dans
l'Azerbaïdjan et dans tout le Kouhistan. Pendant que le khalife
Mamoun dirigeait une expédition dans le pays de Roum, ils se
concertèrent pour agir tous ensemble pendant une nuit dont ils
fixèrent la date et, ayant pris leurs dispositions dans toutes les
provinces et dans toutes les villes, ils se soulevèrent cette nuit-
là et mirent tout au pillage.

Dans le Fars, ils passèrent au fil de l'épée un grand nombre
de musulmans, et ils réduisirent en esclavage les femmes et les
enfants. Leur chef, à Ispahan, était un individu appelé Aly, fils
de Mazdek; il passa en revue, en dehors de la ville, vingt mille
hommes et gagna la montagne, accompagné par son frère.
Bou Doulaf était alors absent et son frère Ma'qal, qui se trouvait
dans la montagne avec cinq cents cavaliers, ne pouvant opposer
aucune résistance, prit la fuite et se réfugia à Bagdad.

Aly, fils de Mazdek, se rendit maître de la partie montagneuse de la province ; il mit à mort tous les musulmans qu'il
rencontra et fit prisonniers tous les Beni Idjl, puis il se mit en
route pour gagner l'Azerbaïdjan et pour se joindre à Babek ; les
Khourremdiny accoururent de tous côtés pour venir le trouver
et leur nombre qui, dans le principe, était de dix mille s'éleva à
vingt-cinq mille. Ils s'établirent dans une petite ville, située au
milieu du Kouhistan et portant le nom de Cheheristanèh. Babek
alla les y trouver. Le khalife Moutacim fit alors partir, pour

les réduire, Ishaq qui reçut le commandement d'une armée de quarante mille hommes. Ishaq tomba sur eux à l'improviste, leur livra bataille et en fit un grand carnage. On assure que dix mille Khourremdiny succombèrent dans cette première affaire. Un détachement de ces sectaires, dont le nombre était évalué à dix mille, marcha sur Ispahan, sous la conduite du frère d'Aly, fils de Mazdek. Ils pillèrent les maisons de ville et de campagne et emmenèrent en captivité les femmes et les enfants. Le gouverneur d'Ispahan, Aly, fils de Issa, ne se trouvait pas dans la ville. Le cadi et les notables marchèrent contre eux, les enveloppèrent, les battirent, en tuèrent un grand nombre et réduisirent en esclavage leurs femmes et leurs enfants. Six ans plus tard, le khalife Moutacim donna une sérieuse attention à l'affaire des Khourremdiny. Il fit choix d'Afchin pour marcher contre eux. La campagne dura deux ans et, pendant ce temps, il y eut, des deux côtés, des pertes énormes.

Afchin, convaincu qu'il ne pourrait s'emparer de Babek, eut recours à un stratagème. Il donna, un jour, l'ordre à ses troupes d'abattre les tentes pendant la nuit et de s'éloigner à une distance de plus de dix parasanges ; puis il envoya à Babek un messager, chargé de lui dire : « Dépêche auprès de moi un homme intelligent et plein d'expérience, pour que je puisse échanger avec lui quelques paroles qui seront utiles et pour l'un et pour l'autre. » Babek lui expédia un messager auquel Afchin tint ce langage : « Dis à Babek que toute affaire commencée doit avoir une fin. La tête de l'homme n'est point comme un poireau ; elle ne repousse pas. La plupart de mes soldats ont péri et sur dix il ne m'en est pas resté un seul vivant. Il doit, en vérité, en être de même pour toi, viens, que nous fassions la paix ; contente-toi du pays que tu occupes, restes-y jusques à mon départ. J'obtiendrai pour toi du khalife une autre province et je t'en ferai tenir le diplôme. Si tu n'acceptes pas l'avis que je te donne, venons-en aux mains pour que nous sachions, une fois pour toutes, quel est celui qui sera favorisé par la fortune. » L'envoyé de Babek prit congé d'Afchin, qui fit cacher dans les montagnes et dans des terrains éboulés deux mille cavaliers et trois mille fantassins, comme des gens qui auraient été mis en déroute. L'envoyé de Babek revint le trouver et lui rendit compte de son message : il lui fit connaître la force et la situation de l'armée d'Afchin. Les espions ayant confirmé son rapport, il fut décidé qu'on livrerait, au bout de trois jours, une furieuse bataille. Afchin plaça ses troupes en embuscade : il laissa entre l'aile droite et l'aile gauche la distance d'un parasange. « Lorsque je battrai en retraite, leur dit-il, la plupart des soldats de Babek se mettront à piller, d'autres s'élanceront à ma poursuite. Vous, précipitez-vous alors derrière eux, en sortant de votre embuscade, et coupez-leur le chemin afin que je puisse revenir et faire ce qui me sera possible. » Le jour de la bataille, Babek mit en ligne plus de cent mille combattants, cavaliers et fantassins. Les troupes d'Afchin leur parurent plus misérables que ce qu'ils les avaient vues. On en vint aux mains et on déploya des deux côtés un grand acharnement ; un grand nombre de soldats restèrent sur le champ de bataille.

Sur le déclin du jour, Afchin se mit à fuir et s'éloigna à la distance d'une parasange. Il cria alors à son porte-drapeau : « Élève l'étendard. » Les cavaliers qui accompagnaient Afchin tournèrent bride et tous les soldats qui arrivaient, s'arrêtèrent pour se joindre à eux. Afchin avait recommandé à ses troupes de ne point se livrer au pillage, afin de venir à bout de Babek et de son armée. Les cavaliers de Babek s'attachèrent, sous sa conduite, à la poursuite d'Afchin, mais les gens de pied se mirent à piller. Vingt mille cavaliers, cachés dans les montagnes, suivirent Afchin : ils virent la plaine couverte des fantassins des Khourremdiny. Ils leur barrèrent le chemin du défilé et tombèrent sur eux à coups de sabre. Afchin, revenu avec sa troupe, entoura l'armée de Babek. Celui-ci, malgré tous ses efforts, ne put se frayer un chemin pour s'échapper. Afchin survint alors et le fit prisonnier. Les Khourremdiny furent poursuivis et massacrés jusqu'à l'entrée de la nuit. Plus de quatre-vingt mille hommes perdirent la vie.

Afchin laissa dans la province un corps de dix mille cavaliers et hommes de pied, placés sous les ordres d'un de ses esclaves. Quant à lui, il se rendit à Bagdad, emmenant Babek et ses autres prisonniers. On fit promener Babek dans la ville avec un écriteau. Lorsque les yeux du khalife tombèrent sur lui, il s'écria : « Chien! pourquoi as-tu porté le trouble dans ce monde, et pourquoi as-tu fait périr tant de musulmans? » Babek ne répondit rien. Moutacim alors donna l'ordre qu'on lui coupât les pieds et les mains : lorsque l'une d'elles eut été tranchée, il la saisit avec l'autre et s'en frotta le visage. « Chien! que fais-tu là, lui demanda Moutacim. — Il y a dans ce que je fais une raison, répondit Babek. Vous voulez me couper les pieds et les mains; c'est le sang qui fait rougir le visage de l'homme : il pâlit lorsqu'il s'échappe du corps. J'ai coloré mon visage avec mon sang afin que l'on ne vienne pas dire que la peur m'a fait pâlir. » Le khalife donna l'ordre de coudre Babek dans une peau de bœuf fraîche, de façon que les deux cornes fussent au niveau du lobe de ses oreilles. La peau se rétrécit en se desséchant et Babek resta attaché au gibet, jusqu'au moment où les souffrances mirent fin à son existence.

On a composé plusieurs récits et publié plusieurs volumes sur ses faits et gestes, depuis son origine jusqu'à sa mort.

Un de ses bourreaux fut fait prisonnier; on lui demanda le nombre des gens qu'il avait exécutés. « Babek, répondit-il, avait de nombreux exécuteurs de ses hautes œuvres. J'ai, pour ma part, mis à mort trente-six mille musulmans, sans compter ceux qui ont péri de la main d'autres bourreaux. »

Moutacim a remporté trois grandes victoires, qui ont donné chacune une grande force à l'islamisme. La première est celle

qu'il remporta sur les Grecs, la seconde est celle qu'il obtint
sur Babek et la troisième, celle qui amena, dans le Tabarestan,
la ruine de Maziar le Guèbre.

Anecdote. — Un jour, le khalife Moutacim se livrait au plaisir du vin, et le cadi Yahia ibn Akthem était au nombre de ceux
qui assistaient à la réunion. Moutacim se leva, quitta la salle,
entra dans une chambre, en sortit au bout de quelque temps, et
se remit à boire. Trois fois il entra dans le bain, y fit une ablution générale et en sortit. Il demanda un tapis et fit une prière
de deux rika't, puis il revint prendre place dans la réunion.
« Sais-tu, demanda-t-il au cadi Yahia, pourquoi je viens de faire
cette prière? — Non, répondit celui-ci. — C'était, dit le khalife,
une prière de remercîments pour les grâces que le Dieu très-haut
m'a accordées. — Quelles sont ces grâces, poursuivit le cadi, si
dans son sublime jugement, le khalife daigne nous les faire connaître, nous nous réjouirons avec lui? — J'ai ravi tout à l'heure,
poursuivit Moutacim, leur virginité à trois jeunes filles qui toutes les trois étaient les filles de mes ennemis. L'une était la fille
de l'empereur de Grèce, la seconde, celle de Babek et la troisième, celle de Maziar le Guèbre. »

Les Khourremdiny se révoltèrent encore une fois, dans les environs d'Ispahan, à l'époque du khalife Waciq. Ils commirent
bien des dégâts et causèrent bien des perturbations. Leur révolte
dura jusqu'à l'année 300 (912-913).

Ils pillèrent Karkh où ils firent un grand massacre. Défaits
et mis en fuite, ils se révoltèrent de nouveau contre l'autorité et
cherchèrent un refuge dans les montagnes de la province d'Ispahan. Ils attaquèrent les caravanes, pillèrent les villages, tuèrent les hommes jeunes et vieux, les femmes et les enfants. Leur
sédition dura pendant plus de trente ans, et aucune troupe
ne pouvait leur résister, ni s'emparer des endroits dans lesquels
ils s'étaient fortifiés et solidement établis. A la fin, on réussit
à mettre la main sur eux et à les faire prisonniers; ils furent

mis à mort et leurs têtes furent promenées dans la ville d'Ispahan. Leur défaite fit éclater l'allégresse dans tout l'islamisme, et des lettres de victoire furent expédiées dans toutes les parties de l'empire. L'histoire des Khourremdiny se trouve, d'une manière complète, dans le *Tedjarib oul-oumem*, dans la Chronique d'Ispahan et dans l'Histoire des khalifes Abbassides.

Les croyances des Khourremdiny sont celles-ci : ils considèrent comme permis tout ce qui est défendu ; ils s'abstiennent de tout ce qui peut causer quelque incommodité au corps. Ils repoussent, dans la loi religieuse, toutes les prescriptions canoniques telles que la prière, le jeûne, le pèlerinage et l'aumône. Ils considèrent comme permis l'usage du vin, la libre disposition des biens et la communauté des femmes. Ils repoussent toute obligation religieuse. Lorsqu'ils se réunissent en assemblée, ou lorsqu'ils tiennent conseil pour s'occuper d'une affaire importante, leurs premières paroles sont pour appeler les bénédictions de Dieu sur Abou Mouslim, sur le Mehdy, sur Firouz, fils de Fathimah, fille d'Abou Mouslim, auquel ils donnent le nom de l'enfant qui sait tout (*Koudeki dana*).

On connaît, par ce qui vient d'être dit, les principes de la religion de Mazdek, et le rapprochement existant entre les Khourremdiny et les Bathiniens. Ceux-ci recherchent constamment les moyens d'anéantir l'islamisme, et ces impies ne font parade d'affection pour les membres de la famille du Prophète, que pour mieux attirer les hommes dans leurs filets. Lorsqu'ils ont acquis quelque force et recruté des partisans, tous leurs efforts tendent à abolir la loi religieuse. Ils sont les ennemis de la famille du Prophète et n'ont de pitié pour personne : aucune race de mécréants n'est plus impitoyable et ces deux sectes se prêtent mutuellement aide et appui.

J'ai parlé de cette secte des Bathiniens pour que l'on se tienne sur ses gardes. Le monde appartient à notre seigneur et maître,

que Dieu éternise son règne ! et nous sommes tous ses esclaves.
On l'a incité à amasser de l'argent, et on veut l'éloigner des personnes qui méritent son intérêt ; on lui fait entrevoir des augmen-
tations de revenus, mais on ne fera pas une chemise en déchirant
le pan de sa robe et en le glissant dans sa manche. On se souvien-
dra de mes paroles, lorsque ces mécréants auront précipité dans
le puits les personnes que le prince affectionne, ainsi que les
grands de l'État. Lorsque leurs tambours résonneront dans
tous les coins et que leurs desseins secrets seront dévoilés, au
milieu du tumulte qui se produira, que le prince sache que tout
ce que son serviteur a dit est la vérité, qu'il a montré sa sollicitude pour ce gouvernement victorieux et qu'il lui a prodigué
ses bons conseils. Que le Dieu très-haut écarte de sa personne
et de son État l'influence du mauvais œil ! Que jamais ses ennemis ne voient s'accomplir leurs désirs et leurs projets ! Puissent des hommes imbus de principes religieux faire, jusqu'au
jour de la résurrection, l'ornement de la cour, des tribunaux et
de l'administration ! Puissent-ils ne jamais être privés des services de gens dévoués ! que chaque jour, une conquête, une
victoire et un succès soient l'occasion d'une fête aussi brillante
que celle du Naurouz ! Je l'implore au nom de Mohammed et
de sa famille.

Vers. — J'ai vu, dans ce monde, peu de choses utiles qui
n'eussent leurs inconvénients. J'ai rencontré peu de compagnons
de plaisir qui, après vous avoir fait montre d'affection, ne témoi-
gnassent à votre égard des sentiments de haine. J'ai cherché
longtemps dans ce monde, sans l'avoir trouvé, un ami qui, à la
fin, ne devînt pas votre ennemi.

CHAPITRE XLVIII

Règles à observer pour le trésor et dispositions nécessaires pour sauvegarder ses ressources.

Les rois ont toujours eu deux trésors, dont l'un est le trésor de fondation (qui doit rester intact), l'autre est celui qui doit fournir les ressources nécessaires aux dépenses. La plus grande partie des revenus était versée dans le premier et la moindre dans le trésor affecté au payement des dépenses. On ne prélevait rien sur les sommes renfermées dans le premier, si ce n'est dans le cas d'une absolue nécessité, et si on en tirait quelque argent, c'était à titre de prêt et on mettait un dépôt pour remplacer ce que l'on avait pris.

On conviendra, si on veut bien réfléchir, qu'il ne faut pas que les recettes soient totalement dépensées; car si un cas fortuit venait à se présenter, on verrait naître les soucis et les préoccupations et se manifester, au cours d'une affaire importante, des retards et des insuffisances de ressources.

Toutes les recettes de l'empire étaient autrefois versées dans le trésor; elles n'étaient jamais détournées de leur destination et leur emploi n'était pas dénaturé. On attendait la rentrée des impôts. Les payements étaient faits en leur temps, et les gratifications, les appointements et les salaires n'avaient à subir ni insuffisances, ni retards.

Anecdote. — J'ai entendu dire que l'émir Altountach, grand chambellan de Sultan Mahmoud, fut désigné par ce prince pour le gouvernement du Kharezm. Il se rendit dans cette contrée. Les revenus y atteignaient le chiffre de soixante mille dinars et le traitement d'Altountach était de cent vingt mille dinars. Une année après son arrivée dans le Kharezm, Altountach fit partir pour Ghaznah des gens jouissant de sa confiance, afin de demander et de réclamer que ces soixante mille dinars, constituant le revenu du Kharezm, lui fussent attribués pour parfaire son traitement, à la place des soixante mille qu'il devait recevoir de l'administration.

Chems el-Koufat Ahmed, fils de Hassan Meïmendy, était, à cette époque, le vizir de Sultan Mahmoud. Il prit sur-le-champ connaissance de la missive d'Altountach et lui répondit en ces mots : « Au nom du Dieu clément et miséricordieux : que l'émir Altountach sache qu'il ne peut être Mahmoud [1], et, en aucun cas, une somme qui a une attribution déterminée ne peut lui être abandonnée. Prélève les sommes de l'impôt et verse-les dans le trésor du sultan et prends-en une décharge. Réclame alors tes appointements, afin que l'on rédige les assignations nécessaires pour les prélever sur le Sistan, et que tes gens, munis de ces délégations, aillent en recevoir le montant et te l'apportent au Kharezm, afin que soit bien constatée la différence qui existe entre le serviteur et le maître, entre Mahmoud et Altountach, car il faut que les mesures prises dans l'intérêt des affaires du prince soient manifestes, ainsi que les dispositions auxquelles on doit s'arrêter au sujet de l'armée. Il ne faut pas que ce que dit le Kharezmchâh soit de vaines paroles. La demande qu'il a faite indique que, pour sa part, il a peu de considération pour le sultan ou bien qu'il suppose qu'Ahmed, fils de Hassan, est bien insouciant et bien inexpérimenté. Nous avons été fort surpris de cette action, étant donnée la parfaite intelligence du Kharezmchâh. Il faut qu'il sollicite le pardon de sa conduite, car dans un empire, il y a un danger considérable à ce qu'un serviteur cherche à devenir l'associé de son maître. »

---

1. Chems el-Koufat joue sur la signification du mot *Mahmoud*. Il dit que la conduite d'Altountach ne saurait être louée et qu'il ne peut s'égaler à son maître Sultan Mahmoud.

Cette lettre fut confiée à un sipah qui fut envoyé au Kharezm en compagnie de dix ghoulams. Ils en rapportèrent les soixante mille dinars, qui furent versés au trésor, et ils reçurent à la place une assignation sur Boust et le Sistan pour recevoir, au lieu d'argent, des écorces de grenade, des noix de galle, du coton et d'autres produits semblables.

Telles sont les lois de l'administration et les règles qu'il faut observer pour que les affaires de l'État ne soient pas relâchées les unes des autres, que le bien-être de la population et la prospérité du trésor soient assurés et qu'on voie réduits à néant les désirs irréalisables de disposer du bien du souverain et de ses sujets.

Tout monarque qui vit dans l'incurie et la dissipation verra, à un moment donné, ses affaires péricliter et, après lui, on ne mentionnera qu'avec mépris son nom dans les chroniques et dans les récits historiques. Les rois ne doivent avoir d'autre désir que celui de faire bénir leur nom, après leur mort, et de se conduire en sorte qu'il soit cité avec éloges.

CHAPITRE XLIX

Il faut accueillir les réclamations, s'occuper des affaires de ceux qui ont été victimes d'actes arbitraires, et leur rendre justice.

Il y a toujours une foule de gens, se plaignant d'actes arbitraires, qui se pressent dans la salle du tribunal, et qui ne s'en éloignent pas tant qu'on n'a point fait de réponse à la requête qu'ils ont présentée. L'étranger ou l'envoyé d'un prince qui, entrant dans le tribunal, sont témoins de ce tumulte et de cette agitation, s'imaginent que l'injustice règne en ce lieu et accable le peuple. Il faut fermer cette porte (faire disparaître cet abus), en prêtant l'oreille aux réclamations des étrangers et des régnicoles. On doit leur répondre immédiatement par écrit et, lorsqu'ils auront reçu les commandements qui les concernent, ils devront partir sans délai, pour que l'on n'entende plus ces vociférations, et que l'on n'ait plus cette agitation sous les yeux.

Anecdote. — On rapporte que Yezdedjird, fils de Chehriar, envoya au prince des croyants Omar ibn el-Khattab un ambassadeur qu'il chargea de lui dire : « Il n'y a point dans tout l'univers une cour plus nombreuse que la mienne, un trésor qui soit dans une situation plus prospère que le mien, et des troupes plus vaillantes que les miennes. » Omar fit répondre à Yezdedjird : « En effet, votre cour est nombreuse, mais elle est remplie de gens victimes de procédés tyranniques. Votre trésor est plein, mais de sommes perçues d'une façon illicite. Vos troupes sont braves, mais indisciplinées. Lorsque la fortune propice fait défaut, les armes et les machines de guerre deviennent inutiles. Tout présage votre malheur et votre ruine ; le remède à cette situation est que votre souverain rende lui-même la justice, afin que tout le monde soit traité équitablement. »

Anecdote. — On rapporte qu'un marchand vint se présenter à l'audience de Sultan Mahmoud, pour se plaindre de son fils Massoud, et lui reprocher un acte arbitraire. « Je suis, disait-il, un marchand fixé ici depuis longtemps. Je désire retourner dans ma patrie, mais je ne le puis, parce que ton fils Massoud, m'a acheté pour soixante mille dinars de marchandises, dont je ne reçois pas le prix. Je demande à être envoyé avec ton fils au tribunal du cadi. » Le sultan fut vexé d'entendre ces paroles. Il envoya à son fils un message conçu en termes très durs : « Je veux, lui fit-il dire, que tu remettes à l'instant même à ce marchand ce à quoi il a droit, ou que tu te rendes au tribunal du juge, afin qu'il ordonne l'application de la loi. » Le marchand se rendit à la résidence du cadi, et un envoyé se présenta, de la part de

celui-ci, devant Massoud et lui transmit une sommation. Massoud,
ne sachant que faire, dit à son trésorier. « Regarde combien il
se trouve d'argent comptant dans le trésor. » Le trésorier fit son
estimation et répondit : « Il y a vingt mille dinars. — Prends-les,
s'écria Massoud, porte-les à ce marchand et demande-lui un délai de trois jours pour payer la totalité de la somme » ; puis il
dit à l'envoyé du sultan : « Fais savoir au prince, que j'ai donné
à l'instant même vingt mille dinars, et que dans trois jours, je
m'acquitterai intégralement. J'ai revêtu mon justaucorps, serré
ma ceinture autour de ma taille et mis mes bottes. Je suis
debout, préparé à savoir si je recevrais, oui ou non, l'ordre de
me rendre au tribunal. — Sache, lui fit répondre Mahmoud, que
tu ne verras pas ma face, tant que tu n'auras pas intégralement versé entre les mains de cet homme ce à quoi il a droit. »
Massoud n'osa rien objecter. Il envoya, pour emprunter, des gens
de tous côtés, et au moment de la prière de l'après-midi, le
marchand avait reçu les soixante mille dinars, montant de sa
dette.

Ce fait fut raconté aux négociants établis jusqu'aux dernières
limites de l'univers. Ils se dirigèrent vers Ghaznah de la Chine,
du Khita, de l'Égypte et du Maghreb, et ils y apportèrent,
de toutes les parties du monde, tout ce qu'il y avait d'objets
rares et curieux. On dit qu'à cette époque le plus humble des
valets et des laquais comparaissait en justice, avec le reïs du
Khorassan ou l'amid d'Ispahan.

Anecdote. — Le percepteur des finances de Homs écrivit une
lettre à Omar, fils d'Abd el-Aziz, pour lui faire savoir que les murailles de la cité tombaient en ruines et qu'il était nécessaire de
les réparer. Il sollicitait une réponse. « Il faut, lui fut-il répondu,
faire de la justice une muraille pour la cité de Homs et débarrasser les routes des crimes qui s'y commettent et de la peur
qui y règne ; alors, on n'aura besoin ni de mortier, ni de briques,
ni de pierres, ni de chaux. » Dieu, qu'il soit exalté ! a dit : « O

David ! j'ai fait de toi mon vicaire sur la terre ; rends parmi les hommes de justes sentences [1]. » L'envoyé de Dieu, sur qui soit le salut ! a dit : « Celui qui a préposé sur les musulmans un fonctionnaire, sachant qu'il y en avait un meilleur et un plus digne que celui-ci, a commis un acte de déloyauté envers Dieu et envers son envoyé. »

Ce monde est le registre sur lequel il est fait mention de la conduite des rois. S'ils ont été bienveillants, on conserve leur souvenir en raison de leur bonté ; s'ils ont été mauvais, leur mémoire est honnie et on les accable de malédictions. C'est à ce propos qu'Onçory a dit : « Si, ayant fait ton trône de la voûte céleste, tu désires être le sujet des conversations, si, ayant fait du firmament ta ceinture, tu souhaites que l'on parle de toi, fais tous tes efforts pour que tes paroles soient sérieuses ; préoccupe-toi de ce que l'on dira de toi, lorsque tu seras l'objet des récits que l'on fait pendant la nuit. »

CHAPITRE L

Attention qu'il faut donner aux finances de l'État ; manière dont elles doivent être gérées.

Il faut que le budget de l'État soit mis par écrit, afin que l'on connaisse clairement le total des sommes qui seront perçues et celui des dépenses qui devront être faites. Cette méthode sera utile en permettant de réfléchir suffisamment sur les dépenses à faire. On en déduira tout ce qui ne sera pas légitime, on refusera de l'accorder et on le rayera. Si le rapporteur a sur les totaux de ces sommes des observations à présenter, s'il montre une augmentation de revenus ou un déficit, on devra écouter ses observations. Si on en reconnaît le bien fondé, on réclamera

---

1. *Qoran*, chap. XXXVIII, v. 25.

les sommes provenant de l'excédent, afin qu'il n'y ait ni diminution, ni perte sur les sommes perçues.

Toute fausse attribution cessera d'exister et rien ne pourra
demeurer caché.

Marcher dans la voie du juste milieu, pour acquérir les biens
de ce monde et bien gouverner ses affaires, consiste à pratiquer
la justice, à régler sa conduite sur les anciens usages et sur les
règles du gouvernement, à ne point introduire de mauvaises
coutumes et à ne point consentir à ce que le sang soit versé injustement.

Il est obligatoire, pour le prince, de faire des enquêtes sur ses
fonctionnaires et sur leur conduite, de connaître le chiffre des
recettes et des dépenses, de veiller sur la richesse publique et
de faire des approvisionnements, pour fortifier sa situation et repousser les attaques de ses ennemis. Il devra agir de telle façon
que l'on ne puisse le taxer d'avarice et il ne se livrera pas à des
dépenses sans mesure, de manière que sa main dissipe tout
comme le vent et qu'il soit prodigue. Il devra, lorsque l'occasion
s'en présentera, proportionner ses libéralités au rang de
celui auquel il les fera. Une personne qui ne sera digne que
d'un dinar, ne devra pas en recevoir cent, et une autre qui est
en situation d'être gratifiée de cent dinars, n'aura point à en recevoir mille. La dignité des grands en serait affectée et le public
dirait que le prince ne connaît ni la situation, ni la valeur des
gens, qu'il ne sait point reconnaître les titres que les hommes de
mérite ont à faire valoir pour être employés, et qu'il ne sait discerner ni la vivacité de l'intelligence, ni l'expérience. Les hauts
fonctionnaires seraient blessés sans avoir de motifs de l'être, et ils
témoigneraient de l'apathie dans le service dont ils sont chargés.

Lorsque le prince fera la guerre à ses ennemis, il faudra qu'il
la conduise de telle façon qu'il puisse toujours conclure la
paix. Il se liera avec ses ennemis de telle façon qu'il puisse
rompre avec eux et se réconcilier après la rupture.

Que le prince ne boive pas de vin jusqu'à s'enivrer, et qu'il ne soit pas constamment sous l'empire de la gaîté que donne l'ébriété. Qu'il n'ait pas non plus constamment un visage renfrongné. S'il se livre au plaisir de la promenade et autres divertissements mondains, qu'il ait aussi pour occupation de témoigner sa reconnaissance à Dieu, de distribuer des aumônes, de prier pendant la nuit, de jeûner, de lire le Qoran, de faire de bonnes œuvres, afin de jouir du bonheur que l'on peut avoir dans ce monde et qui est celui que procure la religion. Il est nécessaire que, dans toutes les circonstances, l'homme suive la voie du juste milieu, car le Prophète (sur qui soit le salut !) a dit : « La meilleure conduite à adopter dans les affaires est celle qui consiste à se tenir dans le juste milieu, c'est celle qui est la plus louable. »

Que, dans toutes les conjonctures, le souverain réserve à Dieu la part qui lui est due, afin qu'il ne soit pas frappé par l'adversité ; que ce qu'il ordonne et défend, soit toujours exécuté dans la limite du possible; que tous ses efforts tendent à éterniser la mémoire de chacune de ses actions, et que tout ce dont il aura à souffrir dans ce monde lui assure une bonne renommée. Que tous ses efforts soient consacrés au bien de la religion, afin que le Dieu très-haut lui accorde la capacité nécessaire pour mener à bien les affaires temporelles et spirituelles, et exauce ses désirs dans ce monde et dans l'autre.

Voilà ce traité de gouvernement dont j'ai entrepris la rédaction. Le maître du monde m'avait donné l'ordre de composer cet ouvrage; je m'y suis conformé. J'avais écrit tout d'une haleine trente-neuf chapitres et je les avais soumis à son auguste personne, qui avait bien voulu les approuver. Ces chapitres étaient forts succincts; j'y ai fait des additions et j'ai inséré, dans chacun d'eux, des anecdotes se rapportant au sujet traité et je les ai narrées dans le style le plus clair. En l'année 485 (1092), lorsque nous dûmes faire le voyage de Bagdad, je confiai cet ouvrage au copiste des livres de la bibliothèque du sultan, et je

lui donnai l'ordre de le transcrire en caractères bien lisibles et
de le présenter au maître du monde, afin qu'il redoublât de vigilance, veillât sur lui-même et pût lire continuellement ce livre,
sans en éprouver d'ennui ; car il contient des conseils, des apo-
phtegmes moraux, l'explication de passages du Qoran et de traditions de l'envoyé de Dieu, des récits concernant les prophètes,
des notices biographiques, des anecdotes relatives aux rois qui
ont pratiqué la justice. Il y est question de ceux qui ne sont
plus, et on y parle de ceux qui vivent encore. Cet ouvrage est
encore abrégé, malgré sa longueur, et il est digne du roi qui
pratique la justice.

Ode en l'honneur du monarque fortuné Mohammed,
fils de Melikchâh.

Ce livre (du *Siasset Namèh*) est une mer remplie de perles de
couleurs variées, ou un jardin ravissant, produisant des fruits de
toute espèce. Si c'est un jardin, c'est un jardin dans lequel on
trouvera tous les fruits que l'on peut cueillir; si c'est une mer,
c'est une mer abondante en perles.

Chacun des chapitres de ce livre est semblable à un arbre
planté dans un verger; chaque fruit est une chose extraordinaire, chaque feuille une chose exquise.

Cet ouvrage est un trésor renfermant des merveilles, une mine
pleine de remarques utiles; c'est une cassette remplie d'objets
charmants et un écrin recélant des pierreries de haut prix.
Sa racine est formée tout entière de récits intéressants, ses
branches sont chargées d'exemples utiles. Ses chapitres sont
marqués au coin de l'éloquence et on trouve tous les exemples
à suivre, dans ses récits empreints de sincérité et qui nous fournissent des conseils, des leçons de sagesse et des enseignements.

Les récits et les anecdotes y sont innombrables. Les expressions que l'on y remarque sont pleines de justesse : elles ont la hauteur du firmament et leur sens a l'éclat de la planète de Vénus au lever de l'aube. On trouve exposées, dans cet ouvrage, les règles, les lois et les coutumes qui ont dirigé la conduite des souverains dont le front a porté la couronne, et aussi les mesures à prendre dans l'intérêt de l'État et du peuple, de même que les ordres qu'il faut donner pour faire le bien et prévenir le mal. Vous verrez clairement, dans ce traité, comment on doit régler un banquet et tenir une cour et on trouvera, dans des termes cachés, la description des combats et des batailles, la manière dont on doit prélever les impôts, faire observer les lois qui régissent la distribution de la justice et l'exercice de la religion. Il dévoile les mesures à prendre au sujet de l'armée et lorsque des circonstances importantes viennent à surgir. On y indique la route qu'il faut suivre à l'égard des gens malintentionnés et des serviteurs dévoués, ce qu'il est nécessaire de faire pour mettre en œuvre ce qui est utile, et pour éviter ce qui est fâcheux et nuisible. Chaque mot et chaque phrase de ce livre ont plus de charmes que la jeunesse et plus de douceur que le sucre.

Cet ouvrage est pur de tout propos malséant, de toute innovation dangereuse, il est dégagé de toute passion. Il est respectable comme la science, indispensable comme la pluie. L'ennui ne saisira jamais celui qui en fera la lecture, et celui qui y fixera ses regards, acquerra de la perspicacité. Chaque récit est appuyé sur un verset du Qoran et on voit mentionnées, dans chaque chapitre, les paroles des prophètes. On y trouve relatés les propos impressionnants dont on doit garder le souvenir, et on y voit énumérés tous les mérites qui donnent la célébrité. Il est le livre de la loi des personnages illustres ; il est l'index du manuel qui est entre les mains des souverains, dont le front est ceint de la couronne. Quiconque le lira et en fera la règle de sa conduite possédera, sans aucun doute, le bonheur éternel. Nizam

oul-Moulk, dont toutes les actions ont toujours eu le bien pour
but, a composé ce livre pour le laisser comme un souvenir au
prince, ami de la religion et distributeur de la justice. Jamais monarque ne vit un pareil ministre, jamais mortel ne composa un
livre semblable à ce volume béni. Que ce manuel, à l'usage des
rois, attire les bénédictions célestes sur le souverain ami de la foi
et de la justice, sur le sultan Mohammed, appui de la religion du
prophète Mohammed auquel le Dieu, qui est sur le trône du ciel,
veuille bien accorder la victoire sur les mécréants et les infidèles. Ce prince, assis sur le siège de la royauté dans le palais de
la foi, est un empereur comme son aïeul et un potentat comme
son père. Il sera roi, l'enfant dont le père exerce la souveraineté.
Il jouira du bonheur de Khosrau, le père dont le fils est destiné
à devenir roi. Que le bonheur ne cesse de l'assister partout où
il portera ses pas, afin de lui assurer la victoire ! Que le succès
et la victoire soient toujours plus épris de son sabre et de sa
flèche, que le sont de la pierre noire les pèlerins qui visitent la
Kaabah. Si l'on écrit le nom du sultan sur une épine ou sur un
rocher, l'épine donnera naissance à une rose et le rocher produira de l'or et de l'argent.....[1].

Tant que le vent de son épée inspirera dans le monde le respect et la crainte, tant que le parfum de son équité et de sa
bienveillance pénétrera la terre et l'onde, on verra la perdrix
faire son nid entre les cils du faucon, et la gazelle se désaltérer
au même abreuvoir que le lionceau. On dirait qu'il a recueilli en
héritage ces trois qualités-ci : Aly lui aurait légué la science et
la valeur et Omar, l'esprit de justice.

O toi, qui es sur les mortels l'ombre du Dieu de l'univers, tu
es le soleil des Cosroës, le dominateur de la terre et de la mer.
Les rois sont un collier et tu es la pierrerie qui en forme le
milieu. Ce monde est un jardin et, dans ce jardin, ton équité

---

1. Je n'ai pu trouver un sens raisonnable aux quatre vers dont j'ai omis
de donner ici la traduction.

s'épanouit comme une plante verdoyante. Sans la perle du milieu, un collier n'a point de beauté; sans justice et sans équité, un gouvernement n'a ni lustre, ni éclat. Ton règne est l'ornement qui décore les histoires des rois; ton gouvernement a écarté tous les dangers que faisaient courir les rebelles à l'État.

Les nombreux talents, dont le prince offre le spectacle, permettent de croire qu'en comparaison de l'univers, il est le résumé du monde. Il possède l'esprit et la pureté d'âme, et si ces deux qualités pouvaient être des choses matérielles, il serait permis de dire que lui-même est l'âme et l'esprit.

Le Ciel a ceint ses reins pour servir le prince, et c'est pour cela qu'il a pris toutes ses mesures, pour être prêt à ton service. Que Dieu ouvre cent portes pour faire arriver au bonheur celui qui ouvre la bouche pour célébrer tes louanges. Tes ennemis ne pourront point, au jour du combat, l'emporter sur toi, quand bien même ils rangeraient, sur le champ de bataille, des troupes plus nombreuses que celles qui se presseront au jour de la résurrection. Ta flèche, semblable à celle de la mort, traverse la poitrine de ton adversaire, quand bien même il se ferait un bouclier d'une barrière de fer aussi épaisse qu'une enclume; l'âme de celui qui a quitté ce monde en te combattant, n'aura certainement dans l'éternité d'autre résidence que l'enfer. Isfendiar, Rustem, fils de Destan, et Zal, fils de Zer, sont, malgré leur rang et leur dignité, tes humbles serviteurs. Personne ne peut fuir ni les arrêts du destin, ni ceux de la prédestination : ton épée est semblable au destin et tes ordres sont ceux de la prédestination. Tu as la puissance de ravir aux fauteurs de désordre leur or et leur argent, ainsi qu'on extrait les métaux précieux des flancs d'une montagne.

Que Dieu t'accorde, à cause de la foi, de la fidélité, de la confiance que tu lui témoignes, l'accomplissement de tous les désirs que peut former ton esprit. Cet ancien serviteur, ce calligraphe et ce panégyriste, a acquis des titres, depuis plus de trente ans qu'il est au service (de cette dynastie). Si le prince jette sur lui un regard bienveillant, ses poésies égaleront celles des grands poètes, et sa situation sera à l'abri de toute atteinte. Le sultan peut lui faire avoir notoriété, célébrité et considération, de façon à lui accorder une nouvelle existence et lui donner ailes et plumes.

Puisse ton règne, ô prince, durer aussi longtemps que la terre immobile servira de pivot au firmament, que le soleil illuminera le jour et que la lune éclairera la nuit. Que tout ce que produisent la surface et la profondeur de la terre constitue ton trésor! Que la fortune soit ta compagne et t'assiste pendant la paix; que l'aide de Dieu et le bonheur ne se séparent pas de toi pendant la guerre! Puissent être heureux tes jours et tes nuits; puisse être éloigné de toi tout ce qui pourrait porter atteinte à ton prestige et à ta majesté!

Angers. — Imprimerie orientale de A. Burdin, rue Garnier, 4.

QUATRIÈME SÉRIE.

ANGERS, IMPRIMERIE ORIENTALE DE A. BURDIN ET Ciᵉ, RUE GARNIER, 4.

www.ingramcontent.com/pod-product-compliance
Lightning Source LLC
Chambersburg PA
CBHW050500270326

41927CB00009B/1840